Melanie Klein II

Coleção Estudos
Dirigida por J. Guinsburg

Equipe de realização – Tradução: Belinda P. Haber, Marina K. Bilenky, Marise L. Wahrhaftig e Noemi M. Kon: Revisão: J. Guinsburg e Plinio Martins Filho: Produção: Ricardo W. Neves e Sergio Kon.

Jean-Michel Petot

MELANIE KLEIN II
O EGO E O BOM OBJETO – 1932-1960

PERSPECTIVA

Título do original em francês
Mélanie Klein – Le moi et le bon objet: 1932-1960

© BORDAS, Paris 1982

CIP-Brasil. Catalogação na Publicação
Sindicato Nacional dos Editores de Livros, RJ

P582m
2. ed.
Petot, Jean-Michel
　　Melanie Klein II : o ego e o bom objeto - 1932-1960 / Jean-Michel Petot ; tradução Belinda P. Haber ... [et al]. - 2. ed., reimpr. - São Paulo : Perspectiva, 2016.
　　248 p. : il. ; 23 cm. (estudos ; 96)

　　Tradução de: Mélanie Klein – le moi et le bon objet: 1932-1960
　　Inclui bibliografia
　　ISBN 978-85-273-0379-8

　　1. Klein , Melanie, 1932-1960. 2. Psicologia. 3. Psicanálise. I. Título. II. Série.
16-33666　　　　　　　　　　　　　　　　　CDD: 150.195
　　　　　　　　　　　　　　　　　　　　　CDU: 159.964.2

08/06/2016 08/06/2016

2ª edição
[PPD]

Direitos reservados em língua portuguesa à
EDITORA PERSPECTIVA S.A.
Av. Brigadeiro Luís Antônio, 3025
01401-000 São Paulo SP Brasil
Telefax: (011) 3885-8388
www.editoraperspectiva.com.br

2019

Para Jacqueline Lenoir

Sumário

Prefacio XIII

Parte I: A POSIÇÃO DEPRESSIVA 1

1. A Entrada na Posição Depressiva e a Natureza da Ansiedade
   Depressiva.. 3
   1. O objeto parcial e o objeto total 5
   2. Natureza e variedades da ansiedade depressiva.................. 6

2. A Clivagem Depressiva.. 11

3. Os Mecanismos de Reparação e a Posição Maníaca.................. 15
   1. A defesa maníaca e a nostalgia 17
   2. O sentimento de onipotência e o domínio dos pais combinados internos 17
   3. A recusa 18
   4. A idealização.. 19
   5. O triunfo.. 20
   6. Formas maníaca e obsessiva da reparação.......................... 21

4. A Introjeção do Bom Objeto 27
   1. O *chassé-croisé* dos conceitos de introjeção e identificação . 28
   2. A identificação empática.. 32
   3. A introjeção e o estabelecimento do bom objeto no *self* 33
   4. O mundo interior e as relações de objeto internas................ 34
      4.1 O trabalho do luto normal: fortalecimento e aprofundamento das relações de objeto internas 36
      4.2 A equivalência prática da introdução do bom objeto e da identificação.. 40

5. A Evolução da Teoria da Posição Depressiva Após 1945 43

6. O Papel da Posição Depressiva na Evolução Psicológica da Criança 49
   1. A posição depressiva e o desmame 50
   2. A posição depressiva, a educação para a higiene e o desenvolvimento motor 52
   3. A evolução da teoria kleiniana do complexo de Édipo após 1932 55
   4. Complexo de Édipo e posição depressiva 56
   5. Genitalidade e reparação na etapa edipiana tardia: o exemplo da sexualidade feminina 61
   6. A posição depressiva e a neurose infantil 65

7. Os Paradoxos Kleinianos da Posição Depressiva 69
   1. A unificação do objeto, que desencadeia a posição depressiva, é um fenômeno cognitivo 71
   2. A ansiedade depressiva não se confunde com a ansiedade de separação 73
   3. A clivagem das imagos não é um mecanismo da posição paranoide que seria abandonado no início da posição depressiva. É, ao contrário, tipicamente "depressiva" 74
   4. A posição depressiva que se inicia não se expressa enquanto tal, manifestando-se primeiramente sob a forma da posição maníaca 75
   5. A emergência da posição depressiva completa, comportando todas as nuanças da ansiedade depressiva e todos os mecanismos de defesa específicos, parece posterior ao abandono das defesas maníacas 77
   6. O início da posição depressiva infantil coincide com o estágio dos quadros intersensoriais unificados mas ainda não permanentes. O estabelecimento do objeto, que é o processo fundamental da perlaboração da posição depressiva, corresponde à formação do esquema do objeto permanente 80

Parte II: DA PSICOLOGIA DAS DEFESAS ESQUIZOIDES PARA A METAPSICOLOGIA DA INVEJA E DA GRATIDÃO 91

8. A Formação e a Evolução da Concepção da Posição Paranoide de 1935 a 1945 95

9. A Psicologia dos Mecanismos Esquizoides 99
   1. O reconhecimento da natureza esquizoide da clivagem 99
   2. Clivagem violenta do *self* e a pulsão de morte 101
   3. A clivagem dicotômica e a repressão 106
   4. O fracasso da clivagem dicotômica e a confusão 109
      4.1 Formas e variedades da confusão mental 110
      4.2 Estados confusionais e situações ansiógenas 113
   5. A clivagem fragmentadora 115

6. Notas sobre a evolução da noção de clivagem esquizoide ... 116
7. A idealização... 118
8. A recusa 119
9. A noção de identificação projetiva e as aporias da concepção kleiniana da identificação anterior a 1946 120
10. A definição da identificação projetiva............................ 123
11. A identificação projetiva e a ameaça à identidade pessoal ... 126

10. A Natureza das Situações Ansiógenas e dos Afetos Disfóricos da Posição Esquizo-Paranoide... 129
   1. A dimensão depressiva da preocupação com o *self* e a raiz egoísta da preocupação com o objeto 131
   2. Alcance e limites da reavaliação final da distinção entre ansiedade paranoide e depressiva..................................... 133

11. A Inveja e a Gratidão, Determinantes Internos da Frustração e da Gratificação 139
   1. Privação e frustração.. 141
   2. Avidez.. 142
   3. O estatuto metapsicológico da avidez............................ 144
   4. O conhecimento inato do seio bom 147
   5. O seio bom como símbolo da criatividade 151
   6. A gratidão.. 152
   7. A inveja... 155
      7.1 Afetos invejosos e ataques invejosos 156
      7.2 Existiriam defesas contra a inveja? 161

12. A Metapsicologia Kleiniana e os Processos de Mudanças 163
   1. Funções inatas do ego e construção do aparelho Psíquico ... 163
   2. A oposição entre o bom e o mau, princípio da articulação da tópica e da teoria das pulsões no sistema de Melanie Klein 167
   3. Manifestações e determinantes da força e da fraqueza do ego 170
   4. Qual o papel etiológico dos fatores do meio nas últimas concepções de Melanie Klein?... 171
   5. A questão da possibilidade da mudança terapêutica 174

13. A Atualidade das Últimas Concepções Kleinianas 179
   1. Existe desde o nascimento uma relação objetal com a mãe 180
   2. A orientação em direção à mãe é inata 182
   3. As primeiras relações de objeto do lactente são fundamentalmente narcísicas... 184

UMA DISCUSSÃO BRASILEIRA SOBRE MELANIE KLEIN 189

1. O A-Historicismo Deformante na Difusão do Pensamento Kleiniano – *Elisabeth Lima da Rocha Barros* e *Elias Mallet da Rocha Barros*.. 191
2. Visitando a Velha Senhora – *Renato Mezan* 201
3. Psicanálise ou Psicanálises – *Mirian Chnaiderman* 207
4. Aparte das Tradutoras 215

Bibliografia 219

1. Bibliografia Cronológica dos Escritos de Melanie Klein a Partir de 1932 219
2. Bibliografia Geral da Presente Obra 222

Prefácio

Como evoluíram as ideias kleinianas após terem recebido sua primeira formulação sistemática em 1932 na *Psicanálise da Criança*[1]. É a esta questão que a presente obra tenta responder.

Neste sentido, esta obra segue-se a *Melanie Klein I – Primeiras Descobertas e Primeiro Sistema (1919-1932)* editada em 1979, na mesma coleção*. Mas trata-se neste primeiro livro de fazer, de alguma forma, a pré-história do pensamento kleiniano. Qualquer que seja a originalidade destes primeiros escritos, Melanie Klein preocupa-se, antes de mais nada, em dar conta das descobertas concretas que resultam da prática da psicanálise da criança através da técnica do brincar, que ela havia engatilhado em 1923. É apenas após 1932 que, tendo finalizado a exploração das fases arcaicas do complexo de Édipo, Melanie Klein decanta suas intuições fundamentais, libera-se das influências de Ferenczi e Abraham, e desenvolve suas concepções mais originais, cuja riqueza e fecundidade só são comparáveis às da obra de Freud. A reformulação teórica é tal que poucos de seus conceitos do período anterior permanecem os mesmos. Sendo assim, poder-se-á, perfeitamente, abordar a presente obra sem ter lido a precedente.

A partir de 1934, a descoberta da posição depressiva abre um período de aproximadamente uma década ao longo da qual todas as concepções kleinianas reagrupam-se em torno da tese de uma crise evolutiva normal, que surge ao longo do primeiro ano de vida, e que constitui a posição crucial do desenvolvimento da criança, o verdadeiro momento da "escolha" da neurose, da psicose ou da saúde. Mas esta primeira teoria da posição

---

1. Tal é a tradução exata do título de *Die Psychoanalyse des Kindes*, publicado em francês sob o título *La Psychanalyse des enfants*, Paris, P.U.F., 1959.

* Publicado pela Editora Perspectiva em 1987, Coleção Estudos 95.

depressiva infantil é bem diferente daquela que imporá, após 1946, a descoberta dos mecanismos esquizoides. A despeito de sua aparência familiar, os principais conceitos kleinianos não têm ainda nesta época o sentido e o valor que lhes são dados comumente e que são aqueles que receberam nas exposições doutrinárias de 1952[2]. Reencontrar a coerência interna de um sistema fundado na prevalência absoluta da posição depressiva, evidenciar os traços originais que apresentam, neste sistema, as noções que deveriam evoluir em seguida, é o objetivo da primeira parte deste livro.

É a partir de 1946 que o pensamento kleiniano começa a assumir sua forma definitiva, com a exploração dos mecanismos esquizoides e a atenção sempre voltada para a relação primitiva do lactente com sua mãe. Mas a própria noção de posição esquizoparanoide evoluiu. Era inicialmente centrada na descrição dos mecanismos arcaicos cujo excesso era considerado como patogênico. Ora, o aprofundamento da clínica e da teoria impõem a descoberta de formas "boas" da clivagem e da identificação projetiva que aparecem a partir de então como processos fundamentais da construção do aparelho psíquico normal. Doravante, Melanie Klein tenderá a pensar que a natureza dos mecanismos utilizados conta menos do que as condições econômicas nas quais atuam. Seu interesse se deslocará da descrição das técnicas do funcionamento psíquico para a evidenciação de seus determinantes pulsionais finais. Após ter descoberto, durante vinte anos, mais mecanismos de defesa do que qualquer outro psicanalista após Freud, e após ter enriquecido concretamente a psicologia do Ego, pelo menos tanto quanto a escola americana conhecida sob este nome, Melanie Klein reorganiza, a partir de 1952, o conjunto de suas concepções segundo os princípios de uma metapsicologia constitucionalista fundada na noção de caráter inato da dosagem das pulsões de vida e de morte próprias de um indivíduo. A forma pela qual a clínica dos mecanismos esquizoides faz eclodir a distinção conceitual das situações ansiógenas persecutórias e depressivas, despojando praticamente de qualquer conteúdo a noção de posição; a forma pela qual o papel de determinante final da evolução individual passa da "escolha" de uma estratégia defensiva pelo Ego para uma fórmula pulsional entendida como um fato biológico, as contradições e as dificuldades que decorrem disto, é o que se propõe mostrar a segunda parte deste volume.

Pelo fato de permanecer, até o final, viva, mutante e pronta a se recolocar em questão desde que a clínica o exigisse, o pensamento kleiniano choca por sua complexidade e até mesmo por suas contradições. Levanta-se a maior parte destas quando se volta para as afirmações opostas em momentos diferentes da evolução da psicanálise kleiniana. Porém, as formulações abandonadas ao longo do caminho não são simples esboços imperfeitos das teorias definitivas. Tudo se passa, ao contrário, como se os sucessivos sistemas kleinianos não pudessem se harmonizar entre si, já que são voltados para realidades diferentes, a cujo destaque tudo é subordinado. A partir daí, cada um destes sistemas se impõe como o mais elucidativo quando se trata de compreender a realidade clínica para a qual foi especialmente criado. Mais ainda do que a inteligibilidade que procede da compreensão das leis da evolução de um pensamento, é esta demonstração da perfeita adequação à sua função de cada um destes instrumentos de

2. MELANIE KLEIN et al., *Dévelopements de la Psychanalyse*, Paris, P.U.F., 1966.

conceitualização que constituem os diferentes sistemas kleinianos, que nos parece formar o principal resultado de nossos trabalhos.

Melanie Klein foi frequentemente criticada por atribuir arbitrariamente ao lactente de alguma semanas a vida de fantasia complexa da criança de três ou quatro anos, a despeito dos ensinamentos da observação das crianças reais. Pareceu-nos indispensável pronunciarmo-nos contra este pré-julgamento tenaz mostrando como, sob as duas formas que assumiu entre 1934 e 1960, a psicanálise kleiniana coincide, essencialmente, com os resultados da psicologia genética: convergência entre sistema da posição depressiva e os trabalhos de Piaget sobre a noção de objeto, convergência das últimas concepções da relação arcaica com a mãe com os trabalhos experimentais mais recentes, mas também, surpreendentemente, com o conceito freudiano do narcisismo primário assim como com a noção waloniana do papel da relação com o outro na formação da representação de si mesmo. Desta forma, somente após tentar estabelecer o que Melanie Klein verdadeiramente pensou, é que finalizamos cada uma das duas partes, tentando demonstrar o valor heurístico e a atualidade de suas concepções.

Parte I: A POSIÇÃO DEPRESSIVA

1. A Entrada na Posição Depressiva e a Natureza da Ansiedade Depressiva

Na primavera de 1934, Hans, o primogênito de Melanie Klein, morre num acidente nas montanhas suíças. Na época, tinha 27 anos. Por uma dolorosa coincidência é, também na Suíça, em Lucerna, que alguns meses após este incidente, se desenvolve o Congresso de Psicanálise, em cujo transcurso Melanie Klein faz a comunicação que define e descreve, pela primeira vez, a posição depressiva, e que ela publicará em 1935, sob o título "Uma Contribuição à Psicogênese dos Estados Maníaco-Depressivos". Ressaltou-se frequentemente o elo que une o desaparecimento de Hans e a elaboração de uma teoria que confere um papel central no desenvolvimento, a um episódio concebido segundo o modelo do trabalho do luto. De fato, é provável que o conceito da posição depressiva tenha se imposto a Melanie Klein no quadro da reflexão sobre o trabalho interior que teve de realizar para superar a perda do filho. Porém, parece possível sustentar que esta experiência dolorosa não fez mais que desencadear uma atividade teórica cujas condições já haviam sido determinadas em 1932, e cujas vias já estavam, de alguma forma, traçadas de antemão. Ao inverso das experiências vividas ao longo da educação analítica de seu filho caçula Erich ("Fritz") ou da psicanálise de Rita, que constituíram fontes de instrumentos interpretativos, a morte de Hans não parece estar na origem das formas conceituais que o sistema de 1932 já havia, em essência, constituído. O efeito principal da auto-observação de Melanie Klein ao longo de seu luto parece ser uma nova compreensão das noções de perda do objeto, de introjeção do objeto perdido e de disforia originária, modelo infantil, segundo Karl Abraham, da depressão melancólica[1]. Ela não havia

---

1. K. ABRAHAM, Carta a Freud de 7 de outubro de 1923, in S. FREUD e K. ABRAHAM, *Correspondance,* Paris, N.R.F, p. 345.

tido até então a oportunidade de se interessar pelas realidades que estes conceitos explicam. Este acontecimento infligiu-lhe a vivência de tal experiência. Mas, como já havia escrito a *Psicanálise da Criança,* foi-lhe necessário associar as noções fundamentais da teoria do luto e da depressão com as teses que havia sustentado em 1932. É a partir deste confronto que saiu a teoria da posição depressiva infantil.

Além disso, é necessário assinalar que a experiência do luto, por dolorosa que tenha sido, não era inédita para Melanie Klein, cuja existência, num grau incomum, foi escandida pelo desaparecimento de entes queridos: mas isto ocorreu antes que se tornasse psicanalista e provida de instrumentos de conceitualização apropriados. Em 1934, ela está de posse de conceitos coerentes, expostos dois anos antes. Doravante, as experiências que vive pesam menos sobre a formação de suas ideias do que as exigências, próprias de um sistema psicanalítico, de aprimoramento de sua coerência interna e de adequação às realidades clínicas. A pesquisa sobre o aparecimento da noção de posição depressiva pertence à história das ideias, e não à psicobiografia.

A teoria da posição depressiva contém de imediato aquilo que constitui o essencial desta: a ideia de que a criança atravessa normalmente, por volta da metade do primeiro ano de vida, uma crise depressiva provocada pelo temor de perder a mãe, temor que revela o surgimento de uma preocupação pelo objeto e, portanto, do *amor objetal.* A maneira pela qual esta crise é vivida e os métodos utilizados para superá-la são determinantes no que concerne à formação da personalidade e ao destino ulterior (considerado do ponto de vista da saúde mental) do indivíduo.

Mas a exposição de 1935 caracteriza-se por dois traços originais que desaparecerão das formulações kleinianas ulteriores: ela tende a fazer da posição depressiva a consequência de uma perda objetal no mais das vezes apresentada como um acontecimento real; faz da clivagem, que será mais tarde referida à posição esquizoparanoide, um mecanismo próprio da posição depressiva, e uma das estratégias mais adaptativas que permitem perlaborar* e suplantar a ansiedade depressiva e o conflito de ambivalência.

Quando descobre a posição depressiva, Melanie Klein procura associar suas novas concepções aos fenômenos de perda do objeto e de introjeção melancólica do objeto perdido, descritos por Freud[2]. É uma fonte de obscuridade, pois nada é mais distante do pensamento kleiniano do que a noção de uma introjeção que seria a consequência quase que automática de uma perda objetal, segundo um processo cuja metapsicologia permanece enigmática tanto para Freud quanto para Abraham. Cumpre, portanto, notar de imediato que nem a perda do objeto, nem a introjeção do objeto perdido têm para Melanie Klein o sentido que seus precursores lhes haviam dado. Quando se apodera da noção de perda objetal, utiliza-a de uma maneira que

---

* Perlaborar, Perlaboração: "Processo pelo qual a análise integra uma interpretação e supera as resistências que suscita. Tratar-se-ia de uma espécie de trabalho psíquico que permite ao indivíduo aceitar certos elementos recalcados e liberar-se da influência dos mecanismos repetitivos. A perlaboração é constante no tratamento, mas atua mais particularmente em certas fases em que o tratamento parece estagnar e em que persiste uma resistência, ainda que interpretada.

"Correlativamente, do ponto de vista técnico a perlaboração é favorecida por interpretações do analista que consistem desigualmente em mostrar como as significações em causa se vai reencontrar em contextos diversos. *Vocabulário da Psicanálise,* p.429.

2. S. FREUD, "Deuil et mélancolie", 1917, in *Métapsychologie,* Paris, Gallimard, Coleção "Idées".

lhe é própria e para precisar que só pode haver vivência de perda quando existe experiência verdadeira de um objeto, ou seja, quando existe uma relação com um objeto *total:* "fomente quando o objeto tenha sido amado como *um todo,* é que a sua perda pode ser sentida como *um todo* (*as a whole*)" (1935, *Essais de Psychanalyse,* p. 313). A noção da perda de objeto não tem outra função a não ser a de introduzir a problemática da natureza de objeto e da relação de objeto. Uma vez cumprido este papel, desaparece do aparelho nocional kleiniano.

1. O OBJETO PARCIAL E O OBJETO TOTAL

O que é o objeto total? Pensa-se frequentemente que o acesso à posição depressiva tem por condição a síntese dos aspectos clivados do objeto: nesta concepção, é em relação aos "bons" e aos "maus" objetos clivados que o objeto verdadeiro é dito total. Isto corresponde, com algumas pequenas variações, às formulações que Melanie Klein adotará *a partir de 1952*. Mas quando descobre a posição depressiva, opõe o objeto completo ao objeto parcial, no sentido que Freud deu a este termo e que ela mesma sempre utilizou. O objeto completo é a pessoa inteira, em oposição as objetos parciais que são nada mais que órgãos separados: seios, fezes, pênis etc. No início da existência neonatal, o lactente não seria capaz de perceber a totalidade do corpo de sua mãe e sim partes isoladas deste. Coisas e pessoas seriam "a princípio percebidas confusamente". É apenas num segundo momento que a criança "percebe mais e mais toda a pessoa da mãe e estas percepções mais realistas se estendem ao mundo que está além da mãe" (1935, *Idem,* p. 336). Melanie Klein adere, deste modo, a um postulado atomístico, que retoma de Freud, segundo o qual a percepção dos detalhes precederia necessariamente a dos conjuntos, que exigiriam uma síntese dos dados sensoriais, quer sob a forma intelectual de um julgamento, quer sob a forma de uma montagem de hábitos perceptivos sob o efeito da repetição das experiências. Quando o objeto é percebido como uma pessoa torna-se possível a identificação com ele e a preocupação pelo objeto pode aparecer.

Num segundo sentido do termo, o objeto parcial é, a partir de 1935, um aspecto percebido isoladamente de um objeto único em si mesmo, mas o qual a criança ainda não é capaz de compreender a unidade. Nesta época, não existe ainda tematização verdadeiramente nítida desta dimensão de objeto parcial, cujo reconhecimento está, no entanto, implícito na afirmação segundo a qual a posição depressiva começa quando a criança "… é conduzida a compreender que o objeto de amor é o mesmo que o objeto de ódio" (*Idem,* p.337). Isto quer dizer que no estágio anterior não tinha acesso a esta identidade e que os aspectos contrastantes do objeto eram assumidos como objetos diferentes: "Durante a fase mais arcaica os objetos persecutórios e os bons objetos (os seios) permanecem muito distantes uns dos outros no psiquismo da criança" (*Idem,* p. 339). Há uma certa contaminação entre o conceito de órgãos separados e o de aspectos parciais do objeto: Melanie Klein mostra uma tendência em considerar que os bons objetos parciais são os seios (é raro que fale de seio mau antes de 1946), enquanto que os objetos maus persecutórios são representados sob a forma de fezes (1935, *Idem,* p. 313). Mas o essencial é não confundir este distanciamento recíproco entre bons e maus aspectos do objeto com o resultado de uma clivagem que seria exercida ativamente pelo ego. Até 1946, este fenômeno refere-se apenas à imaturidade do psiquismo do lactente, incapaz de síntese perceptiva.

Num terceiro sentido, o objeto completo opõe-se, enquanto objeto intacto, ao objeto estragado, despedaçado pelos ataques sádicos e que clama por vingança. Mas este significado é ainda muito marginal em 1935; só assumirá importância após 1946.

A oposição entre completo e parcial abarca igualmente a distinção entre real e imaginário. No estágio mais arcaico, nomeado por Melanie Klein, em 1935, de posição paranoide, o lactente lida alternadamente com objetos reais e objetos imaginários (alucinados), mas não estabelece relação entre uns e outros. Quando a unidade do objeto se produz, a criança compreende também que "os objetos reais e as pessoas imaginárias estão ligadas" (*Idem*, p. 337). Pode-se também dizer que existe então uma certa síntese de objetos internos ou introjetados (ou seja, deformados pela imaginação) com os objetos externos percebidos exatamente. Mas no momento da descoberta da posição depressiva, o conceito kleiniano de objeto interno assume um significado suplementar.

Na *Psicanálise da Criança*, o objeto interno era essencialmente uma *imago*, uma imagem do objeto real deformado sob o império do temor do talião: é porque teme a vingança do objeto que atacou em suas fantasias, (às quais associa-se a ilusão da onipotência do pensamento), que a criança o percebe como um perseguidor terrificante, e é para se proteger destes perseguidores que cria imagos de personagens protetoras onipotentes. O sadismo oral da criança visa os objetos parciais imaginariamente contidos no interior do corpo da mãe: a fantasia de penetrar no interior do corpo materno e de roubar seus conteúdos está na origem do temor de ser atacado no interior do corpo próprio pela mãe má. Deste modo, Melanie Klein não ignorava, em 1932, a existência de objetos duplamente internos: imaginários e localizados no interior do corpo próprio. Porém, lhe será necessário formar uma concepção da introjeção como incorporação oral, para poder, em 1935, generalizar esta tese no quadro da teoria da posição depressiva: todos os objetos são incessantemente introjetados, e isto quer dizer que o sujeito fantasia a introdução destes no interior de seu próprio corpo, que se torna deste modo, para a imaginação, o continente de um mundo interior.

Doravante, é a localização intracorporal dos objetos internos que dá conta de seu caráter fantástico já que ela lhes rouba a percepção: nem a existência dos objetos, nem as qualidades que lhes são atribuídas podem ser submetidas ao teste de realidade.

Deste modo a introjeção não é um processo que o aparelho psíquico aplicaria especialmente ao objeto total perdido. Todo objeto é introjetado desde o início da vida, seja ele bom ou mau, parcial ou total (1935, *Idem*, p. 311). Quando surge a introjeção do objeto real e total que fornece o sinal da entrada na posição depressiva, o que é inédito não é o fato de que a introjeção aplica-se ao objeto, mas sim que este objeto é, doravante, um objeto total, ou seja, um ser pessoal, unificado, real e externo.

2. NATUREZA E VARIEDADES DA ANSIEDADE DEPRESSIVA

É neste momento que a ansiedade depressiva pode surgir. É definida frequentemente como ansiedade de separação, como medo da perda de objeto ao qual unem-se sentimentos de culpa associados à ilusão de destruição, pelo próprio sujeito, do objeto, através de ataques sádicos imaginários, porém tidos como verdadeiramente realizados em função da natureza alucinatória de funcionamento psíquico arcaico. Esta ansiedade é irredutível ao temor do talião. Melanie Klein desenvolve em 1935 o seguinte critério de distinção: as ansiedades concernentes ao ego (e portanto, em primeiro lugar, o temor do talião) são *paranoides*; são *depressivas* as que revelam a predominância, e até mesmo a simples presença, de uma *preocupação pelo objeto*. A ideia não é inédita: descrita desde 1929, esta preocupação era então considerada como característica do segundo estágio anal. Uma de suas expressões mais típicas é a compaixão inspirada pela identificação empática com o objeto, perturbada pelas fantasias sádicas. Desde 1932, Melanie Klein havia distinguido, segundo este critério, uma ansiedade que se poderia chamar egoísta de uma ansiedade dita altruísta.

Mas a preocupação pelo objeto aparecia apenas como uma forma tardia e adocicada da ansiedade, enquanto que o temor do talião, máximo ao longo da fase do apogeu do sadismo, aparecia, ao contrário, como a forma mais arcaica, mais profunda e a única capaz de ter efeitos patogênicos reais. Era preciso esperar o fim deste período de apogeu do sadismo e do temor do talião para que a preocupação pelo objeto pudesse emergir. A teoria da posição depressiva comporta, ao contrário, a afirmação do caráter arcaico, da profundidade e do peso etiológico de um estágio marcado pela ansiedade em relação ao objeto e pela necessidade de reparar.

A posição depressiva infantil inicia-se durante o segundo trimestre do primeiro ano de vida. É, portanto, exatamente contemporânea do apogeu do sadismo (*Idem*, p. 319): as manifestações de compaixão e empatia entrelaçam-se com os ataques imaginários mais cruéis. Disto decorrem duas consequências. Por um lado, o decréscimo do sadismo não é mais entendido como um fato que se deve exclusivamente à maturação, permitindo, ao final de alguns meses, o desaparecimento parcial do temor do talião em benefício de manifestações de ansiedade atenuadas, tendo por consequência a preocupação pelo objeto. Constitui, doravante, ao menos em parte, o resultado do acionamento dos mecanismos de defesa da posição depressiva que têm por função abrandar o sadismo.

Por outro lado, no momento em que ela aparece, a ansiedade pelo objeto não *substitui* um sadismo decrescente do qual seria uma elaboração tardia e deslocada, na realidade, vem *unir-se* aos conteúdos ansiógenos paranoides que existiam sós ao longo do primeiro trimestre de vida. A ansiedade e o sofrimento são por longo tempo aumentados: "A ansiedade em relação ao objeto amado" é para o ego "um fardo suplementar" (*Idem*, p. 321). A partir disto, os afetos persecutórios e depressivos entrelaçam-se a tal ponto que a distinção entre eles, fácil de ser definida no plano dos conceitos, torna-se difícil de ser feita em numerosos casos concretos. Assim, a noção do sadismo máximo é acrescentada agora à de ansiedade máxima, que ocorrem apenas quando a preocupação pelo objeto e o temor pelo ego interpenetram-se e exacerbam-se reciprocamente. É porque o ego enfrenta simultaneamente as duas variedades fundamentais de ansiedade, estando cada uma no seu máximo, que, "...a posição depressiva é a posição central do desenvolvimento da criança" (1935, *Idem*, p. 340).

Neste sentido, a fronteira entre o primeiro e o segundo estágio anal perde seu significado genético e psicopatológico de separação entre os pontos de fixação das psicoses e os das neuroses. Preocupação pelo objeto, compaixão, empatia, reparação e clivagem referiam-se até então a esta etapa da metade do segundo ano de vida, posterior aos estágios mais arcaicos do complexo de Édipo. Referem-se doravante à posição depressiva infantil que, tornando-se o ponto de fixação da melancolia, adquire o valor *crucial* outorgado anteriormente à fronteira entre as duas fases anais.

Quais são as manifestações observáveis da ansiedade depressiva? Distribuem-se ao longo de um *continuum,* desde as formas mais persecutórias até aquelas em que os elementos propriamente depressivos têm presença praticamente exclusiva. Melanie Klein descreve, em 1935, três formas de ansiedades que considera depressivas:

1) A primeira delas nada mais é do que uma modalidade particular de ansiedade persecutória. É preciso assinalar, de fato, que os conceitos de ansiedade persecutória e ansiedade paranoide são distintos para o pensamento kleiniano, que *opõe os elementos depressivos aos elementos paranoides e não aos temores persecutórios.* Estes últimos podem apresentar um valor depressivo quando a preocupação pelo objeto mescla-se à preocupação pelo ego. O temor dos ataques dos objetos "maus" externos e internos continua, neste caso, a dominar o estado afetivo, mas a ênfase está no temor de que os perseguidores destruam o objeto, ainda que sua destruição seja, no fundo, temida apenas por motivos que poderiam ser chamados de egoístas. A preocupação correspondente a esta situação ansiógena é a de abrigar o bom objeto, protegê-lo contra os perseguidores. Neste nível, a agressividade do lactente contra o bom objeto permanece ignorada ou recusada. É o que se costuma chamar, depois de Freud, de ansiedade de perda do objeto. A sobrevivência do objeto bom, diz Melanie Klein, é identificada pelo ego à sua própria sobrevivência (*Idem,* p. 313). A partir disto, a preocupação pelo objeto não é menos narcísica do que a ansiedade paranoide, mas o é por uma mediação. Tem portanto uma natureza "mais complexa", comportando uma gama afetiva mais rica e mais diferenciada (*Idem,* pp. 318-319). Ao ódio pelos perseguidores que ameaçam o ego e o objeto e à ansiedade paranoide une-se este sentimento que designará em 1940 o termo *nostalgia pelo objeto* (*longing* ou *pining for the object*) e que compreende: "estes sentimentos de tristeza e preocupação pelos objetos amados, os temores de perdê-los e ânsia de reencontrá-los..." (1940, *Idem,* p. 346).

2) Existe uma ansiedade de perda do objeto *em função da natureza canibal da introjeção* no estágio sádico-oral (1935, *Idem,* p. 315). Trata-se aqui de um sadismo involuntário segundo a concepção desenvolvida por Karl Abraham[3]. Neste estágio, a destruição do objeto é de alguma forma inocente: já que o amor pelo objeto é ambivalente sem o saber, é sem querer destruidor. Esta ideia foi amplamente retomada e desenvolvida por autores como Balint ou Fairbairn: noção de um amor primário que, para o primeiro autor, só acidentalmente é tirânico; para Fairbairn, o esquizofrênico destrói o objeto pelo seu amor, não pelo seu ódio. Por vezes, Melanie Klein apresenta a posição depressiva desta forma. Mas a ansiedade só é realmente depressiva quando o ego reconhece (*realize*) não apenas que a fonte de perigo de destruição do objeto está nele mesmo, mas que é intencional, já que é o seu próprio ódio que ameaça o objeto (*Idem,* p. 320). A ilusão da inocência é incompatível com a posição depressiva. Quando

---

3. K. ABRAHAM, "Esquisse d'une histoire du developpement de la libido", *Oeuvres Complètes,* Paris, Payot, tomo II, p. 277.

da unificação e personificação do objeto, o ego é confrontado com sua realidade psíquica: deve enfrentar pulsões de destruição que visam atual e realmente um objeto cuja unidade e ambiguidade são cada vez mais percebidos. Arrependimento e remorso de ataques passados, fantasiados na ignorância da natureza real do objeto, fazem certamente parte dos sentimentos depressivos, sendo que o conflito depressivo encontra-se no seu ponto máximo apenas quando a criança toma consciência de sua hostilidade *presente* contra seu objeto de amor.

3) É, portanto, no ponto extremo do aprofundamento da consciência da realidade psíquica da ambivalência, que aparece a verdadeira culpa. Fundada na identificação empática com o objeto atacado, com o qual procura se reconciliar para simultaneamente preservá-lo e verificar que ele permanece "bom", ela suscita, além da compaixão, do remorso e do arrependimento, a necessidade de reparar (*Idem*, p. 320). Como todo amor e toda sublimação repousam na reparação, derivam da forma de culpa que se prolonga imediatamente neste mecanismo. A ansiedade depressiva só é verdadeiramente completa quando os sentimentos de culpa são plenamente experimentados e as condutas reparadoras simbólicas são bem-sucedidas. Mas quando a criança encontra-se neste ponto, está bem próxima de superar a posição depressiva.

2. A Clivagem Depressiva

Três mecanismos de defesa são característicos da posição depressiva: reparação, identificação e clivagem. Mas a reparação ultrapassa largamente a posição depressiva: ela se encontra igualmente na posição maníaca e será necessário portanto definir os traços distintos próprios da reparação da posição depressiva. A presença da identificação nesta enumeração dos mecanismos de defesa é problemática. De que identificação se trata? É ela distinta da introjeção do bom objeto? Não será ela um dos fatores que conduzem a criança na ansiedade depressiva, mais do que um dos meios que permitem superá-la? Quanto à clivagem, é surpreendente encontrar mencionado, sob a rubrica da posição depressiva, um mecanismo que as concepções kleinianas mais difusas associam à posição esquizoparanoide. No entanto é esta atribuição que constitui o problema mais fácil de ser resolvido.

Tal questão é efetivamente o prolongamento direto das ideias expostas na *Psicanálise da Criança,* que apresenta a clivagem como um mecanismo característico do segundo estágio anal, contemporâneo da repressão com a qual se alia para tornar possível o desenvolvimento das condutas de reparação e, portanto, o estabelecimento de relações de objeto protetoras e estruturantes. A única verdadeira modificação consiste no transporte de todo o bloco composto da clivagem, da repressão e da preocupação pelo objeto do segundo estágio anal a um estágio do apogeu do sadismo. Não há outra razão para algumas mudanças que podem ser notadas em 1935 na teoria da clivagem.

Em 1935, assim como em 1932, a clivagem é solidária da ambivalência. Sabe-se que a noção kleiniana da ambivalência não coincide exatamente com aquela cujo uso é mais frequente em psicanálise. Não que seu conceito seja realmente diferente: para Melanie Klein, assim como para todos os psicanalistas, a ambivalência designa um estado geralmente inconsciente em que amor e ódio coexistem e referem-se ao mesmo objeto. Para a maior parte dos autores, ambivalência é um fenômeno cuja qualidade psíquica – consciente ou inconsciente – pouco importa. Para Melanie Klein, ao contrário, o caráter inconsciente da ambivalência é essencial: o que ocorre é que ela é definida por intermédio da clivagem, sendo a relação de objeto instituída pelo acionamento deste mecanismo de defesa. Porém, se é caracterizada pelo fato de que a identidade do objeto de amor e do objeto de ódio deve escapar à consciência, também é essencial que o ego disponha de um conhecimento inconsciente de sua identidade, sendo que, sem este fato, nada distinguiria a clivagem daquilo que Melanie Klein chamará mais tarde, por sugestão de Winnicott, de não-integração. Existe portanto clivagem e ambivalência quando, e somente quando, a criança toma consciência da identidade do seio bom e mau, e é nesta linha reta de sua concepção da ambivalência que Melanie Klein faz da clivagem um mecanismo propriamente depressivo.

Não é inútil assinalar que todos os fenômenos paranoides, principalmente esquizoides, que serão, após 1946, associados à clivagem, permanecerão totalmente exteriores a este em 1935 e em 1940. O principal é a ausência de relação entre os objetos parciais bons e maus do estágio paranoide, que ainda não é esquizoide. Trata-se aqui, não da clivagem, mas de um fenômeno puramente negativo procedente da imaturidade dos aparelhos cognitivos. De fato, Melanie Klein mantém firmemente a ideia de uma primazia dos fenômenos cognitivos sobre os fenômenos afetivos no desenvolvimento, o que se procura por vezes interpretar no sentido de uma psicologia afetivista.

É pelo fato de que é confusa e incompletamente percebido e não porque seria clivado, que o objeto da posição paranoide é não-unificado. É exatamente pela mesma razão que a distância entre as relações de objeto reais e as relações de objeto da vida de fantasia, ou entre os objetos exteriores e os objetos interiores, permanece considerável neste estágio: em todos estes casos, o ego não se defende, é simplesmente incapaz de fazer a síntese dos aspectos que percebe separadamente.

Dadas tais afirmações, a tese kleiniana de 1935 é bem clara: a incapacidade do lactente de perceber os objetos completos durante os primeiros meses tem por efeito permitir-lhe organizar sua experiência vivida em um polo bom e um polo mau, o que lhe permite desenvolver isoladamente ódio e amor. Neste sentido o lactente pode ser dito subjetivamente pré-ambivalente, já que *para ele* não existe nenhum traço de ódio no amor que sente em relação a seus bons objetos, e nenhum traço de amor no ódio que sente pelos maus objetos. Afetos e experiências são nitidamente contrastantes e absolutos. A conclusão dos processos cognitivos de síntese perceptiva obriga a criança a reconhecer a *realidade psíquica da ambivalência,* no sentido freudiano do termo. Esta realidade psíquica, sendo de uma violência (*poignancy*) insustentável, leva o ego a reagir a ela, reproduzindo, através de um mecanismo combinado que reorganiza a relação de objeto, a separação de bons e maus objetos, de maneira a poder, num primeiro momento, manter a separação do amor e do ódio; em seguida, num segundo momento, ajustar o afastamento ao mínimo daquilo que o ego pode tolerar sem se perder na confusão e no desespero. Certamente, a teoria kleiniana da clivagem se transformará: de depressiva, tornar-se-á esquizoide. Ao invés de ser aplicada às imagos do objeto total (*as a per-*

son), o será às dos objetos parciais. Manterá doravante esta função que lhe é atribuída em 1935: preservar o amor e o bom objeto da aproximação com o sadismo e o mau objeto. Assume assim o papel de uma espécie de *retardador da tomada de consciência da realidade psíquica* e suspende a tomada de consciência dos processos cognitivos até que o ego seja capaz de assumir as consequências afetivas deste fato. É por esta razão que os textos kleinianos dos anos de 1935 a 1945 insistem na seguinte sequência: 1) não-integração, 2) unificação do objeto, 3) clivagem.

Esta sucessão parece incompreensível ao leitor que dá aos termos o sentido que possuem nos textos de 1952:

[...] ao longo da fase mais arcaica, os objetos (seios) perseguidores e bons são mantidos amplamente separados no psiquismo da criança. Quando, no decorrer da introjeção do objeto total e real, se juntam cada vez mais, o ego recorre repetidamente a este mecanismo – tão importante para o desenvolvimento das relações objetais – ou seja, a clivagem de suas imagos entre as amadas e as odiadas, isto é, entre as boas e as perigosas (1935, in, *Essais de Psychanalyse*, p. 339).

Esta clivagem das imagos permite evitar a dor e a depressão provenientes do reconhecimento da realidade psíquica. Permite manter uma esfera não conflitual de relação com um bom objeto total, uma pessoa benevolente: a ambivalência "...tem conexão com as relações objetais – isto é, com os objetos totais e reais" (*Idem*, p. 339). A clivagem recria as condições da fase anterior no domínio das relações pessoais da criança de seis meses ou um ano: ela propicia um momento durante o qual algumas pessoas poderão ser amadas sem que este amor seja perturbado pelo ódio.

Não se pode deixar de fazer uma associação com o fenômeno constatado por Piaget: a criança deve, no início de cada estágio, reelaborar num nível superior as aquisições do estágio anterior e inferior. Assim como houve uma fase exclusiva de amor em relação ao seio bom, é possível uma fase, ou pelo menos momentos de amor puro em relação à mãe, pessoa completa, "boa", clivada: "A ambivalência, conseguida com a clivagem das imagos, permite à criança pequena obter mais confiança e fé em seus objetos reais e, deste modo, nos objetos interiorizados; ela lhe permite amá-los melhor e produzir melhor suas fantasias de restauração do objeto amado" (*Idem*, p. 339). O objeto bom reassegura e protege contra o objeto mau. Frente a frente com este último, torna possível a descarga do ódio. Pode-se, portanto, dizer num certo sentido que a clivagem mantém e prolonga, ao nível da relação com o objeto total, o que existe de adaptativo na situação paranoide. Permite ao ego não reconhecer a dura realidade psíquica que, progressivamente e em pequenas doses, o mantém parcial quanto à separação entre as imagos boas e más, junto a um reconhecimento parcial de sua relação. A clivagem é, portanto, um elemento fundamental facilitador da relação de objeto.

Com o progresso da integração, os aspectos contrastantes aproximam-se, sendo que cada aproximação origina um novo par contrastante, dos quais os dois termos são mais próximos e portanto menos clivados do que na oposição anterior. É neste sentido que é necessário compreender a passagem desconcertante, à primeira vista, para quem a lê com certo conhecimento das ideias kleinianas mais divulgadas, em que Melanie Klein explica que *cada progresso no sentido da unificação do objeto provoca novas clivagens*.

Neste estágio do desenvolvimento, a unificação dos objetos externos e internos, amados e odiados, reais e imaginários, realiza-se de tal maneira que cada passo para a unificação conduz a uma nova clivagem das imagos. Mas, à medida que melhora esta adaptação ao mundo externo, esta clivagem é realizada sobre planos que, gradualmente, mais se aproximam da realidade (*Idem,* p. 339).

Deste modo, os aspectos frustrantes dos objetos de amor podem ser tolerados e, a partir disto, o ódio pode ser abrandado pelo amor ainda que para isto sejam necessárias etapas intermediárias na redução da clivagem. Os aspectos maus do bom objeto representam o que o ego pode tolerar, os aspectos maus referentes à imago odiada correspondem à quantidade de agressividade cuja integração ainda não é possível. O bom e o mau seio, completamente estranhos um ao outro no estado mais arcaico, são assim substituídos pela mãe boa geralmente assimilada à mãe real, e pela mãe má, geralmente associada a uma personagem longínqua ou imaginária, por exemplo, uma feiticeira.

Quando as últimas clivagens tornaram-se a tal ponto "porosas", permeáveis, deixando transparecer a unicidade e a ambiguidade do objeto, a integração fez um progresso decisivo e a ambivalência está a ponto de ser suplantada:

Este processo prossegue até que o amor pelos objetos reais e pelos objetos interiorizados, e a confiança neles estejam solidamente estabelecidos. A ambivalência, que é parcialmente uma proteção contra o ódio do próprio sujeito e contra os objetos terroríficos e odiados, diminuirá então, em diversos graus, durante o desenvolvimento normal (*Idem,* p. 339).

A função da clivagem é, portanto, a de assegurar a manutenção da relação com o bom objeto. Ela surge instituindo uma progressividade do "tornar-se mau" deste bom objeto, segundo um controle tal que o bom objeto real permaneça em cada etapa suficientemente bom para que o movimento libidinal em relação a ele não seja rompido e não se inverta em ódio constitutivo de um mau objeto imaginário.

3. Os Mecanismos de Reparação e a Posição Maníaca

Sem clivagem, não há reparação:

Depois que conseguiu realizar uma clivagem bem acentuada entre os objetos bons e maus, o sujeito trata de restaurar as primeiras, reparando (*making good* e, na versão alemã de 1937[1], *Wiedergutmachend*) ao longo da restauração (*restoration, Wiederherstellung*) cada detalhe de seus ataques sádicos (*Idem*, p. 315).

Neste sentido, o ego não restaura todos os objetos que atacou, mas somente os que após este ataque percebe ainda como bons. Ao tornar-se mau progressivo do bom objeto há uma extensão correspondente do emprego dos mecanismos de reparação: o efeito benéfico da clivagem é, definitivamente, abrir o caminho para a reparação. É a reparação o mecanismo verdadeiramente próprio para suplantar a posição depressiva. Ela se torna portanto um conceito chave da teoria kleiniana de 1935, e Joan Riviere pode escrever em 1936: "O valor concedido às fantasias de reparação é talvez o aspecto mais essencial da obra de Melanie Klein"[2]. É inútil retomar aqui a gênese e a definição desta noção percebida em 1927 e constituída em 1929. Contentar-se-á em ressaltar o que, na época da descoberta da posição depressiva, se afasta das teses da *Psicanálise da Criança*.

A mais importante das inovações de 1935 é a descrição das formas maníacas da reparação, aquisição definitiva da psicanálise, empreendida sob a rubrica da efêmera *posição maníaca*, que é reduzida em seguida a

---

1. "Zur Psychogenese der Manisch-depressiven Zustände", apresentado como uma tradução de Paula Heimann, mas cujo texto difere em relação ao original inglês publicado no *Internationale Zeitschrift für Psychoanalyse*, 23, 1937, pp. 275-305.

2. J. RIVIERE "On the Genesis of Psychical Conflict in Earliest Infancy". *I.J.P.A.*, 17, 1936, reed. e trad. fr. in *Développement de la Psychanalyse*, Paris, P.U.F., 1966.

um grupo de defesas. Em que consiste esta forma particular de reparação enquanto posição maníaca?

Em 1935, assim como anteriormente, a teoria kleiniana vê nos sentimentos de culpa o fator desencadeante específico das condutas de reparação, que têm, além disso, uma parte associada a uma identificação empática com o objeto. Não é necessário que os sentimentos de culpa sejam conscientes. Já assinalamos que clivagem, acompanhada de desconhecimento da agressividade contra o bom objeto, favorece, no entanto, as condutas de reparação deste bom objeto, o que supõe um certo saber inconsciente da identidade entre o objeto amado e o objeto atacado. Quanto à identificação empática com o objeto, é ela quem levanta os problemas mais delicados. Estes nascem do fato de que, ao lado da reparação, que poderia ser entendida como adaptativa, Melanie Klein descreve *reparação onipotente,* a qual associa *aposição maníaca,* sem com isso renunciar a afirmar a especificidade da reparação obsessiva descrita desde 1932. Estas formas particulares da reparação, longe de serem marginais ou secundárias, parecem, ao contrário, essenciais e até mesmo primárias. É sem dúvida neste ponto que a concepção kleiniana dos processos de reparação sofre em 1935 sua transformação mais notável. Pois, se é verdade que "as tendências para a reparação [...] assumem um papel essencial (*all-important*) no processo normal através do qual a posição depressiva infantil é superada", é preciso acrescentar que as condutas de reparação "são colocadas em ação por diferentes métodos, dos quais mencionarei apenas os dois que são fundamentais: as posições e mecanismos maníacos e obsessivos"[3]. Em outros termos, as "posições" maníaca e obsessiva surgem como os "métodos" (alguns anos mais tarde, Fairbairn dirá: técnicas) que permitem superar a posição depressiva infantil.

A expressão *posição maníaca* surge em 1935. Desaparece a partir de 1940, cedendo lugar à *defesa maníaca.* O lugar da posição maníaca no desenvolvimento é nitidamente indicado: sendo o meio de superar a posição depressiva, é sua sucessora. Aciona os mecanismos de reparação do objeto, já "adquiridos ao longo do período anterior, a posição depressiva" (1935, in *Essais de Psychanalyse,* p. 328). Num certo sentido, ela atinge uma relação com o objeto "que o ego não consegue lograr na posição depressiva" e que "representa um progresso, um fortalecimento do ego na relação com seus objetos" (1935, *Idem,* p. 329). Mas a posição maníaca não é uma fase que se sucederia a uma outra fase. É essencialmente *contemporânea* da posição depressiva infantil e as concepções kleinianas desta época delineiam o quadro de um período que poderia ser chamado maníaco-depressivo (porém Melanie Klein nunca utilizou esta linguagem), ao longo do qual o sujeito oscila entre posição depressiva e posição maníaca: estas oscilações "são parte essencial do desenvolvimento normal" (*Idem,* p. 346). As duas posições finalizam-se simultaneamente, pois a posição depressiva só é verdadeiramente *superada* quando a posição maníaca e as defesas obsessivas são abandonadas. Mas, aliás como sabemos, a posição depressiva é "a posição central do desenvolvimento da criança" (*Idem,* p. 340). É uma "melancolia *in statu-nascendi"* (*Idem,* p. 342) que a neurose infantil tem a tarefa de elaborar. Quanto à neurose infantil, é também definida como a elaboração do Édipo: pode-se também dizer que a elaboração do Édipo e da posição depressiva são confundidas e uma e outra supõem a oscilação

---

3. Trata-se aqui do texto da versão original (*I.J.P.A.,* 1935, 36, p. 148). *Positions* cedeu lugar a *Defences* na reedição de 1950 (*Contributions to Psycho-Analysis,* p. 316).

entre posições maníaca e depressiva, às quais convém talvez acrescentar a *posição obsessiva* (*Idem,* p. 340). De qualquer forma, quando "diminui a onipotência maníaca e a natureza obsessiva das suas tendências de reparação, isto significa, geralmente, que a neurose infantil foi superada" (*Idem,* p. 351). Não mais que a posição depressiva, a posição maníaca é apenas uma fase do desenvolvimento localizada no segundo trimestre do primeiro ano. A oscilação conflitual entre estas duas posições, responsáveis pela construção das instâncias psíquicas, ocupa o primeiro plano da cena *durante vários anos*. Quando passa para o segundo plano é para permanecer presente com o *status* de uma verdadeira estrutura elementar da vida afetiva.

1. A DEFESA MANÍACA E A NOSTALGIA

Qual o fator desencadeante da posição maníaca?

Quando surge a posição depressiva, o ego é forçado a desenvolver (além das defesas mais primitivas) métodos defensivos que se dirigem especialmente contra a "nostalgia" do objeto amado [...]. Anteriormente, designei alguns destes métodos como *defesas maníacas* ou *posição maníaca,* devido à sua relação com a doença maníaco-depressiva (1940, in *Essais de Psychanalyse,* p. 346).

A posição maníaca não é a única estratégia utilizável pelo ego na sua luta contra a nostalgia depressiva: pode também recorrer à *fuga para o bom objeto interiorizado* (Melitta Schmideberg, 1930) bem como à *fuga para o bom objeto externo* (Nina Searl, 1929). No entanto, a posição maníaca merece ser evidenciada em função de sua precocidade e da sua importância adaptativa. É apenas a ela que cabe entrar numa oposição sistemática, prolongada e estruturante com a posição depressiva.

Além disso, é preciso notar que a posição maníaca, uma vez constituída, pode ser aplicada na luta contra outras formas de ansiedade além daquela contra a qual ela se dirigiu inicialmente: "na mania, o ego procura refúgio não somente da melancolia, mas também de um estado paranoico que é incapaz de dominar" (*Idem,* p. 327). Pode ocorrer até mesmo que tal texto de 1940 faça das defesas maníacas uma estratégia muito mais voltada contra a persecutoriedade do que contra a depressão (*Idem,* p. 358). Porém, tais declarações permanecem excepcionais e são tanto menos surpreendentes na medida em que Melanie Klein sempre insistiu na interpenetração das manifestações da ansiedade paranoide e da ansiedade depressiva e na dificuldade em diferenciá-las nos casos concretos. Os conceitos kleinianos são frequentemente mais próximos dos *tipos ideais* de Max Weber do que das imagens genéricas: quaisquer que sejam as modalidades concretas de suas manifestações, é possível manter que o tipo ideal da posição maníaca reúne defesas que têm como finalidade primordial e prevalecente opor-se à nostalgia do objeto.

2. O SENTIMENTO DE ONIPOTÊNCIA E O DOMÍNIO DOS PAIS COMBINADOS INTERNOS

O que constitui, dentro do grupo das defesas contra a nostalgia, a diferença específica das defesas maníacas, é um recurso eletivo à ilusão da onipotência do pensamento (*Idem,* p. 327). Pode-se reencontrar sua marca em todos os mecanismos maníacos: recusa, reparação maníaca, idealização. Mas existe uma expressão propriamente patognomônica do estado maníaco: é *"a utilização do sentimento de onipotência* com o propósito de *controlar e dominar* os objetos" (*Idem*, p. 327). Esta tendência, por sua vez, deve ser associada a um objetivo bem específico, decorrente do complexo de Édipo arcaico, relativo ao domínio da cena primitiva sob sua forma mais original, o coito dos pais combinados, enquanto objetos internos. Deste modo, *a base da posição maníaca é a vontade de impedir a união dos pais internos*: "A defesa maníaca assume tantas formas que não é fácil postular um mecanismo geral. Mas creio que temos realmente tal mecanismo (ainda que suas variantes sejam infinitas) no domínio dos pais interiorizados" (*Idem*, p. 328). Tal conteúdo pode surpreender, na medida em que seu elo com a posição depressiva e a nostalgia pelo objeto não é evidente de imediato. Lembremos, no entanto, que a posição depressiva é contemporânea da conversão para o pênis e dos inícios do complexo de Édipo.

Nos primeiros estágios edipianos, que coincidem com o apogeu do sadismo, a agressividade leva vantagem sobre a libido e os ataques imaginários utilizam *todos os meios do sadismo* contra *a imagem unificada dos pais*[4]. É esta concentração de todo sadismo num ser fantástico compósito, que contém simultaneamente o pai e a mãe, que priva a criança de qualquer possibilidade de fuga para um bom objeto interno ou externo, e a torna escrava de um temor constante do talião. Conduz também, pelo fato da crença na onipotência do pensamento, ao temor de ter destruído ambos os pais e de ter deste modo perdido todo e qualquer objeto. A ansiedade depressiva encontra, portanto, seu conteúdo ansiógeno e mais terrificante na perda de ambos os pais simultaneamente, e na fantasia de protegê-los impedindo seu coito perigoso apresenta, além de seu evidente significado de ciúme, o valor de um ato de proteção do objeto. A casuística invocada o confirma amplamente (*Essais de Psychanalyse*, pp. 332-333, 363-367).

A revelação do objetivo mais constante da defesa maníaca permite-nos assim descobrir ao mesmo tempo: 1) qual a situação ansiógena mais terrível da posição depressiva, a qual Melanie Klein nunca cogitou em mencionar em suas exposições teóricas, sendo no entanto evidenciada nas passagens clínicas; 2) a maneira pela qual é preciso conceber, à luz das descobertas de 1934, os primeiros estágios do Édipo (*infra* Cap. 6, item 4, pp. 80-88).

3. A RECUSA*

O segundo traço característico da posição maníaca é a utilização da recusa: "[...] além disso (conforme declarou Helen Deutsch), a mania está baseada no mecanismo da recusa (*Denial, Verleugnung*)" (*Idem*, p. 327). Este mecanismo tem, indiscutivelmente, origem na posição paranoide. É preciso, portanto, especificar o que constitui a originalidade da recusa *maníaca*.

Diferentemente daquela observada nas psicoses dissociativas, que conduz ao ensimesmamento e ao apragmatismo, a recusa maníaca acompanha-

---

4. Cf. *Melanie Klein I – Primeiras Descobertas e Primeiro Sistema* (*1919-1932*), pp. 147-152/184-185

* Seguindo a diferenciação estabelecida pelo autor entre *déni* e *denégation*, optamos por traduzi-los, respectivamente, por *recusa* e *negação* (N. da T.).

-se de hiperatividade e da manutenção da relação com o objeto e com o mundo exterior. É que a *realidade psíquica* contra a qual a recusa atua é mais evoluída que a da posição paranoide, trata-se da realidade da posição depressiva: "... a fonte do conflito neste estado consiste no seguinte: e ego não quer nem pode abandonar seus bons objetos internos, mas esforça-se, no entanto, para escapar aos perigos da dependência em relação a eles e também em relação a seus maus objetos (*Idem*, p. 328). A recusa aplica-se, alternada ou simultaneamente, a todos os aspectos da realidade psíquica correspondente. O ego procura destacar-se dos objetos, mas sem renunciar a eles; solução de compromisso que procura atingir segundo as duas técnicas seguintes: 1) "recusa a importância dos seus bons objetos e do id" (*Idem*, p. 328); 2) "Ao mesmo tempo, porém, procura incessantemente controlar e dominar todos seus objetos, e este esforço se evidencia pela sua hiperatividade" (*Idem*, p. 327). No plano clínico, este fato manifesta-se através de todas as formas da negação da dependência afetiva que conduzem à "minimização" e ao "desdém" do objeto e que são características da mania. A qualidade de elação da vivência maníaca explica-se pela fórmula do compromisso realizado, na qual a relação com os objetos é mantida, porém recusando sua importância e afirmando ilusoriamente a onipotência própria. A posição maníaca é um processo do estágio oral, posterior à posição depressiva. A relação com os objetos recebe uma dupla determinação: tendo em vista o quadro dominante, é oral; sendo que sucede a posição depressiva, assume o significado de uma introjeção de bons objetos. Seu aspecto mais essencial é a *avidez,* fonte de ansiedades depressivas e persecutórias sobre as quais a recusa vai dirigir-se: temos de incorporar maus objetos, temor de destruir sadicamente o objeto incorporando-o etc. Graças ao (ou por causa do) acionamento da recusa, o ego pode praticar a introjeção ávida permanecendo ao abrigo das ansiedades correspondentes, e coincidir com o ideal de ego segundo uma fórmula que corresponde à definição freudiana do estágio maníaco, a qual Melanie Klein retoma, por sua vez, sem maiores explicações.

Parece essencial assinalar que estes processos, de certa maneira *antiobjetais,* têm uma natureza autenticamente depressiva ou, se preferirmos, antidepressiva, e que "Uma Contribuição à Psicogênese dos Estados Maníaco-Depressivos" reconhece expressamente, em 1935, seu valor evolutivo: "tal separação, que o ego não consegue lograr na posição depressiva, representa um avanço, um fortalecimento do ego em relação com seus objetos". Se este mecanismo nem sempre é bem-sucedido, isto não ocorre em função de suas fraquezas intrínsecas, mais sim "porque este progresso é contrariado pelos mecanismos mais antigos que já escrevemos, os quais, na mania, o ego utiliza ao mesmo tempo (*Idem*, p. 329). Em suma, o que dá valor à recusa, a despeito de seus inconvenientes, é que ela permite, de qualquer forma, a manutenção de uma certa relação com o bom objeto.

4. A IDEALIZAÇÃO

Considerada isoladamente em 1935, a recusa é relacionada em 1940 com a idealização. Este conceito, que não fazia parte do repertório nocional e léxico de Melanie Klein antes de 1935, foi introduzido nesta época, sem ser nomeado, sendo associado à posição depressiva e não à posição maníaca. A partir desta época, a relação é estabelecida entre a clivagem e a tendência em conferir a perfeição aos bons objetos. Esta tendência associa-se ao esforço de um ego que "procura manter separado o objeto bom do mau, e o real, do objeto de vida de fantasia. O resultado é um conceito de um objeto extremamente mau e de um extremamente perfeito" (*Idem*, p. 326). Inversamente à subestimação do objeto que predomina na posição maníaca, Melanie Klein insiste na valorização do objeto na posição depressiva e no seu papel enquanto estimulador das sublimações. Assinala "a importância específica que tem, para as sublimações, o despedaçamento do objeto de amor e o esforço para reunir os pedaços. É um objeto 'perfeito-inteiro' (*vollkommenes Objekt*) que foi despedaçado. Assim, a reparação deve conduzir novamente a um objeto belo e perfeito-inteiro" (*Idem*, p. 319).

O vocábulo *idealização* e a relação do mecanismo com a posição maníaca surgem em 1940 (*Essais de Psychanalyse*, p. 347). Melanie Klein considera neste momento, como manifestações da idealização, os mecanismos de fuga em direção aos bons objetos exteriores e interiores, mencionados no artigo de 1935 e descritos inicialmente por Nina Searl (o bom objeto exterior protege contra os objetos perseguidores interiores, ou seja, no sentido que a palavra tinha em 1929, imaginários) e Melitta Schmideberg (a fuga autística em direção ao objeto interno)[5]. Ela ressalta a inclinação do hipomaníaco à "avaliação exagerada: admiração excessiva (idealização) ou desprezo (desvalorização)" (*Idem*, p. 350). A idealização não é apenas um mecanismo psicopatológico. É um "passo intermediário essencial no desenvolvimento psíquico. Na criança pequena, a mãe idealizada é uma proteção contra uma mãe vingativa ou uma mãe morta e contra todos os objetos maus representando, portanto, a segurança e a própria vida". A exaltação maníaca está associada ao "sentimento de possuir no seu interior o objeto de amor perfeito (idealizado)" (*Idem*, p. 353).

5. O TRIUNFO

Melanie Klein preocupa-se, no entanto, em dar ao aspecto de elação da mania um estatuto que lhe convém mais do que aquele de um simples gozo sem ansiedade. Utiliza para isto a valorização do sentimento de triunfo do qual afirma, tão logo é introduzido o conceito em 1940, o elo com o sadismo: "O desejo de controlar o objeto, a gratificação sádica de superá-lo e humilhá-lo, de ter vantagem sobre ele, o *triunfo* sobre ele (*triumph over it*)" (*Idem*, p. 348) podem romper o círculo bom da reparação. O triunfo representa de fato a face, voltada para o objeto, da ilusão de onipotência que infiltra a atitude de reparação da posição maníaca. Origina-se da rivalidade com os adultos enquanto tais, o que inspira na criança "o desejo ardente de alcançar sucesso comparável". Esta rivalidade assume uma dimensão de revanche, que Melanie Klein ressalta sem fazer disto uma teoria geral. O desejo de crescer acompanha-se do que Ernest Jones havia nomeado em 1913, a fantasia da inversão da ordem das gerações: "A criança imagina que chegará o momento em que será forte, grande, poderosa, rica e potente e em que o pai e a mãe se transformarão em crianças indefesas ou, em outras fantasias, em pessoas muito velhas,

---

5. NINA SEARL, "The Flight to Reality" (A Fuga em Direção à Realidade), *I.J.P.A.* (*International journal of Psycho-Analysis*), X, 1929, e MELITTA SCHMIDEBERG, "The Role of Psychotic-Mechanisms in Cultural Development" (O Papel dos Mecanismos Psicóticos no Progresso da Civilização), *I.J.P.A.*, XI, 1930.

fracas, pobres e abandonadas" (*Idem*, p. 349). Ainda que não seja explicitamente falado, parece claro que o sentimento de triunfo corresponda à realização imaginária destes desejos, os quais a ilusão da onipotência do pensamento torna quase que alucinatórios no lactente. Reciprocamente, essas fantasias suscitam um sentimento de culpa que impede todo o sucesso e todo êxito porque significam "humilhar ou ferir os outros e, especialmente, seria um triunfo sobre os pais, irmãos e irmãs" (*Idem*, p. 349).

No entanto, o triunfo não é puramente sádico. Tendo raiz na ilusão da onipotência, pode acompanhar, assim como esta última, a reparação. O próprio desejo de crescer não tem apenas raízes narcísicas ou invejosas, comporta também fontes mais especificamente depressivas: o desejo de superar sua imaturidade, que Melanie Klein associa em última análise ao de "vencer sua destrutividade e seus maus objetos internos e ser capaz de controlá-los" (*Idem*, p. 349), não está ausente. Deste modo, a reparação maníaca constitui um misto de amor e ódio. Permanece também que os objetivos sádicos predominam aí e que, quando o triunfo se sobrepõe aos motivos da reparação, esta falha em seu objetivo: "[...] a reparação dos objetos amados que, confundidos nas profundezas do psiquismo com aqueles sobre os quais se triunfa, é perturbada e a culpa permanece, portanto, sem alívio". Além disso, em virtude da lei do talião, que se aplica a toda relação de objeto sádica, "o triunfo do sujeito sobre seus objetos implica necessariamente para ele que estes mesmos objetos querem triunfar sobre ele e, portanto, conduzem à desconfiança e aos sentimentos de perseguição" (*Idem*, pp. 349-350). Retorna-se aqui ao *círculo mau*, o que confirma o aspecto nefasto do triunfo.

Este triunfo, que "impede o trabalho do luto na pequena infância" (*Idem*, p. 350) é, no entanto, um elemento de luto normal. A perda real de um objeto aparece, segundo a fórmula clássica, como a realização dos desejos arcaicos de morte deste objeto. A partir disto "sua morte, por mais perturbadora que seja por outras razões, é também sentida como uma vitória, dando lugar ao triunfo e, consequentemente, a um aumento do sentimento de culpa" (*Idem*, p. 352). Os efeitos nocivos do triunfo são múltiplos: transformação do desaparecido no perseguidor, perturbação da confiança nos bons objetos internos e da idealização.

No curso normal do trabalho de luto, este sentimento inconsciente de triunfo segue a recusa da perda real. A recusa do *fato* da perda é substituída pela recusa de sua *importância*, de sua realidade psíquica. Deste modo, constituindo uma fonte de dificuldades, o triunfo tem lugar na evolução normal do luto. É possível dizer a seu respeito o que se poderia dizer da posição maníaca em seu conjunto: é um mal necessário. Cada vez que Melanie Klein fala a esse respeito, assinala os aspectos negativos. Mas, como se ocorresse à sua revelia, ela acaba sempre por reconhecer seu aspecto em última análise benéfico, apesar de todos os riscos que comportam de um retorno ao círculo mau. Trata-se de evitar a realidade psíquica sem o que a posição depressiva não poderia nem mesmo ser abordada e, portanto, de um desvio indispensável para chegar ao objetivo.

6. FORMAS MANÍACA E OBSESSIVA DA REPARAÇÃO

Este tema não aparece de forma tão clara em nenhum outro lugar como na teoria da reparação maníaca que constitui, finalmente, a contribuição mais estável das teses de 1935 à teoria deste mecanismo. As formulações kleinianas desta época remetem-se essencialmente a esta afirmação: não é possível em absoluto haver reparação bem-sucedida ao longo da posição depressiva infantil; esta comporta, no início, apenas tímidas tentativas de reparação desprovidas de coerência e continuidade. É ao longo da posição maníaca que o ego vai poder atuar, graças a seu ilusório sentimento de onipotência, no manejo da reparação que será por muito tempo maníaca, mais tarde obsessiva, antes de ser simplesmente reparadora, sem nenhuma outra qualificação. Enquanto não adota a posição maníaca, caracterizada pela ilusão, o ego não pode ter suficiente confiança nas suas capacidades construtivas para ser capaz de manter um verdadeiro esforço de restauração (*Idem,* p. 315). Na posição depressiva em que domina a nostalgia, o caráter ideal e perfeito do objeto faz desmoronar qualquer confiança do ego fazendo com que perca a coragem diante da tarefa esmagadora que lhe é imposta (*Idem,* p. 318).

Não é surpreendente, portanto, o fato de que a recusa e o sentimento de onipotência sejam declarados necessários para "... permitir aos mecanismos (adquiridos na posição precedente, a posição depressiva) de reparação do objeto possam ser postos em ação" (*Idem,* p. 328). Certamente, Melanie Klein logo precisa que esta reparação "de acordo com o caráter imaginário de toda esta posição [...] é quase sempre de natureza não prática e irrealizável" (*Idem,* p. 328, n. 1.; versão alemã: *Internationale Zeitschrift für Psychoanalyse,* 1937, p. 293, n. 13). Entendemos, neste sentido, que ela não se expressa através de práxis (ela é *unpraktisch*), não pode passar para a realidade efetiva (ela é *unverwirklichbar*) e permanece, portanto, puramente imaginária (*phantastich*). Assim, opõe-se à forma mais tardia da reparação, que comporta uma manipulação de objetos e recria alguma coisa na realidade exterior. Mas é claro que o fato de que tais possibilidades de reação, no sentido de uma ação que é uma praxe, não estejam ao alcance da criança no segundo trimestre do primeiro ano, ocorre em razão do estado de seu desenvolvimento psicomotor e cognitivo: ausência de relação entre os espaços perceptivos das diferentes *sensoria,* falta de coordenação entre visão e preensão, ausência de controle da motricidade fina das extremidades etc. A reparação maníaca é, portanto, antes de mais nada, uma intenção de reparar. Neste sentido, é o negativo da aniquilação paranoide do objeto, que também se realiza no elemento imaginário da onipotência. Melanie Klein empresta de um de seus pacientes uma fórmula que dá conta de forma satisfatória deste compromisso: "os objetos eram mortos mas, uma vez que o paciente era onipotente, supunha que poderia reanimá-los instantaneamente" (*Idem,* p. 328). Os objetos estão, desta forma, em estado de *animação suspensa,* expressão que evidencia esta mistura entre domínio sádico e reparação mágica que é própria da posição maníaca.

Ora, este equilíbrio não é estável: à medida que a criança cresce, as tendências para a restauração têm sua força aumentada, infletem cada vez mais num sentido reparador as fantasias de controle onipotente do objeto. Deste modo, o mesmo paciente "estava muito triste pela eminente morte de seus pais interiorizados mas, ao mesmo tempo, não se atrevia a reanimá-los completamente [...] pois sua ressurreição total implicaria suas relações sexuais e isto causaria a morte deles e a sua própria" (*Idem,* p. 333). É neste sentido que se deve entender a fórmula segundo a qual "a oscilação entre a posição depressiva e a maníaca são parte essencial do desenvolvimento normal" (*Idem,* p. 346): é através da sucessão destas idas e vindas que a dimensão reparadora se sobrepõe progressivamente à dimensão do domínio onipotente.

O estudo das relações entre reparação maníaca e reparação obsessiva nos conduz a constatações muito semelhantes. Numerosos textos assinalam que as defesas maníacas ou obsessivas estão destinadas ao insucesso, e que são por natureza insuficientes: não constituem "meios apropriados para lidar com a ansiedade e a culpa" (*Idem*, p. 348). Cumpre, no entanto, assinalar que estas duas técnicas são em um certo sentido diametralmente opostas: os mecanismos obsessivos são marcados por uma atitude conscienciosa, atenta ao detalhe, utilizando um método meticuloso que se concentra nas pequenas coisas. A defesa maníaca conduz à atitude inversa: desprezo pelos detalhes e pelas pequenas coisas, desenvoltura, negligência, satisfação fácil. Este desprezo hipomaníaco é, na sua essência, recusa: o hipomaníaco "deve recusar sua tendência de fazer uma reparação detalhada e completa, porque deve recusar o que torna esta reparação necessária, ou seja, o mal feito ao objeto, bem como, a aflição e a culpa que este mal lhe causa" (*Idem*, p. 350). Mas é claro que os progressos do desenvolvimento tornam o fracasso das defesas maníacas cada vez mais evidente. Podem-se observar retornos da defesa obsessiva à defesa maníaca fundados na recusa da culpa própria, o movimento geral da evolução conduz também, ao longo do segundo ano de existência, à obsessionalização (*Idem*, p. 348). Nesta posição intermediária, cada ato de reparação é seguido de ansiedade, de incerteza e de culpa. A partir do entrelaçamento dos elementos maníacos com os elementos obsessivos, o temor do ego diante do fracasso da reparação obsessiva é psicologicamente justificado pela presença, na própria intenção reparatória, de uma aspiração de triunfo sobre o objeto. Este fato pode conduzir, em função da quantidade das pulsões sádicas envolvidas, à repetição indefinida da reparação e às vezes até mesmo a uma verdadeira regressão ao estágio paranoide, segundo duas fórmulas já mencionadas na *Psicanálise da Criança*[6]. Mas, quaisquer que sejam os riscos de fixação patológica que decorrem de tal processo, Melanie Klein não deixa de afirmar que o desenvolvimento normal caracteriza-se pelo estabelecimento "de uma certa ponderação entre estes métodos impostos, ainda que estreitamente aparentados" e por sua comum diminuição, consequência do crescimento da criança normal, considerado nos seus aspectos afetivos (estabelecimento de um "equilíbrio relativo entre o amor e o ódio") e cognitivos ("maior unificação dos aspectos do objeto") (*Essais de Psychanalyse*, p. 349).

É preciso assinalar, além disso, que a passagem da forma maníaca à forma obsessiva da reparação é acompanhada de uma *passagem do mental para o motor*. No desenvolvimento normal, a minúcia obsessiva permite o sucesso das práxis que a criança utiliza como figurações simbólicas de suas intenções reparadoras. Não estaríamos superestimando a importância de seus sucessos práticos que dão "... a prova de que os processos investidos pela ansiedade e culpa podem encontrar uma saída favorável..." (*Idem*, pp. 248-249).

O sistema kleiniano foi frequentemente criticado por privilegiar os fatores da vida de fantasia endógenos em detrimento dos fatores de realidade. Melanie Klein, no entanto, insistiu neste ponto: apenas o conhecimento das situações ansiógenas arcaicas que estão no fundo das condutas observáveis – e notadamente dos primeiros sucessos motores, cognitivos

---

6. *Die Psychoanalyse des Kindes*, tr. fr., *La Psychanalyse des enfants*, Paris, P.U.F., pp. 182-184. Cf. nossa obra, *Melanie Klein – Primeiras Descobertas e Primeiro Sistema (1819-1932)*, op. cit., pp. 206-207.

e práxicos – permite avaliar toda sua importância para o desenvolvimento e formação da personalidade (*Idem*, p. 336). Graças à multiplicação dos sucessos *reais* de ações intencionais de uma complexidade crescente, o recurso à ilusão de onipotência tornar-se menos necessário, as reparações não têm mais que se repetir compulsivamente já que sua face objetiva começa a tomar corpo e pode ser vista ou tocada. Deste modo

... cada passo no crescimento afetivo, intelectual e físico é utilizado pelo ego como meio de sobrepujar a posição depressiva. A habilidade, as capacidades e os talentos crescentes da criança aumentam sua fé na realidade psíquica de suas tendências construtivas, na sua aptidão de dominar e controlar suas tendências hostis, tanto como seus objetos internos "maus" [...]. Mais forte e mais confiante em relação às pessoas que o rodeiam o ego pode então continuar a progredir em direção à unificação das suas *imagos* – internas e externas, amadas e odiadas – a uma nova mitigação do seu ódio por meio do amor e, assim, a um processo geral de integração (1940, *Idem*, pp. 350-351).

Em suma, "como resultado das provas e contraprovas múltiplas e diversas fornecidas pelo teste da realidade exterior, que a onipotência maníaca decresce" e que "a natureza obsessiva das tendências à reparação diminui; o que significa, geralmente, que a neurose infantil foi superada" (*Idem*, p. 351). Ora, sabe-se além disso que, para Melanie Klein, a função da neurose infantil é a perlaboração da posição depressiva: o desaparecimento da primeira significa que a segunda é superada (*Idem*, p. 345). É somente então que a reparação deixa de ser maníaca ou obsessiva. Deste modo, não é exagero dizer que não existe, durante o período em que predomina a posição depressiva infantil, reparação propriamente "depressiva", mas sim somente formas onipotentes ou compulsivas da reparação. *A reparação autenticamente depressiva é de fato um mecanismo pós-depressivo*.

Assinalou-se amiúde que a posição maníaca dos anos de 1935 a 1940 e, *a fortiori*, a posição obsessiva, não merecem verdadeiramente este nome. Uma posição é a associação regular de um conteúdo ansiógeno típico com os mecanismos de defesa especialmente destinados a lutar contra a ansiedade decorrente deste. Neste sentido, a pretensa posição maníaca não constitui uma posição já que não possui conteúdo ansiógeno distinto da posição depressiva; em decorrência deste fato, Melanie Klein, a partir de 1945, utilizará apenas a expressão *defesa maníaca*. Mas pode-se indagar, reciprocamente, se a posição depressiva infantil não se reduz a uma ansiedade típica desprovida de mecanismos próprios, sendo que as únicas defesas possíveis neste estágio, afora a clivagem e a introjeção, das quais, em breve, constataremos as complexidades reduzem-se às formas maníaca e obsessiva da reparação. Na verdade, os textos kleinianos de 1935 a 1945 descrevem um estágio maníaco-depressivo caracterizado pela oscilação do ego entre dois polos: um marcado pelos afetos depressivos e pela nostalgia, em que a ansiedade é *esmagadora* (ou seja, sem mecanismos de defesa), e o outro pela reação *ativa* (clivagem, recusa, idealização, domínio e reparação imaginários) mas, inicialmente, puramente maníaca (ou seja, puramente mental, para não dizer alucinatória) antes de tornar-se obsessiva. As idas e vindas entre estes dois polos são um fator de progresso já que o desenvolvimento perceptivo, motor e cognitivo permite à criança multiplicar as atividades que simbolizam a reparação do objeto, de início apenas alucinada, e em seguida traduzida nas condutas que são, num primeiro momento, puramente lúdicas e simbólicas (no sentido do "fazer de conta") antes de se transformarem em autênticas práxis. Deste modo, o papel ativo evolui do maníaco ao obsessivo. Correlativamente, o polo, que se poderia dizer passivo, evolui. O afeto dominante no início da posição depressiva infantil, é uma ansiedade tão mais insuportável na medida em que é acrescentada à ansiedade persecutória e que nenhuma defesa eficaz pode se lhe opor. Tal ansiedade, não podendo ser conscientemente sentida, só pode ser recusada na posição maníaca. Quando as defesas são mais eficazes é que se torna possível experienciar os afetos da série dita depressiva (preocupação pelo objeto, nostalgia, compaixão, culpa) sem que seu excesso provoque este paroxismo que é depressão propriamente dita. Graças ao acionamento de defesas cada vez mais operantes, a depressão torna-se menos ameaçadora e, como os afetos depressivos são menos massivos, são mais variados, repletos de nuanças, e mais conscientemente sentidos. Quando a reparação libertou-se de suas formas iniciais onipotentes ou compulsivas é que a depressão foi repartida, sendo assim atenuada em uma multiplicidade de sentimentos mais moderados.

Estamos portanto inclinados a dizer, a despeito das afirmações contrárias de Melanie Klein, que *aposição reparadora é distinta da posição depressiva e sucede aposição maníaca*. Ela constitui o que se poderia chamar, transpondo uma expressão kleiniana de uso frequente na teoria do complexo de Édipo, *a fase tardia* da posição depressiva. Neste sentido, ainda que em princípio a posição depressiva preceda a posição maníaca, é possível assinalar que, de fato, as manifestações plenamente desenvolvidas na posição depressiva sucedem as da posição maníaca. É a própria Melanie Klein que escreve em 1940:

> Certos movimentos ... produzem-se nas duas séries de sentimentos que constituem a posição depressiva: a persecutoriedade decresce e o sujeito sente intensamente a nostalgia pelo objeto de amor que perdeu [...]. Quando a perseguição diminui, a dependência em relação ao objeto, plena de hostilidade, decresce ao mesmo tempo que o ódio, e as defesas maníacas relaxam-se. A nostalgia pelo objeto amado implica também uma dependência em relação a ele, mas uma dependência que acaba por estimular a reparação e a proteção do objeto (*Idem*, pp. 358-359).

Parece claro que a preparação não foi verdadeiramente adquirida ao longo desta fase da posição depressiva que precede a posição maníaca; parece inseparável de uma experiência consciente ou, pelo menos, pré-consciente da nostalgia e do sentimento de culpa, que sabemos ser impossível neste estágio inicial em razão da predominância da recusa. *A emergência da posição depressiva completa, com nostalgia, culpa e desejo de reparar é, portanto, posterior aos estágios arcaicos do complexo de Édipo, dominados pela fantasia dos pais combinados, e que correspondem à posição maníaca.*

4. A Introjeção do Bom Objeto

Uma das condições do bom encaminhamento da posição depressiva infantil, e Melanie Klein insiste particularmente neste fato, é que o sujeito tenha confiança não somente nas suas próprias capacidades construtivas e reparadoras mas, também, na benevolência de seus objetos. Certamente, tal fato vincula-se ao anterior. Mas, reciprocamente, a confiança do sujeito nas suas capacidades de reparação é amiúde considerada como resultante da qualidade de sua relação com o objeto. Ora, esta boa relação é apresentada nos textos, de maneira indiferente, sem que a relação entre os termos seja evidente: *instalação do bom objeto, introjeção do objeto total, identificação com o objeto.* A introjeção é um mecanismo fundamental da posição depressiva. Mas é associada ao mecanismo de reparações feitas ao objeto" (*Essais...*, p. 314) que parece, ele próprio, ser determinado pela *identificação com o objeto bom:*

> Descobri, inicialmente na análise das crianças pequenas, e em seguida também na análise dos adultos, que o ego se sente impelido (e posso agora acrescentar: impelido por sua identificação com o objeto bom interiorizado) a fazer reparação por todos os ataques sádicos que dirigiu contra este objeto nas fantasias arcaicas (*Idem*, p. 315)[1].

Sabemos, além disso, que é a introjeção do objeto total que leva o ego à posição depressiva e que, neste processo, o que conta não é uma modificação na introjeção considerada em si mesma, mas sim o que Melanie Klein denomina de "variações na relação do sujeito com o objeto",

---

1. Traduzimos aqui a versão original alemã publicada in *Internationale Zeitschrift für Psychoanalyse (I.Z.P.)*, 1937, p. 280.

ou seja, o fato de que a introjeção aplica-se agora a um objeto unificado. Desde o início da existência, o indivíduo introjeta os bons e os maus objetos parciais. Entendida nesse sentido, a introjeção é um processo automático e inevitável: o ego não pode deixar de introjetar o objeto, porque no estágio oral "... o fato de amar um objeto e o de devorá-lo são inseparáveis" (*Idem*, p. 315). No entanto, a saída da posição depressiva depende do *sucesso* da introjeção: "Se o lactente, neste período da vida, acaba por não instalar em si seu objeto de amor – se, portanto, a introjeção do 'bom' objeto fracassa – a situação da 'perda do objeto de amor' se estabelece já com o mesmo significado do que no adulto melancólico" (*Idem*, p. 338). Mas esta introjeção que é o *estabelecimento do objeto de amor* não poderia se confundir com esta *introjeção do objeto total* que desencadeia a posição depressiva. É incontestável que a própria Melanie Klein confunde-se em seu vocabulário.

Vislumbra-se por um momento a possibilidade de vir em seu socorro distinguindo a pura e simples introjeção (sem identificação), processo presente desde o nascimento e cuja aplicação a um objeto unificado pelo progresso da percepção provocaria a entrada na posição depressiva, da identificação com o bom objeto, herdeira da identificação empática de 1929-1932, que seria, ao contrário, um mecanismo de defesa apto a superar a posição depressiva. Algumas passagens apontam neste sentido (*Idem*, p. 320). Mas as exceções a esta suposta regra são muito numerosas. Melanie Klein não hesita em afirmar que a posição depressiva é superada quando o bom objeto é introjetado *e* que é iniciada com esta mesma introjeção, e ainda, que é desencadeada pela identificação com o bom objeto *e* que esta identificação permite superá-la. A confusão parece, portanto, total. Apenas um exame meticuloso dos textos poderá, talvez, trazer-nos alguma luz.

1. O *CHASSÉ-CROISÉ** DOS CONCEITOS DE INTROJEÇÃO E IDENTIFICAÇÃO

Este exame impõe a seguinte conclusão: é possível, tendo por condição aceitar uma certa imprecisão no emprego dos termos, distinguir, senão as denotações, pelo menos as conotações dos principais conceitos em causa, graças ao estudo dos vocábulos alemães e ingleses, os quais são enunciados de 1935 a 1937. Mas todos estes conceitos são subvertidos em 1940: a maior parte dentre eles desaparece, particularmente o da identificação com o objeto bom que o texto de 1935 tendia a colocar em primeiro plano. Antes de interrogarmo-nos sobre o sentido desta evolução, é preciso, inicialmente, estabelecer os fatos.

Em "Uma Contribuição à Psicogênese dos Estados Maníaco-Depressivos" são encontrados principalmente os seguintes termos: interiorizar (*to internalize* ou *to take in, verinnerlichen*), incorporar (*to incorporate, einverleiben*), introjetar (*to introject, introjizieren*), estabelecer o objeto no ego (*to establish the object inside oneself, errichten das Objekt in Ich*),

---

* Não encontramos na língua portuguesa uma expressão correspondente à expressão *chassé-croisé* utilizada pelo autor. No dicionário enciclopédico *Petit Larousse Illustré* encontramos esta expressão utilizada no sentido literal como uma sequência de movimentos de dança que se sucedem sem levar a um novo resultado. Adaptando-se este sentido ao interjogo dos conceitos de "introjeção" e "identificação", poder-se-ia pensar num movimento de vaivém entre eles. (N. da T.)

identificação (*identification, Identifizierung*). Como é de se esperar, a interiorização é o termo mais geral. Ainda vago em 1932, assume em 1935 um sentido preciso, o do mecanismo que faz entrar os objetos externos no ego e os transforma em objetos internos sentidos como fisicamente presentes e vivos no interior do corpo. Ele se expressa nas fantasias inconscientes, mas seus produtos podem ter acesso à consciência ou formar os pensamentos latentes de sonhos pouco disfarçados, e que produzem a convicção de uma presença real dos objetos no corpo, a impressão de não poder se livrar deles através da ejeção, a obrigação de agir no lugar destes objetos, de lhes dar, de alguma forma, vida por procuração, o sentimento de que estes objetos são uma parte da pessoa própria (*Idem*, pp. 333-334). Deste modo, este processo não conduz somente a uma espécie de armazenamento de objetos no ego, mas também a uma certa identificação do ego com estes objetos. Mas, essencialmente, Melanie Klein parece utilizá-lo quando quer assinalar o fato de que existe, ao lado de situações exteriores de perigo, situações ansiógenas internas – por exemplo o coito, no interior do corpo próprio, dos pais combinados interiorizados –, que são mais terrificantes ainda do que seus protótipos externos. Afora os numerosos empregos em que o particípio passado *internalized* ou *verinnerlicht* funciona como adjetivo na expressão *objetos interiorizados* o verbo ou o substantivo correspondente aparecem três vezes no artigo de 1935. A dimensão de passagem para o interior é mencionada cada momento, sendo que o essencial consiste nisto: "... o processo de interiorização que começa na etapa mais arcaica constitui o fundamento do desenvolvimento das posições psicóticas" (*Idem*, p. 335; *I.Z.P.*, 1937, p. 300)[2]. A ansiedade paranoide, assim como a ansiedade depressiva, é vivenciada não só na relação com os objetos externos mas também na relação com os objetos internos.

A incorporação é a principal forma da interiorização-introjeção porque é um processo essencialmente oral e porque constitui, inicialmente, o seu único suporte ou veículo. É canibalesca e portanto ameaça o objeto de destruição ao longo da introjeção-devoramento. Tem por objetivo "colocar no interior" bons objetos. Em suma, sua natureza pulsional específica só é evocada na medida em que ela pode perturbar a função introjetora. Este fato se manifesta através da fantasia de ter estragado o objeto interiorizando-o avidamente, ou através da inibição alimentar motivada pelo temor de estragar o objeto ao longo de sua incorporação.

A introjeção é frequentemente indiscernível da interiorização ou da incorporação. Notar-se-á, no entanto, que em 1935, bem como em 1932, Melanie Klein utiliza esta palavra como o antônimo de *projeção*. Além disso, parece reservá-la para as passagens em que descreve a evolução que conduz da introjeção dos objetos parciais à dos objetos totais. Tratando-se deste fenômeno, jamais utiliza outro termo. Quanto ao objeto introjetado, é assim designado: o objeto enquanto total (*das Objekt als ganzes*) ou o objeto total e real (*das ganzes und reales Objekt*); por vezes: um bom objeto real (*Introjektion eines guten realen Objekt*). Estas utilizações são caracterizadas pelo seguinte contexto: a introjeção do objeto real e total é apresentada como uma consequência de alguma forma automática da evolução da percepção no sentido da apreensão (*Erfassung*) da mãe "como ser humano completo" (*Idem*, p. 337). Estas

---

2. Remetemo-nos aqui às edições nas línguas francesa e alemã.

utilizações contrastam com outras em que, ao contrário, é assinado que a introjeção do objeto bom – e neste caso, o "bom" raramente deixa de aparecer – é um mecanismo de defesa, podendo fracassar assim como ser bem-sucedido. Este mecanismo é característico da posição depressiva (*Idem*, p. 329). Seu fracasso é notadamente o "fundamento da disposição depressiva" descrita por Sandor Rado em 1928, ou seja, a predisposição à melancolia[3]. O sucesso da introjeção do objeto bom se traduz pelo *estabelecimento* (*establishing, Aufrichtung*) deste bom objeto em si mesmo (*Within, im sich*).

Pode-se questionar sobre a natureza desta variedade de introjeção: ela fracassa no paranoico em função de suas "suspeitas e temores da vida de fantasia que dificultam a plena e estável introjeção de um bom objeto real"[4]. O caráter *estável* da introjeção desejável, a qual pode ser aproximada, por contraste, do desejo de se desfazer dos objetos introjetados, mencionado em exemplo clínico, conduz a supor que a introjeção fracassa quando o sujeito reprojeta o objeto ejetando-o de maneira violenta o que, conforme as fantasias do primeiro estágio anal, equivale a sua destruição. Segundo esta hipótese, haveria, num primeiro momento, introjeção do objeto total, consequência direta da evolução das capacidades perceptivas. Mas o aumento da ansiedade que resulta disto, a adição da ansiedade depressiva à ansiedade frente aos perseguidores, tornaria a manutenção desta introjeção insuportável em certos casos. O objeto bom e total seria então, sem dúvida, ejetado através da via anal (*Essais de Psychanalyse*, p. 314) por uma operação de certa forma inversa à introjeção. Seria a partir de então vivido como *destruído* sadicamente, e a partir disto *transformado em perseguidor:* "Assim, a relação com os objetos (totais) e com a realidade é poderosamente influenciada ou totalmente eclipsada pela relação com objetos parciais interiorizados, por exemplo as fezes, que têm o sentido de seguidores (*Idem*, p. 321; *I.Z.P.* e 1937, p. 286). Mas conforme a lógica que prevalece no inconsciente, ainda que seja expulso continua sempre a ser um objeto interno, sempre presente e tão mais perigosamente ameaçador na medida em que foi expulso sadicamente. Em caso de êxito da introjeção, pelo contrário, o objeto bom seria conservado, protegido e a partir disto *estabelecido* no interior do ego e do *self**.

No entanto, o tipo valorizado de relação com o objeto bom é, em 1935, a identificação. Deixando de lado os empregos não especificamente psicanalíticos em que a identificação significa assimilação ou equivalência, os textos convergem para os dois pontos seguintes:

1) Diferentemente da introjeção-interiorização, cuja presença é incontestável, a identificação com o objeto é uma aptidão (*power, Fähigkeit*), cuja presença é subordinada a certas condições. Já sabemos que a introjeção pode não ser acompanhada da identificação (*Idem*, p. 320). Entre os fatores que tornam possível esta identificação pode-se mencionar notadamente um certo grau de coordenação do ego e o acesso à apreensão do objeto tal (*Idem*, p. 313). O decréscimo da ansiedade persecutória é tam-

---

3. Cf. *I.Z.P.*, 1937, p. 303. Esta passagem não figura na versão inglesa de 1935.

4. Cf. *I.Z.P.*, 1937, p. 284-285; trad. fr. in *Essais de Psychanalyse*, pp. 320-321.

* Optamos por traduzir o conceito psicanalítico *le soi* por *self*. Quanto ao pronome *soi* a tradução adotada foi a do pronome si. (N. da T.)

bém necessário (*Idem,* 321). Existem, portanto, condições econômicas bem precisas da identificação.
2) A identificação com o bom objeto é uma condição da depressão. É ela quem aprisiona o ego e o lança no conflito da ambivalência:

> O ego se identifica mais fortemente com os seus objetos bons interiorizados e, ao mesmo tempo se dá conta, em função de uma maior intuição (*insight, Einsicht*) que tem da realidade psíquica, se dá conta da sua própria incapacidade para proteger e guardar seus bons objetos interiorizados contra os maus objetos interiorizados e contra o id (*Idem,* p. 314, *I.Z.P.,* 1937, p. 279).

No mais, a intuição relativa à realidade psíquica não é um processo independente da identificação com o objeto bom; é esta última, assim como "outros progressos no desenvolvimento produzidos simultaneamente", que faz com que o ego seja "obrigado a um maior reconhecimento da realidade psíquica, o que o expõe a terríveis conflitos" (*Idem,* p. 315). De fato, é ela que, acompanhada de um "mais completo reconhecimento de seu valor" (o do objeto) permite ao ego "saber até que ponto destruiu seu objeto de amor e que tem ainda em mente destruí-lo" (*Idem,* p. 319; *I.Z.P.,* 1937, p. 284). É ela, finalmente, que obriga o ego à reparação (*Idem,* p. 315), na medida em que, "o ego se identifica com os sofrimentos dos objetos bons" (*Idem,* p. 322) de forma "tipicamente depressiva".

Esta identificação tem, portanto, fundamentalmente, uma parte associada com a tomada de consciência da realidade psíquica, a culpa e a preocupação pelo objeto. Neste sentido ela é consubstancial ao amor, já que "estas emoções fazem parte... dos elementos essenciais e fundamentais deste sentimento que chamamos de amor". Mas precisamente, a identificação com o bom objeto parece ser um mecanismo que transforma o "simples elo libidinal" (*Bindung*) em "este sentimento (*Gefühl*) que chamamos de amor". De fato: "o ego só chega a constituir seu amor por um objeto bom, um objeto completo e, ainda um objeto real, passando por um esmagador sentimento de culpa" (*Idem,* p. 320). A identificação desencadeando pelo menos uma parte desta culpa é, neste sentido, criadora do amor. Assim sendo, em 1935, Melanie Klein está a ponto de voltar a uma antiga e profunda concepção de Freud e Ferenczi, que ela também havia sustentado em 1927: o ego só pode amar o objeto através de sua imagem. Melanie Klein parece ter acrescentado a isto o que já sabiam James Baldwin e Henri Wallon: só pode haver representação de si mesmo segundo a imagem do outro. Mantenhamos que para ela, nesta época, o primeiro objeto de amor é um objeto de identificação.

Em suma, a interiorização-introjeção é um processo fundamental da vida psíquica. Não se interrompe jamais. É realizada nas e através das fantasias de incorporação que acompanham, prolongam ou repetem numa forma alucinatória as condutas corporais de devoramento. A introjeção pode não ser seguida de reprojeção do objeto: é então bem-sucedida e o objeto instala-se no ego. Este sucesso parece ter como fator principal a identificação com o bom objeto que permite passar da simples ligação libidinal ao verdadeiro amor pelo objeto, a menos que ela não se confunda pura e simplesmente com este mecanismo. A despeito das oscilações de vocabulário, entrevê-se a organização e as linhas de força de um campo teórico claramente articulado, esboço de um sistema viável.

2. A IDENTIFICAÇÃO EMPÁTICA

Os dois textos de divulgação publicados em 1936 ("O Desmame") e em 1937 ("Amor, Culpa e Reparação") dão duas apresentações extremamente diferentes da posição depressiva. Curiosamente, é o segundo texto que dá mais espaço à noção, logo fadada ao abandono, de identificação empática. Tal texto é originário de uma série de referências destinadas a um público não especializado, tratando a respeito da "A Vida Afetiva dos Homens e das Mulheres Civilizados". Joan Rivière havia participado deste evento tratando de "Ódio, Voracidade e Agressividade". O conjunto das conferências foi publicado sob o título *L'Amour et la haine*[5].

Nesta exposição, Melanie Klein concede um papel essencial à identificação, em detrimento dos outros mecanismos (introjeção, incorporação), os quais nem sequer menciona. Tratando-se de um trabalho de divulgação, não se deve dar um sentido teórico a esta omissão, que pode ser explicada pela preocupação de não complicar a exposição com sutilezas aí inoportunas. Mas pode-se supor que quando Melanie Klein enuncia expressamente uma tese, isto significa que adere plenamente a ela. Ora, quando fala do amor, refere-se a este como derivado da identificação com o objeto, dando-lhe assim uma raiz narcísica conforme as concepções freudianas (*L'Amour et la haine*, p. 86). Essa identificação permite, de fato, compreender a gênese do amor em termos de transferência de egoísmo: proteger e gratificar o objeto de amor e de identificação e, definitivamente, um meio particularmente eficaz (porque está fundado no círculo bom) de gratificar-se a si mesmo e de investir narcisicamente, ainda que Melanie Klein se oponha a recorrer ao conceito de narcisismo: "Só podemos negligenciar ou sacrificar até certo ponto nossos próprios sentimentos e desejos, e, portanto, dar por certo tempo a prioridade aos interesses e emoções da outra pessoa, se tivermos a capacidade de nos identificarmos com a pessoa amada" (*L'Amour e la haine*, p. 86). Essa identificação permite uma troca de papéis no esquema de relações, o que traz um duplo benefício: inicialmente "...ao nos identificarmos com outras pessoas, compartilhamos, por assim dizer, da ajuda ou satisfação a elas conferida por nós, é como se reconquistássemos por um lado o que havíamos sacrificado por outro; além disso, identificando-nos com bons objetos que gostam e que gratificam anulamos a culpa engendrada pelo ódio e o desejo de vingança que experimentamos no encontro com estes ao longo da primeira infância: "... desempenhando simultaneamente os papéis de pais amorosos e aquele de criança amorosa" (*Idem*, p. 89).

Inspirada pela culpa, esta atenção a outro só pode se desenvolver quando a culpa é suportável: não se pode concebê-la, em absoluto, no início da posição depressiva infantil. É num estágio ulterior que

...os sentimentos de culpa e a ansiedade relativa à morte da pessoa amada, os quais o psiquismo da criança fora incapaz de enfrentar pelo fato de serem esmagadores, diminuem gradualmente, tornam-se menos intensos e portanto manejáveis (*manageable*). Isso tem por efeito aumentar a preocupação da criança por outras pessoas, estimular a compaixão e a identificação com as mesmas, e, portanto, no total, o amor é aumentado (*increase*) (*Idem*, pp. 135-136).

---

5. Paris, Payot, 1968, trad. fr. por Annette Stronck.

Este movimento em relação ao outro repousa definitivamente numa *aptidão especial para a inversão de situações*. É necessário assinalar que em 1937 Melanie Klein avalia em termos de capacidade positiva o que muitos outros autores descreviam como uma indiferenciação primitiva do ego e do não-ego. Para ela, a preocupação do lactente pela sua mãe é o produto de um autêntico esforço de empatia que necessita uma verdadeira descentração (*Idem*, p. 146).

Um interesse particular associa-se à identificação pelo fato de ela ser antídoto por excelência dos sentimentos associados à rivalidade. Não se inveja a pessoa com a qual se identifica, pois que se compartilha imaginariamente com ela aquilo que ela frui. Esta identificação empática com o objeto feliz, que permite suportar sua felicidade e gozá-la, fundamenta-se na reparação (*Idem*, 128). Em 1935, a identificação era principalmente descrita como um dos determinantes da reparação; em 1937, é a reparação que a determina. Podemos portanto supor que o *elo*, frequentemente evocado por Melanie Klein, entre a identificação e a reparação, é um elo de causalidade recíproca.

3. A INTROJEÇÃO E O ESTABELECIMENTO DO BOM OBJETO NO *SELF*

É curioso que a identificação não seja questão no texto "O Desmame"[6], publicado um ano antes. Tratando-se ali da relação com o seio e com a mãe, é natural que a introjeção seja evidenciada enquanto efetuada nas e através das fantasias de incorporação oral, e que a perda do seio seja relacionada com o acesso à percepção da mãe como pessoa total. Mas nada se opõe a que seja dado um lugar à identificação com a mãe enquanto objeto completo. Ora, Melanie Klein toma a decisão de tratar longamente os processos através dos quais a ligação libidinal com o seio se transforma em amor pela mãe ao longo da crise do desmame, sem recorrer uma única vez à noção de identificação. Enquanto que o texto de 1937 insiste na acomodação empática com o objeto, o de 1936 enfatiza o que se poderia chamar a assimilação do bom objeto. Além disso especifica, o que não é feito em "Uma Contribuição à Psicogênese dos Estados Maníaco-Depressivos" (1935), *a perda do objeto,* sobre a qual Melanie Klein admite, neste momento, que ela tem precursores na relação com o objeto parcial. Trata-se então de uma perda real e vivida como definitiva. A perda do objeto total amolda-se a uma forma já estabelecida ao longo do período paranoide: o lactente vive a retirada do seio como um desaparecimento no exterior, mas também no interior de si mesmo, pois que tudo que é percebido do objeto externo é válido para o objeto interno. A partir disto, as introjeções anteriores são anuladas, já que o que foi introjetado desvaneceu-se quando o desaparecimento do objeto real (quer seja parcial ou total) foi constatado. Podemos deste modo compreender em que sentido a introjeção pode ser *simultaneamente* um processo automático coextensivo à própria vida e um mecanismo que pode fracassar. É que *a perda do objeto anula a introjeção,* faz com que desapareçam os introjetos que ainda se encontram como que associados a seus protótipos exteriores, fenômeno que os psicólogos geneticistas remeteriam à falta de imagem *mental.* A unificação

---

6. "Weaning", in J. RICKMAN & col., *On the Bringing up of Children*, Londres, Kegan Paul, 1936, reeditada em MELANIE KLEIN, *Writings*, Londres, The Hogarth Press, 1975, vol. I, pp. 290-305.

do objeto de amor e do objeto de ódio coloca a criança diante da realidade psíquica de sua ambivalência (no sentido freudiano do termo) e faz com que tema a perda definitiva do objeto unificado (perda que é temida no prolongamento do temor arcaico de um desaparecimento definitivo do seio "bom") no momento em que o desmame vem dar corpo a estes temores.

Mas em que consiste o êxito da introjeção? Parece tratar-se simplesmente da possibilidade de reinstalar no interior um objeto interno que acaba de se desvanecer já que seu protótipo acaba de sair do campo da percepção atual. A introjeção bem-sucedida é a que pode se manter ou se repetir na ausência do objeto. Seu resultado é o *estabelecimento do objeto no* self (*Idem,* p. 295). Ora, o sucesso desta operação é diretamente relacionado com o desenvolvimento da capacidade de amor, descrita em termos que não proporcionam espaço à identificação. O processo invocado comporta três momentos: 1) a criança progride "dos temores arcaicos persecutórios e de uma relação de objeto parcial, para uma relação com a mãe, como uma pessoa total e um ser amoroso", 2) *e a partir disto* ("quando, entretanto, ela consegue fazê-lo") experiência a nostalgia do objeto perdido e o remorso de tê-lo atacado, 3) se estes conflitos não podem ser superados, é "o fracasso do estabelecimento de uma relação feliz com a mãe", decorrendo disto todos os riscos de predisposição depressiva; se o conflito é superado, o desejo de restaurar tem sua fonte (*springs*) nos sentimentos de culpa (*Idem,* pp. 293-294).

Ainda que isto não seja dito explicitamente, é provável que Melanie Klein considere que a reparação apazigua os objetos atacados (sendo este apaziguamento tão imaginário quanto o era sua natureza ameaçadora), restabelece-os em seu estado inicial de benevolência, permitindo assim sua reintrojeção sob a forma de bons objetos. A sequência postulada seria, portanto, a seguinte: 1) destruição e perda do objeto total, 2) reparação do objeto externo, 3) introjeção do objeto reparado e restabelecido como bom. Esta instalação do bom objeto no *self* coincide com o acesso à forma mais completa da capacidade de amar.

Apresenta-se, deste modo, uma descrição muito diferente da que será dada no ano seguinte. Estas duas descrições apresentam uma dupla utilização e, ainda, parecem dificilmente conciliáveis. As noções de introjeção e de identificação têm, de forma evidente, denotações e conotações muito diferentes. Colocar no interior de si mesmo um bom objeto que lhe ama não significa colocar-se no lugar do objeto que se ama e que se protege, para dividir com ele o amor e o reconforto que lhe é dado. Que estes dois fenômenos existam na realidade psíquica e que eles estejam em interação é uma evidência para todo o psicanalista e todo psicoterapeuta. É mais que provável que eles assumam, um e outro, um papel no desenvolvimento da relação de objeto. Não se pode deixar, no entanto, de colocar o problema teórico de sua articulação. Ora, os escritos de Melanie Klein permanecem omissos a este respeito.

4. O MUNDO INTERIOR E AS RELAÇÕES DE OBJETO INTERNAS

Melanie Klein empregou a expressão *mundo interno* a partir de 1931[7] e utilizou-a episodicamente na *Psicanálise da Criança* (por exemplo: tra-

---

7. Cf. "Contribution à la théorie de l'inhibition intellectuelle", in *Essais de Psychanalyse,* p. 293.

dução francesa P.U.F., p. 248), mas não faz uso desta expressão nos textos de 1935, 1936 e 1937 que acabamos de examinar. Há, portanto, fundamentos para se afirmar que o *conceito* de mundo interno surge verdadeiramente no pensamento da criadora da psicanálise através do brincar em 1940, num artigo intitulado "O Luto e a sua Relação com os Estados Maníaco-Depressivos"[8].

A teoria de 1935 conhecia os objetos internos: seio, fezes, mãe, pai, pais combinados etc. Não afirmava sua disposição coerente num mundo interior. Tratava as suas relações recíprocas apenas no caso especial da agressividade e dos ataques sádicos, nos quais os pais combinados, os objetos maus ou o id ameaçam o objeto bom. Afora este caso especial, esta teoria interessava-se apenas pelas relações entre o objeto interno e o ego.

O termo e o conceito de *mundo interno* (*inner world*) estão, ao contrário, presentes e de imediato centrais em 1940. Corolariamente, o processo de *interiorização* (*internalization*) é evidenciado. Toda a relação com o objeto é necessariamente acompanhada da interiorização deste objeto, o que produz e reproduz permanentemente os objetos internos (*Essais de Psychanalyse*, p. 243). Que a introdução da noção de *mundo* não seja uma simples questão de estilo, mas que corresponda à vontade deliberada de insistir na coesão e nas relações recíprocas entre os objetos que a constituem, manifesta-se pela tematização de uma *harmonia do mundo interno*, à qual um valor psicológico considerável é atribuído: "se for um mundo de pessoas em que predomina a paz recíproca e a paz com o ego, ocorre por consequência, harmonia interna, segurança e integração" (*Idem*, p. 343).

Esta tese não é absolutamente nova: em 1935 (e já em 1929) estava presente a ideia de que o caráter composto, heterogêneo e desarmônico do *superego* é fonte de uma tensão penosa para o ego. "A Personificação nos Jogos das Crianças" mostrou como o brincar produz prazer, dispensando temporariamente o ego do dispêndio energético permanente necessário para a manutenção da síntese do superego (1929, in *Essais de Psychanalyse*, p. 248). A "Contribuição à Psicogênese dos Estados Maníaco-Depressivos" relacionava aos remorsos da consciência (*Gewissensbisse*) a percepção das exigências contraditórias dos objetos internos. É certamente fácil passar destes assinalamentos à ideia de que a unidade e a harmonia do superego e dos objetos interiorizados fortalecem o ego e facilitam o seu desenvolvimento. Mas é apenas em 1940 que Melanie Klein enuncia este fato de forma positiva.

A noção de solidez do enraizamento dos bons objetos no ego, que não estava ausente nos textos anteriores, torna-se agora essencial. Combina-se com a noção de uma comunicação progressiva, ao longo do desenvolvimento, do mundo interior e do mundo exterior, que tendem a se aproximar: "Cada um desses passos acompanha o estabelecimento cada vez mais firme dos seus 'bons' objetos internos e é utilizado pelo ego como meio de sobrepujar (*overcome*) a posição depressiva" (*Idem*, p. 344).

É sob a rubrica do triunfo maníaco que Melanie Klein descreve, pela primeira vez, uma relação sádica com um objeto interno que não se traduz por sua ejeção-aniquilamento. Mas o objeto do sadismo, conservado dentro de si, perturba a harmonia interior. Esta harmonia parece incluir duas dimensões. Uma é puramente cognitiva, referindo-se ao grau de síntese

---

8. Cf. *Essais de Psychanalyse*, pp. 341-369.

ou de coesão do ego, que é nomeado, desde esta época, o grau de *integração*. A outra é puramente afetiva, relativa à qualidade das *relações internas*, segundo o predomínio do ódio ou do amor nestas relações. O desenvolvimento do ego se faz "no sentido da unificação de suas imagos internas e externas, amadas e odiadas, e de uma nova mitigação de seu ódio por meio do amor e, assim, no sentido de um processo geral de integração" (1940, *Idem,* p. 351). A partir de então, a regressão não mais será pensada em termos da transformação dos objetos bons em perseguidores, como na *Psicanálise da Criança,* ou da perda do objeto como em 1935, mas em termos do retorno ao caos, da perda da unidade ou da harmonia de si mesmo. Deste modo, explica-se a perturbação afetiva observada no luto normal. O enlutado "sente então que predominam seus objetos internos 'maus' e que seu mundo interno está em perigo de desmembramento (*disruption*)" (*Essais de Psychanalyse,* p. 351).

Ele deve então, não como teriam dito Freud e Abraham, instalar no ego o objeto perdido, mas sim *reinstalar* no ego o *mundo interior* inteiramente abalado pela perda do objeto. O luto é, portanto, uma reativação completa da posição depressiva infantil.

Ainda que não sejam as únicas em causa, as ansiedades e as relações de objeto persecutórias são em grande parte responsáveis pelo mal-estar psíquico do luto. A perda do objeto desperta simultaneamente a culpa em relação a ele e o medo de que ele retorne de forma persecutória. A dor do luto, que se apresentava como uma preocupação para Freud, é explicada pela necessidade de "reedificar ansiosamente o mundo interno, sentido como estando em perigo de deterioração e colapso". Trata-se de reproduzir o que foi efetuado ao longo da posição depressiva: "estabelecer e integrar seu mundo interno". Mas de fato, no luto, o maior perigo está na transformação do amor em ódio contra o objeto perdido, que se expressa pelo sentimento de "triunfo sobre a pessoa morta" e que é fonte de uma culpa crescente (*Idem,* p. 352). É este elemento maníaco que tem por efeito "retardar o trabalho do luto" e levar ao paroxismo "as dificuldades e a dor que o enlutado sente" (*Idem,* p. 353). Esta vitória sobre o morto, além do fato de provocar culpa e temor do talião, bloqueia a idealização, processo intermediário mas essencial no luto normal, que permite manter a convicção de uma natureza boa (não retalhadora, não persecutória) do objeto perdido. É somente quando a ansiedade persecutória – e portanto o ódio, do qual ela é apenas uma consequência – diminui, que a idealização torna-se menos necessária e que se pode novamente "dar-se conta de que o objeto não é perfeito sem perder a confiança e o amor por ele, e sem temer sua vingança" (*Idem,* p. 353).

4.1. *O Trabalho do Luto Normal: Fortalecimento e Aprofundamento das Relações de Objeto Internas*

O alívio do luto provém, essencialmente, da atuação dos mecanismos de reparação, que permitem a reconstrução de um mundo interior harmonioso, tornando "bons" os objetos cuja vingança era temida. Como resultado desta reconciliação interior tem-se: "A diminuição do ódio e do temor permitiu então que a própria tristeza se manifestasse em toda a sua força". Então o enlutado pode "se entregar livremente a seus sentimentos e descarregar, por meio do pranto, sua dor pela perda real sofrida" (*Idem,* p.

357). A defesa maníaca conduz, portanto, inicialmente, a um *"fortalecimento da relação interna"*. É somente num segundo momento que se podem manifestar a tristeza (*sorrow*) e a nostalgia (*pining* ou *longing*).

Um texto que é talvez auto analítico ilustra de maneira clara o que Melanie Klein entende por mundo interior e relações internas. O primeiro sonho que tem, após a notícia da *morte de seu filho*, uma certa senhora A., que pode ser a própria Melanie Klein, vem em seguida a um período sem qualquer atividade onírica; este sonho reativa lembranças muito antigas e desloca sobre desconhecidos, atores de uma cena que remete à infância da autora do sonho, uma hostilidade recalcada dirigida, de fato, a seu irmão mais velho e a sua mãe, ambos mortos há muito tempo. O filho representa parcialmente, no inconsciente da senhora A., o irmão mais velho. Durante todo o período da retomada da atividade onírica, as realizações de desejos nos sonhos da senhora A. são marcadas pela defesa maníaca sob a forma mais brutal, a recusa; obedecem a fórmulas tais como: "O filho de certa mãe morreu ou morrerá. É o filho desta mulher desagradável que prejudica minha mãe e meu irmão, o que deve morrer", mas também: "o filho de minha mãe morreu e não o meu" (*Idem*, p. 355). A recusa da perda permite a expressão de uma certa satisfação de sobreviver à mãe e ao irmão, e de ser assim vingada das frustrações sofridas em decorrência disto. É apenas progressivamente que a aceitação da realidade da perda se introduz nos pensamentos latentes dos sonhos. Então, os sentimentos conscientes são dominados pela alternância de estados de tristeza, ao longo dos quais a senhora A. chora muito, encontrando aí um certo alívio, e momentos de tranquilidade.

A interpretação de Melanie Klein é a seguinte: num primeiro momento, a perda suscita reações persecutórias, "temor de que a morte de seu filho seja devida a uma vingança de seus pais", sentimento de que seu próprio filho a punia e a frustrava desaparecendo. A senhora A. tem, a partir deste fato, a impressão de ser perseguida por seus objetos internos, o que reforça a sua necessidade de dominá-los. Trata-se neste caso, de domínio e não de ejeção destrutiva, já que o ego não quer renunciar ao objeto, a despeito da agressividade despertada pela perda. Neste sentido, o ego deve lutar contra a tendência à ejeção que o impulsiona a rejeitar o objeto recusando-lhe qualquer valor. Resulta disto um bloqueio completo dos mecanismos de projeção e ejeção. É este bloqueio que dá conta da inibição afetiva típica do início do luto normal. Tudo se passa como se, em reação à perda, todas as saídas fossem fechadas, como que para impedir a hemorragia dos objetos internos. Será ressaltada, além disso, a conotação anal dos termos e das metáforas: assimilação das lágrimas aos excrementos, controle, afrouxamento do controle, alívio. Pensando-se nas análises de Karl Abraham: toda perda é anal, todo objeto perdido é para o inconsciente um bolo fecal, o enlutado contrai, por assim dizer, os esfíncteres psíquicos.

Encontramo-nos então no momento mais intenso de um período de fortalecimento *das relações internas* ao qual se opõe, na segunda fase, *um aprofundamento das relações internas* que traz a possibilidade de sentir e expressar a dor: "Se uma maior segurança no mundo interno é gradualmente reencontrada e se, por consequência, os sentimentos e os objetos internos podem reavivar-se, os processos recriadores podem se instalar e a esperança pode retornar" (*Idem*, p. 359). Melanie Klein não invoca, aqui, nenhum mecanismo preciso, quer seja o da introjeção ou o da identificação. Parece considerar que o ódio retrocede, cedendo, por consequência, lugar ao amor:

Assim, enquanto a tristeza é experimentada com toda a intensidade e o desespero alcança seu ponto culminante, brota (*wells up*) o amor pelo objeto e o enlutado sente mais intensamente que a vida continuará existindo apesar de tudo no interior assim como no exterior, e que o objeto amado perdido pode ser conservado internamente (*Idem*, p. 359).

Conforme o processo típico da elaboração dos afetos depressivos, é somente após o afrouxamento das defesas maníacas que a nostalgia pode ser experimentada, e assim que é sentida está bem perto de ser suplantada: "Neste estágio do luto, o sofrimento pode tornar-se produtivo". Tratando-se de atividades criadoras ou do aumento da tolerância ou da prudência, este enriquecimento do ego como efeito do trabalho de luto reproduz o enriquecimento primitivo deste ego ao longo da posição depressiva infantil. O negativo adquire uma função positiva na medida em que a capacidade do objeto de resistir às perturbações da relação é submetida ao teste da realidade:

A criança pequena torna-se mais confiante não somente a partir das experiências agradáveis, mas também a partir dos meios através dos quais ela supera as frustrações e as experiências desagradáveis conservando, apesar disto, seu bom objeto (no interior assim como no exterior).

Tal ideia é uma constante das concepções de Melanie Klein. Poder-se-ia dizer que, desde 1929, insistia no fortalecimento que o ego tira de suas vitórias sobre a ansiedade. A atividade alcançada é indispensável ao desenvolvimento, e as condições de um desenvolvimento harmonioso são as que maximizam as chances da atividade física e psíquica. Pode-se ainda ir mais longe: o ser psíquico é atividade. Não existe posse do objeto e do mundo interior além de uma vida psíquica (*Seelenleben*) que é movimento. Ora, o movimento através do qual se realiza esta perpetuação do bom objeto é a introjeção que, no trabalho de luto, como ao longo da elaboração da posição depressiva, aparece eletivamente ao longo da fase tardia que sucede ao afrouxamento das defesas maníacas (*Idem*, p. 359).

O estudo do trabalho do luto remete portanto diretamente ao da construção do mundo interno na e através da posição depressiva infantil. Tanto num como no outro, o estado das relações externas é comandado pelo das relações internas. Nesta perspectiva, o caráter progressivo do desenvolvimento das relações de objeto e a lentidão de sua extensão dos objetos primitivos a outras pessoas não se explicam apenas por fatores cognitivos. Provêm também da fraqueza do ego face ao "estado caótico de seu mundo interno". Para Melanie Klein, assim como para a tradição grega a criação é a passagem do *caos* disforme a um *cosmos* harmônico. Existe, no entanto, uma diferença importante entre a posição depressiva infantil e o luto. O lactente vive a perda, ainda que esta não seja real, porque não tem os meios internos, tanto pulsionais quanto cognitivos, de fazer o teste da realidade. É, portanto, uma perda imaginária que ele vive como real: "[...] quando a criança perde o seio ou a mamadeira, que chegaram a representar para ela um objeto 'bom', benéfico e protetor dentro dela e experimenta tristeza, faz isto mesmo quando sua mãe está junto dele" (*Idem*, p. 361). O que estaria faltando num caso tal como o do lactente? Não é apenas uma aptidão em manter uma imagem interna da mãe (ou do seio) em sua ausência mas, mais profundamente ainda, de poder manter com ela, quando esta se distancia, este elo que permite reconhecê-la quando retorna. Tal elo é ativamente destruído pela agressividade suscitada pela privação, geradora do temor do talião que leva a suspeitar e desviar do objeto: para a criança dominada pelo círculo mau, a mãe ausente não desaparece, torna-se uma mãe má. Quando retorna, corre o risco de ser percebida como uma perseguidora que ataca. O que falta então ao lactente para poder registrar perceptivamente a presença da mãe real e boa é a posse de uma mãe boa interna, *estabelecida em segurança no seu ego*.

Mas se a introjeção do objeto, tomada neste sentido, é a condição de seu reconhecimento no real, não se deve subestimar a importância da presença materna e da qualidade desta presença, enquanto fator essencial que favorece na luta contra o temor de perder o objeto (*Idem*, p. 361). Ora, para avaliar exatamente o impacto desta realidade, é preciso conhecer o universo da vida de fantasia através do qual ela é apreendida pela criança pequena:

Todos os prazeres que o bebê sente nas suas relações com a mãe são provas para ele de que o objeto amado tanto interno quanto externo não está ferido e não se transformou em pessoa retalhadora. O aumento de seu amor e de sua confiança, a redução de seus temores graças a experiências felizes, ajudam a criança, passo a passo, a ultrapassar sua depressão e sentimento de perda (seu luto). Capacitam-na a testar sua realidade interior, por meio da realidade externa. Ao ser amada, e através do prazer e do reconforto que sente nas suas relações com os outros, fortalece-se a confiança em sua própria bondade, e na do outro sua esperança de ver seus "bons" objetos e o seu próprio ego protegidos e salvos aumenta, ao mesmo tempo em que decresce sua ambivalência e seus temores agudos de destruição interna (*Idem*, p. 344).

Em suma, o efeito verdadeiro dos cuidados maternos no desenvolvimento afetivo é desmentir as fantasias paranoides que acompanham o temor do talião, permitindo assim a redução deste último. Longe de ignorar os fatores do meio, como será criticada mais tarde, Melanie Klein propõe um dos raros modelos psicológicos que permitem explicar o modo de ação destes, e cremos que ela tenha perfeita fundamentação para declarar:

[...] é somente depois que passamos a conhecer mais a respeito da natureza e dos conteúdos de suas ansiedades arcaicas (as do lactente) sobre o interjogo contínuo entre suas experiências reais e sua vida em fantasia, que pudemos compreender plenamente *por que* o fator externo é tão importante (*Idem*, p. 336).

O que é estabelecido na posição depressiva e restabelecido no trabalho do luto não é somente um objeto, é um mundo interior. A teoria do mundo interior é diferente e tem algo a mais do que a teoria dos objetos internos, pois evidencia a organização das relações entre objetos neste mundo. Clinicamente, o desespero depressivo não provém tanto do desaparecimento do objeto mas sim de seu despedaçamento. A introdução da noção de mundo interno permite, em 1940, insistir neste ponto: na depressão, o mundo interno não pode ser propriamente dito como perdido, mas é transformado em um caos desarmônico, tornando-se, como diria Winnicott, inutilizável para o ego.

Melanie Klein insiste com ênfase no caráter concreto, e mesmo corporal, das vivências (*Erlebnisse*) relativas a este mundo interior. Assinala também que este é objeto de uma verdadeira criação contínua:

> Este mundo interno consiste em inúmeros objetos interiorizados no ego (*taken into the ego*), correspondendo parcialmente à multiplicidade de aspectos mutativos, bons e maus, em que os pais (e as outras pessoas) aparecem no psiquismo inconsciente da criança, através dos diferentes estágios do seu desenvolvimento. Mais tarde, também representam todas as pessoas reais que a criança interioriza continuamente (*becoming internalized*), numa grande variedade de situações, fornecidas pelas múltiplas e sempre cambiantes experiências no mundo externo, tanto como das fantasiadas (*Idem*, p. 362).

Tudo isto permite prever a complexidade das relações de objetos internos entre si e de cada um deles com o ego ou, segundo certas passagens, o *self* (*Idem*, p. 362)[9].

Qual o conteúdo mental deste mundo interior? Trata-se de fantasias inconscientes particularmente profundas e portanto arcaicas, mas que afloram amplamente para a consciência por intermédio das sensações físicas ou de produtos de conteúdo hipocondríaco: impressão de ser atingido pelo verme "solitária", temor de ter absorvido venenos, temor de todos os tipos de doenças internas, mas também, em certo paciente, a fantasia expressamente verbalizada é de que seus dois pais estão realmente no interior de seu corpo (*Idem*, pp. 322-324 e 333). Em outros casos são os sonhos, cujo conteúdo manifesto coloca em cena acontecimentos localizados no mundo externo, mas que as associações do sonhador conduzem a interpretar como a expressão disfarçada de pensamentos latentes relativos ao mundo interno. É preciso dispor destas associações para poder reconstituir o fato de que, em um certo sonho, um animal preso numa jaula representa, nos pensamentos do sonho, "um parente distante louco, e a mãe desequilibrada no interior de si mesmo", ou que o vagão de um sonho em que o paciente viaja em companhia de seus pais representa o interior de seu corpo, sendo que o fato de que o vagão é aberto significa, no inconsciente, em virtude de uma inversão, que aquele que sonha não consegue ejetar os intrusos. É preciso portanto assinalar que a vida de fantasia relativa ao mundo interno é fundamentalmente inconsciente. Pode, por vezes, exprimir-se nos produtos que sofreram uma mínima deformação, mas em regra geral o grau de deformação é importante. A realidade psíquica da existência deste mundo interno não poder ser, portanto, observada diretamente, deve ser construída pela interpretação, como é o caso de quase todos os fatos psicanalíticos.

4.2. *A Equivalência Prática da Introdução do Bom Objeto e da Identificação*

Em conclusão, Melanie Klein oscila, entre 1935 e 1940, entre uma concepção que privilegia a identificação com o objeto completo, bom mas atacado pelo próprio indivíduo, e uma outra que dá ênfase à conservação no interior do corpo, continente do mundo interior de um objeto que apre-

---

9. Sobre as distinções entre *ego* e *self,* veja infra, Cap. 12, §1.

senta as mesmas características ambíguas. A primeira prolonga as considerações que haviam acompanhado, nos trabalhos anteriores, a teoria da reparação. A segunda refere-se mais diretamente à figuração espacial que é, em 1935, a grande inovação na teoria do objeto interno e da interiorização. Estas duas concepções são muito diferentes e até mesmo dificilmente conciliáveis.

A primeira permanece compatível com a noção freudiana de narcisismo primário. Descreve as relações do *self* com os objetos em termos que não são sempre absolutamente claros, porém clinicamente muito sugestivos. Mas, cada vez que Melanie Klein opera, entre 1935 e 1937, com o conceito de identificação, parece esquecer completamente sua própria teoria do mundo interior, tão ocupada está em dar conta da gênese do pleno amor de objeto.

A segunda concepção responde, em contrapartida, às necessidades da evidenciação do mundo interior. O estudo do fenômeno introjetivo permite compreender como a reação do ego à perda objetal pode evoluir do estágio em que a perda é vivida até mesmo quando o objeto está presente (desmame), até o estágio em que o ego pode compensar uma perda real pela introjeção do objeto perdido. A partir de tais análises dá-se por adquirida a noção de amor pelo objeto, da qual elas não permitem compreender a gênese. Deste modo, o discurso em termos de identificação alterna com o discurso em termos de introjeção, sem poder ligar-se com ele no quadro de uma teoria coerente e completa.

Em suma, Melanie Klein acha suficiente estabelecer, entre os mecanismos de identificação e introjeção, um tipo de equivalência prática (já que as invoca indistintamente para descrever o que se passa ao longo da superação da posição depressiva), mas não se preocupa em fundamentar teoricamente tal equivalência.

No entanto, esta equivalência é profundamente motivada na clínica e na teoria kleiniana: a introjeção bem-sucedida, assim como a identificação empática, dirigem-se no sentido da reconciliação com o objeto, do reconhecimento da realidade psíquica e do abandono das defesas maníacas. Ambas correspondem a este aprofundamento das relações internas, característico da segunda fase da posição depressiva infantil. E, finalmente, o principal dos pontos de convergência entre os textos que operam com o conceito de introjeção e os que operam com a noção de identificação, é que a posição depressiva contém pelo menos duas fases com características muito diferentes. A posição depressiva inicial, além do fato de que a dor e os sentimentos de culpa, neste momento, mal são vivenciados, ainda não comporta nem a clivagem nem a reparação. Nesta fase mal ocorre uma certa identificação com o objeto. Estas aptidões deverão ser atingidas através do longo desvio das posições maníaca e obsessiva. Nesse sentido, os elementos da posição depressiva estão inicialmente separados: por um lado uma situação ansiógena depressiva à qual nenhum mecanismo de defesa eficaz é associado, por outro, a posição maníaca descrita como diferente da posição depressiva, mas que prepara, no elemento da onipotência alucinatória, o mecanismo de reparação que constituirá o fator verdadeiramente "egoico" e estruturante da posição depressiva tardia. E para caminhar da recusa completa da realidade psíquica até o aprofundamento das relações internas, há um processo que pode ser nomeado indistintamente, segundo o ângulo sob o qual é considerado, de introjeção estável do objeto ou de identificação com este objeto, na medida em que a identificação assim como a introjeção são duas condutas de aproximação fundadas na superação da rejeição, recusa ou ejeção.

A teoria das posições psicóticas é, deste modo, muito simples quando considerada em seu todo. A posição paranoide nada mais é do que a fase do apogeu do sadismo, descrito na *Psicanálise da Criança*. O que é aí acrescentado é a tematização da incapacidade do indivíduo de fazer, neste estágio, a síntese dos aspectos parciais do objeto. É o surgimento desta capacidade que desencadeia a posição depressiva. Quando o objeto total pode ser percebido, a introjeção, que desde o início da existência está em interação permanente com a projeção, não mais se refere aos objetos parciais – seio, fezes etc. – mas sim a pessoas completas. Paralelamente, os aspectos "bons" do objeto são agora reconhecidos como provenientes desta mesma pessoa que comporta igualmente aspectos "maus". É portanto a unificação do objeto físico, processo cognitivo, que conduz à personalização e à unificação do objeto libidinal e tanático. O conteúdo ansiógeno é a perda do objeto, acompanhada de um temor do talião residual, mas ainda importante. Os afetos correspondentes são a nostalgia do objeto perdido ou a ser perdido, o sentimento de culpa procedente do reconhecimento da ambivalência e a ansiedade persecutória. Os mecanismos de defesa são inicialmente inexistentes, o que impele o ego para a posição maníaca, para mais tarde construírem-se progressivamente: clivagem, que permite a ambivalência; reparação, que se libera muito lentamente de suas formas maníacas dominadas pela ilusão da onipotência da fantasia; enfim, este aprofundamento das relações internas que supõe a superação da posição maníaca e que pode ser descrito em termos da identificação com o objeto atacado, bem como em termos da introjeção estável e segura do bom objeto.

5. A Evolução da Teoria da Posição Depressiva Após 1945

A teoria da posição depressiva evolui relativamente pouco em seu todo uma vez formulada. Algumas destas transformações decorrem das incertezas ou ambiguidades que ressaltamos na apresentação das teorias de 1935 a 1940. Outras delas provirão da ressonância, na teoria da posição depressiva, das descobertas feitas, a partir de 1946, no domínio da posição paranoide: clivagem esquizoide do ego, identificação projetiva, caráter primário e pré-edipiano da inveja. Alguns mecanismos associados, em 1940, à posição depressiva, passarão, em 1952, para a posição esquizoparanoide. Mais fundamentalmente, na medida em que progredirá o conhecimento da posição mais arcaica, será ali revelada a causa mais profunda de numerosos fenômenos cujo determinismo era atribuído, em 1932, ao Édipo arcaico e, em 1935 ou 1945, à posição depressiva. A partir disto, a importância desta última no sistema kleiniano parece, à primeira vista, diminuir a partir de 1946. Mas a questão não é simples: em certo sentido, a descoberta da posição depressiva enriquece a teoria do Édipo arcaico (notadamente por intermédio da análise do triunfo maníaco e do domínio imaginário dos pais combinados), bem mais do que minimiza sua importância no desenvolvimento. É de maneira comparável que a descoberta da clivagem esquizoide, da identificação projetiva ou da inveja primária acrescentarão novos elementos à descrição da posição depressiva. Será necessário retornar ulteriormente a este ponto capital, mas nos será suficiente por hora marcar as etapas da evolução da concepção da posição depressiva após 1940.

A primeira e uma das mais importantes destas transformações resulta, em 1946, da formação do conceito de clivagem esquizoide, no qual a clivagem do objeto é associada a uma clivagem do ego, estando o conjunto relacionado àquilo que até então era nomeado de posição paranoide e que se torna a posição esquizoide (antes de se tornar, em 1952, a posição esquizoparanoide). Isto conduz, a partir de 1948, a duas consequências:

1) A clivagem é doravante anterior ao desencadeamento da posição depressiva. Assim, refere-se, na sua forma inicial, a objetos parciais e não a pessoas completas. Conforme seu hábito, é numa passagem em que pretende citar seus escritos anteriores que Melanie Klein introduz sub-repticiamente esta importante inovação: "Expressei frequentemente minha opinião de que as relações objetais existem desde o princípio da vida, sendo o primeiro objeto o seio da mãe, que se cliva em um seio 'bom' (gratificador) e um seio 'mau' (frustrador)".

2) "Essa clivagem resulta numa separação nítida de amor e ódio"[1]. O objeto parcial é doravante, além disso, um objeto clivado. Certamente, a transformação é limitada: os textos de 1935 e dos anos seguintes descreviam bem o distanciamento entre os aspectos "bons" e "maus" do objeto, os quais se associavam à imaturidade dos aparelhos cognitivos do lactente. Em 1946, esta não-unificação é considerada como o efeito da clivagem.

Mas esta associação da não-unificação do objeto com a clivagem é apenas um aspecto de uma evolução de conjunto que se estende em todas as direções do conceito de clivagem. A clivagem descrita em 1935 ou 1940 tinha, em suma, apenas um papel limitado de mecanismo permitindo a manutenção de uma relação com o bom objeto completo, no quadro de uma recusa parcial da ambiguidade do objeto. A partir de 1946, a clivagem não é mais apenas precocemente ativa enquanto modo de relação com o objeto, mas se torna, igualmente, um modo de relação do sujeito com ele próprio, visando não apenas o objeto, mas também o ego (*Développements...*, p. 284) bem como as pulsões (*Idem*, p. 275). A unificação do objeto, que impulsiona o ego para a posição depressiva, assume, neste momento, o sentido de uma síntese das partes do *self*, do qual cada uma é portadora de uma pulsão – de vida ou de morte – mantida clivada de sua antagonista.

A clivagem das imagos, que os textos do período precedente faziam surgir no início da posição depressiva, continua a ser invocada (*Idem*, p. 294). Ainda que ela permaneça distinta dos mecanismos esquizoides de "clivagem violenta do *self*", é apenas um prolongamento atenuado desta.

Uma segunda transformação data de 1948: concerne às condições nas quais surge a ansiedade depressiva. Melanie Klein admite doravante que esta já é vivida na relação com o objeto parcial primário, o seio materno[2]. Ela é, desta forma, conduzida a dissociar a experiência vivida da ansiedade depressiva do surgimento da posição correspondente. Esta separação entre uma posição em que o ego depressivo sem ainda ser capaz de reparar e nem mesmo perceber um objeto completo, uma pessoa, e a posição em que é capaz disto, está conforme uma evolução no sentido de uma maior clareza. Mas este fato supõe uma distinção entre a unificação e a personalização. Esta clivagem, da qual já sabemos desde 1946 que é aplicada inicialmente ao seio, teve seu sentido tão mudado desde a época da descoberta da posição depressiva, que agora aparece como um processo que necessita de uma atividade do ego e que não pode ser mantido definitiva-

---

1. Cf. *Développements de la Psychanalyse*, Paris, P.U.F., 1966, p. 275.
2. Cf. "A Contribution to the Theory of Anxiety and Guilt", *I.J.P.A.*, 29, 1948, p. 282. Trad. fr.: "Sur la théorie de l'angoisse et de la culpabilité", in *Développements de la Psychanalyse*, p. 265.

mente: "Parece existirem estados temporários de integração mesmo nas crianças mais pequenas – tornando-se mais frequentes e duradouros à medida que o desenvolvimento prossegue – nos quais a clivagem entre o seio bom e o seio mau é menos acentuada" (*Idem,* p. 265; trad. ing. p. 283).

É preciso a partir de então considerar que: "Nesses estados de integração, verifica-se uma certa medida de síntese entre amor e ódio na relação com os objetos parciais, o que, de acordo com um atual ponto de vista, dá origem à ansiedade depressiva, à culpa e ao desejo de fazer reparações ao objeto amado e danificado – sobretudo o bom seio" (*Idem,* p. 265). Isto vai longe, pois não se trata apenas de reconhecer que a ansiedade depressiva surge mais precocemente do que se havia pensado até então, mas realmente de admitir que a posição depressiva, naquilo que tem de essencial, incluindo-se a reparação, pode começar muito tempo antes de ser dominante.

Não foi possível notar completamente, devido à insistência com que Melanie Klein assinala a escolha que faz em 1935 de falar doravante de posição e não mais de fase, que esta evolução volta a retransformar a posição depressiva em uma fase com o mesmo estatuto dos estágios libidinais do sistema de 1932, caracterizados pelo seu prolongamento no tempo e pela sua sobreposição. Estes momentos de integração que conduzem à depressão, à culpa e até mesmo ao desejo de reparar, mais característico da posição paranoide, evocam curiosamente a pulsão genital da teoria de 1932, que estava desde muito cedo presente acompanhada de empatia, preocupação pelo objeto e tendências reparadoras, mas que, mascarada pelo sadismo em seu apogeu, só se revelaria muito mais tarde, no momento do segundo estágio anal. Este retorno à noção de uma sobreposição daquilo que continuará, no entanto, a levar o nome de posições, tem por corolário o reconhecimento de um intermediário genético entre o seio, objeto parcial e a mãe enquanto pessoa: trata-se da "presença corporal" da mãe, nebulosa onda constituída pelos diferentes órgãos e partes do corpo da mãe que começam a se reunir de modo sincrético.

Não se trata mais de uma passagem relativamente brutal – que se poderia imaginar instantânea e a partir de então irreversível, a exemplo dos *flashes* de compreensão que sobrevêm, segundo Piaget, no início dos estágios do desenvolvimento das funções cognitivas – mas sim de uma passagem progressiva do objeto parcial para o objeto total. A posição depressiva infantil não mais começa, a partir de então, pelo confronto inesperado do ego com um fato objetivo que o coloca na obrigação de reconhecer, cedo ou tarde, a realidade psíquica do conflito de ambivalência, encontrando-o, inicialmente, desamparado. Ela começa através das vivências em que a intenção de reparar se associa, desde o início, à ansiedade depressiva, o que contribui para atenuar a nítida distinção que os textos de 1935 ou 1940 assinalam entre um estágio inicial de desespero e uma fase final de reparação.

Não será espantoso portanto que Melanie Klein tenha, em 1948, a necessidade de fazer uma exposição breve, mas completa, da posição depressiva tal como concebe então:

> Durante o período de três a seis meses realizam-se consideráveis progressos na integração do ego. Importantes mudanças ocorrem na natureza das relações objetais do lactente nos seus processos de introjeção. A criança percebe e interioriza a mãe cada vez mais como pessoa completa. Isto implica uma identificação mais completa (*fuller*) e uma relação mais estável com ela [...]. Ao mesmo tempo,

os processos de clivagem diminuem de força e passam a relacionar-se predominantemente com objetos completos, ao passo que no estágio anterior estavam principalmente relacionados com objetos parciais (*Idem*, p. 266; trad. ing. pp. 283-284).

Mede-se a amplitude da mudança de enfoque quando se constata que este texto faz decorrer diretamente a identificação do objeto de sua transformação perceptiva em objeto completo, fazendo assim a economia (pelo menos nesta formulação) do conflito de ambivalência e do desespero depressivo. Como outra inovação, a introjeção e a identificação entram agora em contato e seus papéis são nitidamente indicados: a introjeção é o processo geral que se alterna com a projeção e se aplica a todos os objetos, quer sejam parciais ou totais. A personalização do objeto torna possível uma identificação "mais completa" (*fuller*), o que permite supor que uma mínima identificação pode ter lugar antes que o objeto se tenha tornado uma pessoa completa: a noção de presença corporal da mãe abre de fato esta possibilidade. Tal identificação mais sólida é o fundamento de uma relação mais estável, o que os textos anteriores chamavam, de forma ambígua, de introjeção estável e durável do bom objeto. Notar-se-á enfim que, a despeito das aparências, a descrição da clivagem, tal como intervém na posição depressiva, não variou: a descoberta, feita em 1946, da clivagem esquizoide, leva a considerar a clivagem das imagos como uma forma atenuada da precedente, mas a concepção de seu papel na superação da posição depressiva não é por isso modificada.

Além disso, Melanie Klein é conduzida a precisar as relações entre ansiedade depressiva, sentimentos de culpa e necessidade de reparar. Particularmente, ela se expressa de forma muito mais clara do que o havia feito anteriormente, a respeito de dois pontos essenciais: a origem dos sentimentos de culpa e a fonte das tendências de reparação. É de 1948, então, que datam as formulações doravante clássicas, e que todas as exposições de divulgação reproduzem. É possível lembrá-las aqui:

1) O sentimento de que os danos infligidos ao objeto amado são causados pelas pulsões agressivas do sujeito constitui, em meu entender, a essência da culpa. (O sentimento de culpa do lactente pode estender-se a todos os malefícios que atinjam o objeto amado – inclusive os danos feitos por seus objetos persecutórios.) (*Développements de la Psychanalyse*, p. 167; trad. ing., pp. 284-285).

A ideia não é nova, mas jamais foi enunciada tão nitidamente.

2) A necessidade de anular ou de reparar o estrago resulta do sentimento de que foi o sujeito quem o causou, ou seja, da culpa. A tendência reparadora pode, por conseguinte, ser considerada como uma consequência do sentimento de culpa (*Idem*, p. 267; trad. ing., p. 285).

Notar-se-á que a relação postulada é direta: a identificação com o objeto atacado não é invocada como intermediária entre culpa e necessidade de reparar.

3) Parece provável que a ansiedade depressiva, a culpa e a tendência reparadora só são experimentadas quando os sentimentos de amor para com o objeto predominam sobre as pulsões destrutivas.

A partir de então, o drama vivido da posição depressiva é apenas a expressão fenomenológica de um processo metapsicológico de vitória do instinto de vida sobre o instinto de morte. É a este processo subjacente, especificamente a repetição frequente desta vitória, que é preciso remeter a integração do ego:

[...] as repetições da experiência em que o amor sobrepuja o ódio – em última instância, em que o instinto de vida supera o instinto de morte – constitui uma condição essencial da capacidade do ego de se integrar e de sintetizar os aspectos contrastantes do objeto (*Idem*, p. 267; trad. ing., p. 285).

O surgimento deste discurso metapsicológico, que evidencia o peso do elemento quantitativo subjacente ao vivido, é acompanhado de uma outra mudança, que lhe dá todo o seu sentido: em 1935-1940, o início da posição depressiva era considerado como contemporâneo do apogeu do sadismo; em 1948, esta simultaneidade é expressamente negada: os momentos depressivos correspondem a momentos de *decréscimo do sadismo*. É este processo econômico que dá conta, como último impulso, da integração e, portanto, de tudo o que decorre desta: unificação do objeto, culpa e reparação. Sob esta relação retorna-se à concepção da *Psicanálise da Criança*. Mais do que um drama criador de estruturas intrapsíquicas, a posição depressiva surge, doravante, como a contrapartida afetiva, para não dizer epifenomenal, de um processo energético.

Nas concepções de 1952, a posição depressiva, sempre permanecendo um "estágio crucial" (*Développements de la Psychanalyse*, p. 204), é predeterminada e pré-orientada pelo modo de resolução dos conflitos anteriores. A criança só pode vivê-la com sucesso se dispuser de uma "... capacidade de lidar com a ansiedade" (*capacity to deal with anxiety*) que depende "do grau em que pode, em seus três ou quatro meses de vida, tomar e estabelecer dentro dela o objeto bom que forma o núcleo de seu ego" (*Idem*, p. 204; trad. ing., p. 286). Deste modo, a mola mais central da superação da posição depressiva, a introjeção do bom objeto, é determinada pelo seu precursor genético, a introjeção de um bom objeto parcial e clivado ao longo da posição paranoide. Este precursor já comporta um início de estabelecimento (*establishing*) do objeto.

Os fenômenos depressivos perdem, a partir de então, muito de sua importância: apenas confirmam, ampliam ou no melhor dos casos infletem ligeiramente uma evolução que se encontra essencialmente na dependência de fatores que se manifestam ao longo da posição paranoide.

Nestas condições, a teoria da posição depressiva deixa de ser o elemento motor ou fecundo da evolução do sistema kleiniano. Terá sido evidenciada durante cerca de dez anos (1934-1945) mas, ao final deste período, todo o interesse de Melanie Klein refere-se aos fenômenos mais arcaicos e, portanto, para ela, os mais profundos, que se manifestam ao longo da posição paranoide. É por esta razão que a teoria da posição depressiva transforma-se, ainda, entre 1946 e 1952: é que se trata de harmonizá-la com o que se impõe na exploração da posição paranoide e esquizoide, mas não progride mais, sofrendo apenas reajustes. Quando, em 1952, os contornos da posição esquizoparanoide estão finalmente fixados, a posição depressiva passa definitivamente para o segundo plano.

6. O Papel da Posição Depressiva na Evolução Psicológica da Criança

À medida que o interesse de Melanie Klein refere-se aos períodos mais primitivos, concede maior importância à observação direta dos lactentes. Deste modo, é conduzida a relacionar a posição depressiva com os fenômenos mais notáveis do desenvolvimento da primeira infância. Esta tendência, firmada entre 1935 e 1940, continua até mesmo no momento em que, de um ponto de vista conceitual, a posição depressiva cede lugar à posição paranoide.

Encontramo-nos, assim, diante de um fato paradoxal: à medida que a posição depressiva perde seu significado de crise fundamental na qual é decidido todo o destino do indivíduo, ela invade, de certa forma, toda a evolução psicológica da criança pequena, a tal ponto que nada do que seja essencial ao longo dos primeiros anos possa, segundo Melanie Klein, ser excluído de seus limites.

Encontram-se comumente estas interpretações em termos de posição depressiva nas obras de divulgação ou no interior dos trabalhos científicos originais, em passagens de menor densidade teórica: esclarecimentos, retificações ou lembretes. É digno de nota que neste nível do discurso, a descrição dos fenômenos depressivos não sofre praticamente nenhuma transformação desde 1936 – e até mesmo, em certo sentido, desde 1932 – até 1960, bem menos, em todo caso, do que o faz nas passagens propriamente científicas, em que a teórica mostra-se antes de mais nada preocupada em evidenciar suas descobertas mais recentes com uma certa tendência a negli-cenciar uma aquisição anterior que, no entanto, não repudia. Esta estabili-dade apresenta dois aspectos. Por um lado, um texto como "Nosso Mundo Adulto"[1] atribui, ainda em 1959, um papel importante à posição depressiva,

---

1. Traduzido in *Envie et Gratitude*, Paris, N.R.F., pp. 97-117, sob o título "Les Racines infantiles du monde adulte".

mais importante, em todo caso, do que aquele que lhe era concedido em 1957 em *Inveja e Gratidão*. Por outro lado, encontra-se, a partir de 1936 (em "O Desmame"), uma apresentação da posição depressiva que assinala enfaticamente as antecipações da relação com a mãe enquanto pessoa, que se pode observar na relação do lactente com o seio, e o peso, nas condições da localização e elaboração desta posição, das experiências vividas ao longo da primeira fase do desenvolvimento. Em suma, se a metapsicologia da posição depressiva evoluiu consideravelmente, a correspondente psicologia da criança não variou em absoluto ao longo do último quarto de século da vida e da carreira científica de Melanie Klein.

1. A POSIÇÃO DEPRESSIVA E O DESMAME

Nesta psicologia kleiniana da criança, o desmame figura, depois de 1924, como crise decisiva[2]. Nesta época, era considerado como um fator da ruptura da relação pré-edipiana com a mãe e da entrada no estágio arcaico do complexo de Édipo. É em 1936 que o desmame foi anexado pela metapsicologia da posição depressiva: é então considerado como a contrapartida externa e real desta posição. Mas é notável que a descrição concreta que Melanie Klein faz a este respeito, assinala mais a continuidade do que a ruptura entre as posições paranoide e depressiva. A experiência da perda do objeto é apresentada como o prolongamento de inúmeras experiências anteriores de perda do seio como objeto parcial: "[...] a criança tem a impressão, quando deseja o seio, mas este não está presente, de que é como se este estivesse perdido para sempre" ("Weaning", p. 295)[3]. Estamos relativamente distantes de "Uma Contribuição à Psicogênese dos Estados Maníaco-Depressivos" que, numa preocupação de clareza teórica, considera a relação com o objeto completo e "personalizado" como a condição da experiência verdadeira de perda do objeto. No estágio do objeto parcial só se pode imaginar, se nos ativermos estritamente à teoria, duas reações à perda: a alucinação do seio bom (*L'Amour et la Haine,* p. 79) ou a interpretação paranoide da privação em termos de frustração ("Weaning", p. 295), com a atribuição da insatisfação, devida à falta do seio bom, à presença e atividade do seio mau persecutório. Em princípio, portanto, não há experiência de perda do objeto no estágio paranoide, pois não há ainda percepção capaz de resistir à alucinação do seio bom ou mau. No entanto, Melanie Klein não hesita em colocar em risco a coerência de suas declarações: "visto que a concepção do seio se estende à mãe, o sentimento de ter perdido o seio leva ao medo de ter perdido inteiramente a mãe amada, e isto não significa apenas a mãe real, mas também a boa mãe interna" (*Idem,* p. 295). O desmame, entendido desta forma, é inscrito num clima dramático onde o que está simbolicamente em jogo é, mais do que a perda de um objeto da pulsão oral, que promove prazer, a perda da mãe enquanto pessoa. É isto que torna "tão violenta a dor daquilo que pode parecer uma simples contrariedade (*thwarting*)". A noção do desmame é a partir de então dialetizada: em um certo sentido, cada retirada do seio é acompanhada de uma incerteza total no que concerne a seu retorno, e pelo simples fato de que o lactente não tenha posse ininterrupta

2. Cf. *Essais de Psychanalyse,* p. 167, n. 1.

3. "Weaning" ("O Desmame") reeditado em *Love, Guilt and Reparation,* vol. I das obras de Melanie Klein, The Hogarth Press, paginação à qual nos referimos.

do seio ou da mamadeira, encontra-se em estado de desmame permanente. Considerando-se a face puramente circunstancial, o traumatismo é distribuído ao longo dos primeiros meses.

No entanto, o desmame definitivo mantém toda sua importância: "[...] o ponto crucial é alcançado no desmame real, quando a perda é completa e o seio ou a mamadeira desaparecem irrevogavelmente" (*Idem*, p. 295). A continuidade genética entre perda do seio e perda da mãe se desdobra tardiamente, numa relação simbólica, sendo que a perda do seio equivale à perda da mãe pois que, nas camadas profundas do inconsciente, as pessoas são "representadas através de seus órgãos", sobretudo quando "a relação pessoal com a mãe" não foi "bem estabelecida" ("Weaning", p. 296). No momento do desmame, o fim do aleitamento não representa somente a perda do seio ou da mamadeira, mas significa, num contexto que é o da posição depressiva, a perda imaginária da mãe. Ele dá corpo a esta perda e institui, assim, o luto original.

É nesta perspectiva que se deve apreciar o alcance exato dos conselhos educativos que Melanie Klein dá de bom grado. Eis aqui suas recomendações:

> No período crítico do desmame, [...] tudo o que torne menos dolorosa a perda de um bom objeto externo e interno e diminua o medo de ser punido ajudará a criança a preservar a convicção em seu bom objeto interno. Ao mesmo tempo, preparará o caminho para a criança conservar, apesar da frustração, uma relação feliz com sua mãe real e para estabelecer relações que lhe tragam prazer com outras pessoas além dos pais (*Idem*, pp. 296-297).

É à luz do significado depressivo do desmame que se deve compreender a necessidade da mãe de "desde o primeiro momento", de "fazer tudo que puder para ajudar a criança a estabelecer uma relação feliz com ela" (*Idem*, p. 297), e a riqueza de detalhes nos conselhos sobre a conduta a ser mantida para que o lactente "desenvolva um forte apego ao bico do seio e ao seio". Estas prescrições, das quais algumas parecem ter sido sugeridas por D. W. Winnicott, então aluno de Melanie Klein, implicam uma ideia que permanece sem ser revelada, mas que será enunciada nos textos metapsicológicos de 1957: o desenvolvimento e o modo de resolução do conflito depressivo dependem, em última análise, da maneira pela qual a própria posição paranoide foi vivida. Além disso, encontra-se, a partir de 1936, numerosas citações concretas que antecipam diretamente o que dirão os *Développements de la Psychanalyse* a respeito da presença corporal da mãe, para não falar das teorias do apego (*attachment*) ulteriormente desenvolvidas por autores como Bowlby. Já aí é encontrada a noção da importância do *handling* precoce ("Weaning", p. 297). Sempre permanecendo fiel ao ensinamento freudiano e mantendo a prioridade da relação com o seio, *Melanie Klein é a primeira psicanalista e talvez a primeira psicóloga que insiste na importância, no jovem lactente, de um amor pela mãe que não se reduz ao desejo oral do seio.* Sempre valorizando, de uma maneira quase mística, as virtudes ímpares do aleitamento com o seio, assinala enfaticamente que a maternagem não se reduz ao ato de alimentar. Freud havia definido a sexualidade como aquilo que se apoia na satisfação da necessidade. Melanie Klein descreve o amor como aquilo que se desenvolve quando a avidez oral é saciada, ou passa para segundo plano (*Idem*, p. 300).

Incompreensíveis se considerados independentes da teoria da posição depressiva, estes conselhos às mães iluminam, por sua vez, a teoria. A insistência de Melanie Klein em divulgá-los seria suficiente por si só, para refutar as alegações daqueles que, fundamentando-se numa interpretação estreita e tendenciosa de seus escritos mais teóricos, afirmam que ela queria minimizar o papel dos fatores do meio no desenvolvimento da criança, que sua única preocupação era a de inocentar a mãe das perturbações do lactente e dos acidentes do desenvolvimento, invariavelmente relacionados por ela a um causalidade endógena, até mesmo constitucional. Ora, vemos Melanie Klein extremamente preocupada em aconselhar as mães a respeito do momento oportuno para efetuar o desmame: que este seja progressivo, que comece aos cinco ou seis meses pela substituição, a cada mês, de uma das mamadas cotidianas por uma mamadeira, de tal forma que a criança seja completamente desmamada (ou seja, desmamada do seio e alimentada através da mamadeira) por volta dos oito ou nove meses, sendo que nesta época poder-se-á começar a desmamá-la da mamadeira, com a mesma progressão na passagem à alimentação sólida.

O sentido deste cronograma é claro: a posição depressiva começa entre três ou seis meses e trata-se de introduzir o desmame real no momento em que a criança, através de seu desenvolvimento interno, pode dar um sentido à experiência da perda de objeto. Esta perda real, mas provisória e provida de compensações, acompanhada de uma maternagem (*nursing*) satisfatória, deve ocorrer exatamente quando a criança se tornou capaz de introjetar a mãe enquanto pessoa. Então, a qualidade de maternagem pode compensar a frustração da amamentação e a presença corporal da mãe real se torna o suporte perceptivo da boa imago cuja introjeção estável e duradoura é o meio mais poderoso do crescimento e do fortalecimento do ego. Deste modo, o princípio fundamental da atitude mais indicada é o de dosar a inevitável frustração, de tal forma que ela se ajuste exatamente às capacidades de reação da criança e que seja suficientemente forte para estimular os progressos sem perturbá-los.

2. A POSIÇÃO DEPRESSIVA, A EDUCAÇÃO PARA A HIGIENE E O DESENVOLVIMENTO MOTOR

É a mesma preocupação que se manifesta a respeito da educação para a higiene e da evitação da cena primitiva. Liberada, em 1936, da preocupação de falar em detalhe a este respeito, já que Susan Isaacs dedicou a este tema um capítulo no mesmo volume coletivo[4], Melanie Klein pôde deter-se naquilo que para ela é essencial em matéria de aprendizagem da higiene: *to take it easily,* não dramatizar, não se preocupar exageradamente com este aspecto da educação, que exerce uma pressão considerável sobre a criança, retardá-lo o suficiente para que seus efeitos de obrigação não venham a acrescentar-se aos de um desmame ainda a ser concluído ("Weaning", p. 300). Quanto à cena primitiva, é preciso evitá-la absolutamente, agir de modo que a criança não possa ser testemunha das relações sexuais entre os pais, sobretudo quando ela estiver doente ou em estado de mal-estar, circunstância em que os pais são tentados a ter o bebê dormindo em seu quarto.

No que concerne à educação para a higiene, Melanie Klein a considera, em geral, em seu aspecto positivo de desenvolvimento de uma aptidão que "contribui ao processo de modificação de ansiedade" (*Développement de*

---

4. J. RICKMAN et al., *On the Bringing up of Children* (*A Educação de Crianças*), Londres, Kegan Paul, Trench, Trubner and Co., 1936.

la Psychanalyse, p. 209) ao longo da neurose infantil. A obsessionalização geral do segundo ano cria as condições de uma contribuição ativa da criança a esta educação (*Idem*, p. 213) que pode então assumir o valor de uma experiência estruturante: ocasião de um troca reconciliadora com a mãe real, a educação para a higiene pode dar lugar às fantasias de reparação da mãe interna que protegem a criança sob sua própria benevolência. A cada defecação que recebe a aprovação da mãe a

> [...] criança diminui temporariamente, porém em sucessivas vezes, suas ansiedades a respeito de suas matérias fecais perigosas (ou seja, de sua destrutividade), de seus objetos maus interiorizados e de seu caos interior, adquirindo hábitos de higiene. O controle do esfíncter é para ela uma prova de que pode controlar os perigos interiores e os seus objetos internos [...]. A aquisição de hábitos de higiene também diminui a culpa e satisfaz o desejo de reparar (*Idem*, 214).

A educação para a higiene surge como um dos campos de batalha em que o ego aprende – ou não consegue aprender – a superar a ansiedade depressiva através da reparação, testando assim seus poderes e sua autonomia. A este respeito, também, somente levando-se em conta o pano fundo da vida de fantasia da educação para a higiene é que se pode medir e, se possível controlar, seus efeitos reais na evolução da criança pequena:

> O treino de higiene, se realizado sem imposição e num estágio em que o anseio de limpeza se torna evidente (o que ocorre, usualmente, durante o segundo ano de vida), é útil ao desenvolvimento da criança. Se imposto à criança num estágio anterior, pode ser prejudicai. Além disso, em qualquer estágio, a criança deve ser apenas encorajada, mas não forçada a adquirir hábitos de limpeza (*Idem*, p. 214, n. 2).

As fantasias a serem consideradas não são apenas as do lactente, mas também as dos pais. Contrariamente à opinião comum, Melanie Klein mostra-se extremamente atenta, nas passagens clínicas, à incidência, na criança, dos desejos e fantasias dos pais. É impossível compreender os verdadeiros efeitos da ansiedade materna frente à analidade de seu lactente se não se conhece o peso, para a mãe, de suas próprias fantasias inconscientes de onipotência sádica dos excrementos "maus", e o peso para o bebê das fantasias correspondentes. Já que a criança "[...] sente que suas fezes e urina são agentes hostis quando evacua e urina com sentimentos de cólera", pode-se compreender que

> se a mãe ansiosamente tenta impedi-lo, de modo absoluto, de entrar em contato com seus excrementos, o bebê sente tal comportamento como confirmação de que estes são agentes maus e hostis, dos quais a mãe tem medo: a ansiedade da mãe aumenta a ansiedade da criança ("Weaning", p. 299).

Existe aqui um círculo mau interpessoal cuja descrição permite compreender, em oposição, a natureza do reasseguramento e da amenização da culpa que se efetuam no desenvolvimento normal. O lactente "emite", sobretudo, ansiedade e agressividade. Necessita que sua mãe, longe de responder ansiosamente à sua ansiedade, lhe demonstre que ela tem prazer na sua relação com o bebê:

> Uma relação realmente feliz entre mãe e filho pode ser estabelecida somente quando a maternagem (*nursing*) e a amamentação (*feeding*) do bebê não constituírem uma questão de dever, mas um verdadeiro prazer para a mãe (*Idem*, p. 300).

As indicações que ela dá sobre o que deve ser a atitude da mãe frente à sexualidade da criança ilustram bem este fato. É preciso que a mãe seja permissiva, que não demonstre nojo, sem ser, no entanto, sedutora (*Idem*, p. 301).

Qualquer que seja, de fato, a importância de momentos cruciais, tais como o desmame ou a educação para a higiene, é o conjunto do desenvolvimento ao longo dos cinco primeiros anos de vida que deve ser compreendido na sua relação com a elaboração progressiva da posição depressiva infantil, ou seja, um processo de modificação da ansiedade. Neste sentido, a elaboração da posição depressiva confunde-se, em última análise, com a neurose infantil e com o complexo de Édipo. Antes de estabelecer este ponto, é preciso no entanto assinalar a importância do desenvolvimento das aptidões que significam, para a criança, um fortalecimento de seu domínio do real: "[...] o ego utiliza cada progresso efetuado no seu crescimento emocional, intelectual e físico como meio de superar a posição depressiva" (*Idem*, p. 350). É de fato notável que as aptidões motoras, cujo surgimento marca as etapas da construção do ego corporal, sejam regularmente associadas por Melanie Klein à prova das aptidões do ego para a reparação, mecanismo centrado na preocupação pelo objeto.

Existe, deste modo, uma verdadeira teoria kleiniana da marcha que não se reduz ao clássico equacionamento simbólico entre esta conduta e o coito. A tese central a este respeito é a seguinte: a marcha permite a extensão ativa dos jogos de perda e reencontro, cujo protótipo é o famoso jogo do carretel de linha, observado por Freud em seu neto. É da mesma maneira que se deve compreender os jogos de exercícios mais precoces, notadamente aquele, tão habitual nos lactentes, que consiste em "lançar coisas, repetidamente, para fora de seu berço e esperar que lhe sejam devolvidos" (*Développements de la Psychanalyse*, p. 243). Portanto, num primeiro momento, é ao objeto libidinal que compete restituir o objeto-jogo e anular sua perda, como pode ser percebido no jogo do "Cadê? Achou!", no qual a mãe em geral tem a iniciativa, mas que é em seguida retomado e requisitado pela criança. A mãe pode atenuar o efeito doloroso das experiências de perda quando ela deve se ausentar instituindo um final de saída e de até logo, com o valor do reasseguramento no qual Melanie Klein insiste enfaticamente (*Idem*, pp. 243-244). Tão logo a criança é capaz de se deslocar, pode partir ativamente à procura do objeto desaparecido (*Idem*, p. 243). É, a partir de então, o conjunto dos progressos psicomotores e cognitivos do lactente que lhe permite superar simbolicamente a posição depressiva. Graças ao desenvolvimento locomotor, a criança conquista a possibilidade de controlar sua distância em relação ao objeto. Melanie Klein pode portanto concluir:

> A grande importância psicológica de ficar de pé, engatinhar e caminhar tem sido descrita por alguns autores psicanalíticos. O meu ponto de vista é que todas essas realizações são usadas pela criança como um meio de recuperar seus objetos perdidos e assim encontrar novos objetos em seus lugares; tudo isso ajuda a criança a superar a sua posição depressiva [...], cada passo no desenvolvimento, é também usado pelo ego como uma defesa contra a ansiedade depressiva (*Idem*, p. 245).

As fantasias de reparação são, deste modo, subjacentes à maior parte das atividades da criança pequena:

> Podemos vê-las agindo nas primeiras atividades de brinquedo e na base da satisfação da criança por suas realizações, mesmo naquelas espécies mais simples, como, por exemplo, colocar um tijolo sobre outro, ou fazer um tijolo permanecer de pé depois

de ter caído; tudo isto é parcialmente derivado da fantasia inconsciente de fazer alguma espécie de reparação a uma ou a várias pessoas que a criança injuriou em fantasia. Porém, mais do que isto, mesmo as realizações (*achievements*) mais precoces do bebê, tais como brincar com os dedos, achar alguma coisa que caiu de lado, ficar de pé, e toda a sorte de movimentos voluntários – estes também, acredito, são ligados a fantasias nas quais o elemento de reparação já está presente ("Weaning", p. 294).

Desta forma, o conjunto do desenvolvimento da primeira infância provém da posição depressiva, da qual é a elaboração, o teste da realidade, a modificação ou a superação. Mas no sistema kleiniano de 1932 tudo contribuía para fazer do complexo de Édipo, em uma perspectiva "ultrafreudiana", o único princípio explicativo de tudo o que se produz entre seis meses e seis anos. É à posição depressiva infantil que este papel é agora atribuído. É possível dizer que o complexo de Édipo perde a partir de então sua importância aos olhos da criadora da análise através do brincar? Como devem ser concebidas as relações entre a posição depressiva infantil e o Édipo?

3. A EVOLUÇÃO DA TEORIA KLEINIANA DO COMPLEXO DE ÉDIPO APÓS 1932

A concepção kleiniana do Édipo evolui consideravelmente de 1932 a 1935, e mais ainda depois de 1935. Mas convém distinguir, dentre as modificações que se pode registrar, as que concernem própria e diretamente à concepção deste complexo das que são apenas o efeito da descoberta da posição depressiva. Parece, portanto, útil isolar o que provém de uma evolução própria da teoria do Édipo, na medida em que esta permaneça relativamente distinta daquela da posição depressiva. Como Melanie Klein apresenta o complexo de Édipo por volta de 1935? Dois pontos merecem uma atenção particular:

1) Em relação ao recuo da noção de estágio libidinal em benefício da noção de posição, torna-se difícil demarcar, no interior do complexo edipiano, fases bem delimitadas. Em 1932, o caso pioneiro de Rita sugeria um modelo de uma evolução edipiana e três momentos: o primeiro Édipo, oral e positivo, cedendo lugar a uma fase de repressão, de Édipo invertido e de inveja do pênis à qual finalmente sucede a forma tardia do complexo descrita por Freud. Em 1945, tendo constatado a importância das diferenças interindividuais na evolução psicológica das crianças, Melanie Klein renuncia afirmar a existência das sequências fixas no desenvolvimento do Édipo, insistindo bem mais no acavalamento dos estágios do que em sua sucessão (*Essais de Psychanalyse*, p. 411).

2) Uma das principais dificuldades dos textos dos anos de 1929 a 1932 é agora ressaltada. Nesta época, não se sabia se o paralelismo constantemente afirmado entre o início do Édipo na menina e o que se pode observar no menino deveria ser concebido em termos de homologia (prioridade nos dois sexos, de uma fase *direta*, ou seja, heterossexual) ou em termos de identidade (prioridade nos dois sexos, de uma fase feminina). A questão permaneceu obscura na *Psicanálise da Criança*. Ora, é a segunda solução que prevalece, nitidamente, quando Melanie Klein retoma, em 1945, a questão do "Complexo de Édipo à Luz das Primeiras Ansiedades":

Em minha opinião, o complexo de Édipo começa no primeiro ano de vida e, em ambos os sexos, seu desenvolvimento se inicia de forma semelhante [...]. As frustrações experimentadas com o seio materno levam tanto o menino quanto a menina a abandoná-lo e estimulam neles o desejo de uma satisfação oral apoiada no pênis do pai (*Essais...*, p. 411).

De fato, essa tese se combina com a precedente, relativa ao acavalamento dos estágios e posições. Não há uma verdadeira anterioridade de uma posição edipiana (direta ou invertida) à outra: tão logo o lactente se volta para o pênis, ele dirige para este não somente sua libido, mas também sua agressividade. Reencontra na sua relação com o pênis as mesmas dificuldades que na relação com o seio, o que torna possíveis todas as oscilações do pênis "mau" ao seio "bom", ou do seio "mau" ao pênis "bom": "Esta oscilação entre os diferentes aspectos das imagos primárias implica uma interação íntima entre os estágios arcaicos do complexo de Édipo invertido e do positivo" (*Idem*, p. 412).

Em suma, as duas novidades que podem ser assinaladas entre 1935 e 1945 são reduzidas a uma única, a qual pode ser assim enunciada: *nos dois sexos, o complexo direto e o complexo invertido começam simultaneamente e interagem, de imediato, um com outro.*

Os textos ulteriores não mais trarão mudanças decisivas. Os únicos que merecem alguma atenção concernem, em 1952, "A Forma Tardia do Édipo".

Melanie Klein insiste mais do que o havia feito desde a descoberta da posição depressiva – porém não mais do que em 1932 – no elo eletivo que une a reparação e a genitalidade. Ela destina ambas ao estágio tardio do Édipo, que se encontra a partir de então definido em termos especificamente kleinianos, enquanto que até aquele momento, contentaram-se em se reportar, a este respeito, às descrições clássicas de Freud. Esta nova definição tornou-se necessária desde que a última fase edipiana não é mais separada da etapa arcaica, esta também heterossexual, por um estágio de Édipo invertido (posição de inveja do pênis da menina, de inveja da maternidade do menino) como era o caso no modelo de 1932. As etapas diretas, arcaica e tardia, são agora unidas e é preciso indicar o que permite distinguir uma da outra. O Édipo tardio será portanto definido através das duas características seguintes:

a) A predominância da genitalidade que conduz a todas as formas de progresso: "[...] as tendências genitais conseguem, pouco a pouco, dominar. Em resultado disto, aumenta a capacidade de reparação, seu domínio se amplia e as sublimações ganham em força e estabilidade" (*Développements de la Psychanalyse*, p. 211). Além disso, os desejos reparadores infiltram as pulsões sexuais (desejo de produzir crianças).

b) A dissociação da imago dos pais combinados, a qual veremos, em breve, que de fato começa ao longo da segunda fase edipiana, e da qual sabemos que ela supõe o abandono da posição maníaca (*Idem*, p. 207, cf. pp. 60-61).

Deste modo, a mais importante das variações que se pode assinalar não mais provém das transformações de certa forma intrínsecas à teoria do Édipo. Ela consiste em uma afirmação da simultaneidade pura e simples do Édipo e da posição depressiva. É, portanto, definitivamente o estudo de suas relações que nos elucidará mais a respeito das transformações que Melanie Klein introduziu, de 1935 a 1960, em sua concepção do complexo de Édipo.

4. COMPLEXO DE ÉDIPO E POSIÇÃO DEPRESSIVA

Essa relação faz sentido, se procede o fato de que "os estágios arcaicos do complexo de Édipo positivo e negativo" surgem "normalmente ao mesmo tempo que a posição depressiva por volta do segundo quartel do primeiro ano de vida" (1957, *Inveja e Gratidão*, p. 140). São as modificações provenientes da descoberta da posição depressiva que projetarão os mais vivos clarões sobre os fenômenos edipianos. Mas é preciso inicialmente separar, no plano nocional, duas fontes de modificações que são simultâneas e que confundem seus efeitos na prática, mas que, no entanto, são distintas, pelo menos em princípio. Uma destas fontes é a descoberta da própria posição depressiva e a outra é a modificação conexa da introjeção, definida a partir de 1935 em termos de incorporação oral do objeto, com referência explícita ao limite corporal na noção do objeto interno. A partir desta data, a mudança do sentido da noção de objeto interno repercute diretamente na apresentação dos exemplos clínicos destinados a ilustrar a teoria das posições psicóticas. A análise evidencia, em certo paciente, o papel de "fantasias, nas quais ele atacava, no interior de si mesmo, com excrementos venenosos seus pais combinados maus" (*Essais...*, p. 232). A cena primitiva externa é, desta forma, réplica de uma cena primitiva interna. A interiorização aplica-se a todos os objetos que concernem ao complexo de Édipo. Outro paciente, cujo quadro clínico é dominado pela hipocondria, revela-se de fato preocupado com a sobrevivência de seus irmãos e irmãs interiorizados, representados por seus diferentes órgãos, esforçando-se ansiosamente em curá-los (*Idem*, p. 325). Conhece-se a importância que a vontade de evitar o coito perigoso dos pais interiorizados tem na posição maníaca (*Idem*, p. 328). A ideia que Melanie Klein enuncia, insistindo na importância, nesta posição, de uma imago da qual sabemos que é característica das formas mais arcaicas do Édipo, pode ser entendida reciprocamente como a evidenciação da infiltração no Édipo arcaico de situações de perigo interno e das defesas maníacas correspondentes: recusa, controle onipotente, triunfo. Pode-se perceber, assim, o esboço de um verdadeiro equacionamento entre a primeira fase edipiana e a posição maníaca.

Mas é o estabelecimento da relação entre o complexo de Édipo e a posição depressiva que transforma de maneira mais radical sua concepção. No entanto, a aproximação não é imediata: na medida em que, sobretudo em 1935, a posição maníaca é descrita como posterior à posição depressiva, parece que Melanie Klein tende a considerar esta última (pelo menos sua primeira fase) como pré-edipiana. Ela precede e fundamenta toda relação de amor e, portanto, o amor edipiano (*Idem*, p. 340). Afirma também claramente, desde a apresentação da posição depressiva, que não concerne apenas a mãe como objeto total mas sim a ambos os pais, cuja interiorização começa a partir do momento em que existe relação com eles e, portanto, desde o estágio paranoide (*Idem*, p. 335). Faz-se necessário contar com uma verdadeira dialética da posição depressiva: esta tem inicialmente, em si, título simplesmente virtual ou, em todo caso, provisório e precário, um movimento inevitável em direção à negação maníaca. É apenas através deste longo e doloroso trabalho do negativo (a posição maníaca) e após ele, que será possível o retorno ao que constitui o essencial da posição depressiva: nostalgia, remorso, compaixão e desejo de reparar. Deste modo, as exposições *teóricas* da posição depressiva tendem a impor a ideia de um episódio essencialmente centrado na mãe, vivido por volta de quatro ou cinco meses de idade, e que precede o complexo de Édipo, apesar de que todas as ilustrações *clínicas* mostrem que ela é atingida e perlaborada através do desenvolvimento de uma posição maníaca que já é edipiana e que só é ultrapassada após o abandono da posição obsessiva, a qual tudo leva a situar durante o segundo ano de existência.

Em 1937, após ter lembrado que o objeto edipiano é alvo, desde o início, das pulsões agressivas, Melanie Klein assinala que o conflito entre o amor e o ódio é a própria essência da posição depressiva: "[...] existe uma necessidade profunda de se sacrificar para ajudar e reparar as pessoas amadas às quais causou mal e que foram destruídas em fantasia" (*Idem*, p. 86). O terreno está pronto para a introdução da tese segundo a qual o complexo de Édipo comporta as ansiedades depressivas e, reciprocamente, é um meio de perlaborar esta posição. Não parece exagero sustentar que, desde esta época, Édipo e posição depressiva são apenas duas etiquetas conceituais distintas, correspondendo a dois pontos de vista diferentes, mas perfeitamente compatíveis entre si e que se aplicam a uma única e mesma realidade concreta. Certamente. "O Luto e sua Relação com os Estados Maníaco-Depressivos"[5] faz a distinção, ainda em 1940, no interior da posição depressiva, entre um momento pré-edipiano e um momento edipiano. Só após ter descrito a ansiedade depressiva vivida em relação à mãe, Melanie Klein examina os fenômenos correspondentes ao início do Édipo:.

[...] uma ansiedade (*distress*) acrescida a esta perda iminente (agora de ambos os pais), surge da situação edipiana que se instala tão cedo e que está tão intimamente relacionada com as frustrações do seio que, no início, é dominada pelos temores e pelas pulsões orais (*Essais de Psychanalyse*, p. 342; trad. ing., p. 345).

Permanece também a ideia de que a longa perlaboração da posição depressiva através das posições maníaca e obsessiva é exatamente contemporânea do complexo de Édipo, do qual acompanha todas as manifestações com as quais se interpenetra a ponto de se confundir com elas.

É preciso assinalar que a teoria da posição maníaca constitui uma contribuição capital à descrição do complexo de Édipo. Ela define a este respeito um primeiro estado cujas passagens expressamente dedicadas ao Édipo são raras. Há, de fato, uma curiosa defasagem entre os textos de Melanie Klein: quando discorre sobre o complexo de Édipo numa exposição teórica, negligencia, em geral, a questão da fantasia dos pais combinados. Insiste sobre a sequência: relação com o seio, relação com a mãe, conversão em direção ao pai. Mas a cada vez que evoca os estágios arcaicos do Édipo num contexto clínico o tema em questão é sempre a fantasia dos pais combinados. Este fato deve nos conduzir a reconsiderar parcialmente o que dizíamos acima, segundo um texto kleiniano sobre a oscilação entre posição masculina e posição feminina nos estágios iniciais do Édipo. Neste momento, a criança está aquém da diferença dos sexos. Uma rivalidade não sexualmente diferenciada visa a aproximação gratificante (oral, anal, uretral e genital) dos pais, e é experimentada em relação aos dois simultaneamente. O Édipo sexualmente diferenciado emerge concomitantemente, como posição masculina e como posição feminina, com oscilações de uma a outra, na medida em que a imago dos pais combinados é progressivamente dissociada em seus dois elementos e na medida em que são reconhecidos como pessoas independentes. Ora, é claro que uma tal diferenciação das individualidades parentais a partir de uma imago sincrética e indiferenciada é um processo que não corre sem uma relação com

---

5. "Mourning and its Relation to Maniac-Depressive States", *I.J.P.A.*, *21*, 1940.

a posição depressiva, cujo verdadeiro início é marcado pela aquisição da capacidade de perceber a mãe como uma pessoa completa.

Quando se evoca, de acordo com Melanie Klein, o fenômeno de acesso ao objeto total, tem-se em vista, comumente, um processo de síntese perceptiva que torna possível a apreensão (*Erfassung*) do objeto como conjunto, como unidade englobando os braços, os seios, o rosto, o corpo inteiro da mãe. Esta perspectiva atomista e associacionista constitui um verdadeiro obstáculo epistemológico. Ela nos parece mascarar uma das contribuições mais originais das concepções kleinianas: a descoberta de uma diferenciação das imagos parentais a partir da dissociação de um monstruoso andrógino sincrético, diferenciação essa que, segundo numerosas passagens, é o processo condutor da evolução que leva do Édipo arcaico da posição maníaca ao Édipo sexuado e diferenciado da fase tardia da posição depressiva infantil.

Esta ideia já estava esboçada em 1932. Melanie Klein afirmava, desde esta época, que a evolução favorável necessita de uma separação (*Trennung*) da imago dos pais combinados (*La Psychanalyse de l'enfant*, p. 263). Mas não descreve esta imago sobre a rubrica do Édipo arcaico; concebe-a mais frequentemente no quadro da discrição do sadismo em seu apogeu: trata-se, portanto, de um fenômeno exatamente contemporâneo ao início do Édipo, ainda que os textos mais teóricos não façam esta associação. Mais especificamente quando se trata do Édipo considerado em si mesmo, a menção da fantasia dos pais confundidos num coito ininterrupto é raramente omitida, mas é feita em termos que a apresentam mais como um acidente do desenvolvimento do que como um fenômeno constante (*Idem*, p. 252). Quando se trata da evolução do sadismo considerado em si mesmo, a universalidade da fantasia é claramente afirmada (*Idem*, p. 146). É, portanto, no estágio do objeto parcial que a confusão das identidades e dos limites corporais é possível, já que neste estágio domina ainda o princípio *pars pro toto*[6]. A fase anterior à introjeção do objeto total enquanto pessoa, não é somente uma fase de caos perceptivo marcada pela ausência de síntese, mas também uma fase de sincretismo com indiferenciação dos objetos parciais entre si e do objeto parcial com o objeto total, como também, sem dúvida, dos objetos totais entre si. Trata-se, em termos kleinianos, da fase das equivalências simbólicas, em que há confusão do símbolo e da coisa simbolizada[7].

Em 1935 é a posição maníaca, posterior, em certo sentido, à posição depressiva que a fantasia dos pais combinados é associada. Ela é, de fato, descrita diferentemente. Inicialmente os pais combinados têm, assim como todos os objetos da posição maníaca, o estatuto de pessoas. Quando não o têm (o que é raro), é o efeito de uma minimização de sua importância, de uma tentativa deliberada de desvalorizá-los, que traduz a atuação do mecanismo de recusa da realidade psíquica. Quando esta estratégia resulta em um desprezo completo, até mesmo na fecalização do objeto (*Essais de Psychanalyse*, p. 334), não se trata de um puro e simples retorno ao estágio anterior e à relação de objeto parcial, mas sim de uma operação destinada a obter uma atenuação, ao menos provisória, da culpa, constituindo,

---

6. Explicitadamente citado no texto alemão original, cf. *Die Psychoanalyse des Kindes;* reed. Kindler Verlag, p. 167.

7. HANNA SEGAL, "Remarque sur la formation du Symbole", 1957, trad. fr. *Revue française de Psychanalyse*, 34, 1970.

portanto, neste sentido, um progresso em relação à posição depressiva (*Idem*, p. 329). Se as formas mais arcaicas da fantasia são acompanhadas de movimentos hostis visando a imago em seu conjunto, as variantes mais tardias diferenciam mais claramente os aspectos paternos dos aspectos maternos: "O pai impotente e castrado teve que presenciar as relações sexuais do paciente com sua mãe – o reverso da situação em fantasia que o paciente conhecera em sua infância" (*Idem*, p. 332).

Somos portanto conduzidos à seguinte hipótese: a posição maníaca tem por função não apenas elaborar a ansiedade depressiva, mas também elaborar a situação edipiana a partir da fantasia inicial dos pais combinados que suscita uma rivalidade massiva contra os dois simultaneamente – e não permite, portanto, nenhuma possibilidade de encontrar um bom objeto real sobre o qual apoiar-se para enfrentar o mau objeto. Esta rivalidade sistemática, total e universal do início, será substituída, pouco a pouco, na posição maníaca, por uma rivalidade mais propriamente edipiana (direta ou inversa, alternativamente), sendo que a criança se aproxima de um dos pais, formando um casal que exclui o outro. Neste sentido, a fantasia dos pais combinados muda de natureza ao longo da evolução da posição maníaca, mesmo que ainda comporte uma nuança da ansiedade depressiva (*Idem*, p. 333). É claro que neste nível os pais combinados são *unidos* sexualmente, porém não são mais *confundidos* quanto à sua identidade; não se trata mais da fantasia arcaica, mas de seu derivado clássico, a cena primitiva. Tudo isto reporta-se a um Édipo já evoluído.

Estas análises conservarão todo o seu valor aos olhos de Melanie Klein, quando, após 1940, ela terá abandonado sua teoria de uma posição maníaca distinta, substituída pela concepção de uma defesa maníaca dirigida principalmente, porém não exclusivamente, contra a ansiedade depressiva. Ela reafirma, em 1952, a centralização de todos os primeiros estágios edipianos na imago dos pais combinados e o elo de solidariedade entre a dissociação desta imago e o acesso às posições "direta" e "invertida" do Édipo. Desta vez, o elo com a posição depressiva é ainda mais nítido do que o era em 1935, sendo a posição maníaca não mais invocada a título de mediação e a própria defesa maníaca não sendo mais mencionada neste contexto.

Ressaltar-se-á, essencialmente, os quatro pontos seguintes:

1) É ao longo da posição depressiva infantil que o complexo de Édipo tem início – por volta da metade do primeiro ano.

2) A primeiríssima fase edipiana é caracterizada pela coexistência de uma relação com objetos parciais e de uma relação com, objetos totais, que define o estágio em que a posição depressiva começa a existir, porém sem ainda suplantar a posição paranoide, com a qual continua em alternância (*Développements de la Psychanalyse*, p. 206).

3) Enquanto objeto de *inveja*, os pais combinados parecem suceder diretamente o seio. Retorna-se, deste modo, à noção de um início oral do Édipo, acrescentando-lhe a de uma centralização sobre a imago compósita dos pais (*Idem*, p. 200). Observar-se-á que, no espírito que parece ir ao encontro daquele das análises de 1932, é esta imagem que polariza a inveja e o ciúme do lactente, sendo que o complexo de Édipo em seu estágio mais inicial veicula deste modo mais fantasias e afetos provenientes da pulsão de morte do que elementos propriamente libidinais.

4) A evolução edipiana necessita de uma dissociação dos pais combinados que é também um meio de superar a posição depressiva, ou pelo menos, de aliviá-la. É somente então, graças à separação das individuali-

dades parentais, que começa a segunda fase edipiana marcada pela alternância de movimentos de aproximação em relação ao pai e à mãe que certamente esboça, segundo o sexo da criança, as formas direta e inversa do complexo tardio, mas que tem sobretudo, neste primeiro momento, o valor de "um processo de destruição" que "diminui os sentimentos depressivos em relação à mãe e com a imago dos pais combinados" (*Idem*, p. 208).

Compreende-se amplamente que este alívio da ansiedade depressiva provém da distribuição do amor e do ódio entre pessoas distintas. Neste sentido, ainda que Melanie Klein não o diga explicitamente, a dissociação da imago dos pais combinados é um aspecto da clivagem. Mas sabemos que a clivagem é apenas um dos mecanismos que permitem superar a posição depressiva e que, no todo, o essencial de sua contribuição consiste em manter o "bom" objeto, que foi estragado, protegido das explosões de agressividade, e permitir assim a identificação empática com este objeto (ou sua introjeção), ativadora dos mecanismos de reparação, que assumem definitivamente o papel principal. A estreita conexão sempre afirmada por Melanie Klein entre o complexo de Édipo e a posição depressiva deve ser também traduzida por uma ligação entre a teoria da reparação e as descrições do Édipo.

5. GENITALIDADE E REPARAÇÃO NA ETAPA EDIPIANA TARDIA: O EXEMPLO DA SEXUALIDADE FEMININA

É, em 1945, no "Complexo de Édipo à Luz das Primeiras Ansiedades"[8], que Melanie Klein coloca em relação direta os dois segmentos de sua conceitualização que só haviam tido contato, até então, através da teoria da centralização da posição maníaca na imago dos pais combinados. A relação entre o Édipo e a posição depressiva é doravante direta e expressamente afirmada:

Nos dois artigos precedentes[9], referi-me várias vezes à posição depressiva infantil, apontando-a como posição central do desenvolvimento arcaico. Agora, gostaria de sugerir a seguinte fórmula: o núcleo (*core*) dos sentimentos depressivos infantis, ou seja, o medo da criança de perder os seus objetos amados, como consequência do seu ódio e de sua agressividade, entra desde o princípio em suas relações objetais e em seu complexo edípico.

Certamente, esta declaração não deve ser tomada, em absoluto, ao pé da letra. É duvidoso que Melanie Klein tenha pensado em 1945 que o núcleo dos sentimentos depressivos faça parte das primeiríssimas relações de objeto, que são para ela centradas no objeto parcial na posição paranoide. Em contrapartida, não há nenhuma dúvida de que ela quis evidenciar o intrincamento primitivo da posição depressiva e do complexo de Édipo. Sendo que a ansiedade depressiva é neste momento incluída no Édipo, a necessidade "depressiva" de reparar preside a *utilização da sexualidade genital contra a culpa e da depressão*. É por isso que as pulsões edipianas

---

8. "The Oedipus Complex in the Light of Early Anxieties", *I.J.P.A.*, 26, trad. fr. por Marguerite Derrida, in M. KLEIN, *Essais de Psychanalyse, op. cit.*

9. Trata-se de "Contribution à la psychogenèse des états maniaco-dépressifs", 1935, e "Le Deuil et son rapport aux états maniaco-dépressifs", 1940.

apresentam sempre, além de seu determinismo libidinal, uma superdeterminação por uma tendência reparadora:

> Sob a influência da culpa, o lactente é impelido a anular (*undo*) o efeito de suas pulsões (*impulses*) sádicos através dos meios libidinais [...]. O desejo de dar e receber uma gratificação libidinal é por consequência incrementado pela pulsão de reparação (*drive for reparation*)... (*Essais de Psychanalyse*, pp. 413-414).

Se a afirmação de um elo direto e essencial entre o Édipo e a posição depressiva é, em 1945, uma novidade, aquilo que decorre logicamente disto, a saber, a infiltração das tendências sexuais pelas tendências reparadoras, não é uma descoberta recente de Melanie Klein. A afirmação e a descrição detalhada já podem ser encontradas antes mesmo que a noção de posição depressiva tenha sido constituída na *Psicanálise da Criança*. Sabe-se, de fato, que a criadora da técnica do brincar dispunha, a partir de 1929, dos conceitos de reparação e da preocupação pelo objeto. Operando com estas noções, ela chegou, em 1932, a uma descrição clínica quase que definitiva dos fenômenos que serão associados, a partir de 1934, à posição depressiva. Deste modo, o essencial dos fatos que permitem evidenciar a identidade das manifestações concretas da posição depressiva infantil com as do complexo de Édipo, já estava disponível antes da descoberta de certa forma oficial desta posição. Traremos a prova deste fato examinando a maneira pela qual a *Psicanálise da Criança* dá conta da dinâmica da evolução edipiana da menina e da formação dos traços específicos da sexualidade feminina.

Somente o primeiro momento do Édipo da menina é diretamente pulsional. A conversão para o pai efetua-se sob a dupla influência da libido oral em busca de novos objetos de satisfação e do ódio pela mãe que inflige as frustrações do desmame e, mais tarde, da educação para a higiene. Ocorre que, em 1932, o surgimento dos mecanismos que Melanie Klein destinará, por consequência, à posição depressiva, é ainda concebido como um fenômeno relativamente tardio, contemporâneo do segundo estágio anal e, portanto, posterior ao estágio inicial do Édipo. Com a descoberta da posição depressiva, a conversão para o pai e a fase edipiana direta que ela inaugura assumirão, igualmente, um significado reparador: é o único ponto a respeito do qual a evolução ulterior das concepções kleinianas trará uma modificação da descrição das relações entre tendências edipianas e tendências reparadoras.

Mas se os sentimentos de culpa não têm nenhuma participação na conversão para o pai, na teoria de 1932, eles são, em contrapartida, determinantes do retorno à mãe que caracteriza a segunda fase do desenvolvimento edipiano, tal como é entendido nesta época, fase esta que corresponde àquilo que os textos ulteriores nomearão posição arcaica invertida. É para compensar os ataques sádicos contra o corpo da mãe que a menina deve se aproximar dela e repará-la:

> A destruição total pela criança é inseparável, em sua imaginação, do aniquilamento do reservatório do qual espera a satisfação de todas as "suas necessidades vitais e psíquicas [...]. O incitamento, resultante das fontes de ansiedade, para reparar, restituir (*wiederzugeben*) à mãe tudo que dela foi retirado (incitamento que encontra uma expressão em numerosas sublimações especificamente femininas),

opõe-se, portanto, ao incitamento, fortalecido pela ansiedade, para tomar no interior tudo que estiver disponível, tendo em vista a proteção de seu próprio corpo[10].

Esta passagem é imediatamente transcrita nos termos da teoria kleiniana: ela enuncia que a ansiedade depressiva e a ansiedade persecutória estão presentes na relação da menina com sua mãe, e que as várias possibilidades de relação, assim como sua forma definitiva, dependem das oscilações entre a posição paranoide ("tomar no interior tudo o que estiver disponível, tendo em vista a proteção de seu próprio corpo") e posição depressiva (o incitamento para restituir, "que encontra uma expressão em numerosas sublimações"). No global, é a tendência restitutiva que mais contribui, ao lado de motivações sádicas inegavelmente presentes nesta posição libidinal (*Idem,* p. 228), para a emergência da fase masculina do complexo de Édipo da menina:

... o sentimento de culpa também faz com que ela deseje avidamente (*Begehren*) ter um pênis [...]. O pênis [...] é utilizado nos esforços destinados à reparação da mãe [...]. Quando, por ansiedade frente à mãe, a menina é obrigada a abandonar a sua rivalidade com ela, seu desejo de apaziguá-la e de repará-la leva-a a desejar ardentemente um pênis, já que o pênis se torna um meio de reparação (*Idem,* pp. 228-229).

Os sentimentos de culpa e os mecanismos de reparação ativados por esta culpa irão constituir, mais tarde, dois dos elementos essenciais da posição depressiva: é claro que, neste ponto, a teoria da maneira pela qual a posição depressiva, uma vez descoberta, será articulada com o complexo de Édipo, precedeu a descoberta desta posição.

São também estes elementos "depressivos", anteriores à formulação teórica, que dão conta do abandono, ao final de certo tempo, desta posição masculina da menina, a qual haviam colocado no primeiro plano alguns meses antes. O que motiva o abandono desta posição edipiana invertida, que corresponde à fase fálica descrita por Freud, é o fato de que a menina deve enfrentar concomitantemente sentimentos de culpa relativos ao pai e à mãe (*Idem,* p. 230).

O papel da culpa não se limita a conduzir ao abandono da posição masculina após tê-la alimentado. Contribui igualmente para o fortalecimento das pulsões edipianas positivas, o que, numa perspectiva estritamente freudiana, pode parecer estranho. Mas, além do elo primário com o seu fundamento pulsional que é, em última análise, genital[11], os mecanismos de reparação mantêm um elo secundário com a genitalidade já que esta constitui um meio privilegiado das reparações imaginárias (e em parte reais) da criança. É compreensível que seu elo com as fantasias sádicas predestine ascendências genitais a veicularem as intenções: este elo forma-se no momento dos ataques imaginários contra os pais combinados, forma inicial da cena primitiva; é em virtude do princípio da estrita e detalhada correspondência entre as atividades reparadoras e os ataques sádicos, que a restauração dos pais pode e deve ser expressa nas fantasias sexuais. Porém, não é possível perceber de imediato como as atividades

---

10. Cf. *La Psychanalyse de l'enfant,* 1222. Traduzimos aqui o texto alemão original: *Die Psychoanalyse des Kindes,* na sua reedição de 1973 (Kindler Verlag), p. 255.

11. Cf. J.M. Petot, *Melanie Klein: Primeiras Descobertas e Primeiro Sistema* (1919-1932), São Paulo, Perspectiva, 1987, pp. 192-193.

genitais do sujeito, reais na mulher, imaginárias na menina, podem constituir uma reparação do objeto. O que fornece ao coito o seu valor reparador é a vida de fantasia infantil reativa àquela da cena primitiva, que o representa como "bom": "simultaneamente, se existe também uma fé suficiente na restauração do corpo próprio pela posse de crianças e pelo coito com um pênis 'salutar' (*heilsam*), então a posição heterossexual irá contribuir para o domínio da ansiedade". Neste caso, a "boa" representação do coito torna possível sua utilização para fins de restauração de si própria. A experiência que a mulher tem deste valor prazeroso e, para o inconsciente, restaurador, do coito, contribui para melhorar sua representação imaginária do interior do corpo de sua mãe (*Idem*, p. 223).

É claro que este tipo de teste de realidade só é acessível à mulher adulta se as fantasias infantis já abriram caminho a esta forma de reparação, no quadro de uma anulação das fantasias sádicas visando os pais combinados:

O ego, então, pode-se colocar em objetivo ulterior para suas tendências à reparação, quero dizer, o da restauração e da união na paz das duas partes parentais. É agora o pai que, através de um pênis benéfico, faz reparações à mãe e deve satisfazê-la, embora à vagina da mãe, originariamente fantasiada como perigosa, seja agora atribuído um poder de restaurar e cuidar do pênis paterno, por ela injuriado. O significado em relação às fantasias da vagina materna como órgão benéfico, proporcionador de alegria, nos faz somente retornar para um primeiro plano, na imaginação da criança, o significado originário da "boa" mãe alimentadora, tornando possível também, para a menina, de igualmente sentir-se alimentadora e benéfica na identificação com a mãe e, experimentar o pênis do parceiro amoroso como um "bom" pênis (*Idem*, p. 233).

Esta atitude inconsciente, segundo Melanie Klein, é a base de um desenvolvimento sexual bem-sucedido e permite o estabelecimento de um elo terno e sensual com o objeto. Na medida em que a fantasia é sempre primeira, é portanto a reparação, na fantasia, da imago dos pais combinados, que dá conta da emergência da genitalidade feminina, ou seja, do acesso aos estágios tardios do complexo de Édipo.

O desejo de maternidade é também repleto de tendências reparadoras, que anulam as fantasias sádicas referentes aos objetos parciais, aos conteúdos do interior do corpo da mãe assim como do interior do corpo próprio, em virtude da equivalência simbólica entre pênis, excrementos e crianças (*Idem*, pp. 240-249).

A descoberta da posição depressiva só veio a fortalecer Melanie Klein nestas conclusões. Em 1937, um texto como "Amor, Culpa e Reparação" irá apenas retomar, a título de uma exposição de divulgação numa forma mais rigorosa, as ideias já expressas cinco anos antes. A cada vez que retorna, por consequência, ao papel da reparação no desenvolvimento edipiano infantil, na sexualidade adulta, na vida familiar e social, no desejo de maternidade ou paternidade, retomará, mais frequentemente para confirmá-los, e por vezes para enriquecê-los e aprofundá-los (por exemplo, através da introdução da noção de gratidão, base dos mecanismos de reparação), as análises concretas da *Psicanálise da Criança*. A teoria ulterior poderá recolocar parcialmente em questão a importância atribuída à reparação em 1932 ou em 1935, sendo que o acionamento desta poderá ser apresentada como um efeito de certa forma automático da predominância das pulsões de vida sobre as pulsões de destruição, estas numerosas modificações que surgem do conceito de reparação, não afetarão o que já foi avalizado: a descrição do papel da reparação nas sublimações, o qual permanece imutável de 1932 a 1960, constituindo portanto um dos elementos mais invariáveis do sistema kleiniano.

6. A POSIÇÃO DEPRESSIVA E A NEUROSE INFANTIL

Sendo que as manifestações diretas e indiretas da posição depressiva coincidem quase que integralmente com as do complexo de Édipo, é natural que seja, doravante, atribuída à *neurose infantil,* classicamente concebida como uma crise edipiana, a função de perlaborar a posição depressiva. Melanie Klein já havia afirmado, na *Psicanálise da Criança,* a generalidade das neuroses na infância. Ela havia reivindicado, nesta ocasião, uma ilusória prioridade, em relação a Freud, no que se refere a esta descoberta (*Idem,* p. 114).

De qualquer forma, parece-nos que sua verdadeira originalidade é o fato de ter afirmado sem equívoco, a partir de 1932, a universalidade daquilo que ela jamais quis nomear como psicose infantil (*Idem,* pp. 169-170; ed. ai., p. 194). Ela ilustra sua proposta assinalando "a mudança da alegria excessiva para a tristeza excessiva, que é uma característica das perturbações melancólicas" a qual afirma ser "uma manifestação regularmente encontrada na criança pequena". Porém, ela não conclui o caráter francamente psicótico dos estados observados: "As neuroses infantis oferecem um quadro complexo, formado de diversos traços e mecanismos psicóticos e neuróticos, que encontramos isoladamente nos adultos"! (*Idem,* p. 170; ed. al., p. 195).

A descoberta da posição depressiva vem confirmar estas análises e fazer da neurose infantil a expressão desta posição. Mas o fato de se tomar em consideração a diferença de nível entre uma posição *psicótica* e um episódio *neurótico* leva a considerar que a neurose infantil, além de dar expressão à "perturbação melancólica infantil", *modifica-a* e permite finalmente *superá-la*[12].

Melanie Klein repete enfaticamente que a posição depressiva é *central* ou *crucial.* Quando o lactente passa "da introjeção de objetos parciais para objetos completos amados", o progresso realizado o conduz a uma bifurcação (*crossroads, Kreuzweg*) "de onde se bifurcam os caminhos que determinam seu desenvolvimento psíquico" (*Idem,* p. 340). Nesta época o texto enumera, através dos caminhos que se abrem neste cruzamento, os estados depressivos, a mania, a paranoia, as esquizofrenias, a neurose, a sanidade. Ela se esforça em relacionar cada uma delas com a escolha de uma atitude e de um tipo especial de mecanismo frente à posição depressiva.

No entanto, tal imagem concilia-se mal com a tendência que ressaltamos anteriormente e que é constante em Melanie Klein, em fazer da posição depressiva um processo cujo desenvolvimento, englobando as posições maníaca e obsessiva, estende-se durante vários anos. A representação da posição depressiva como um *ponto* central e decisivo em que se escolhe o seu caminho (*turning point*) deve conduzir a descrevê-la como um episódio relativamente breve, ao longo do qual ou na saída do qual se efetua o que Freud chamou de *escolha da neurose* (na condição de ampliar

---

12. Cf. "Le deuil et ses rapports avec les états maniaco-depressifs" (1940), in *Essais de Psychanalyse,* p. 345.

a extensão deste conceito até fazê-lo subsumir igualmente a "escolha" da saúde com a da psicose). Não será espantoso, portanto, encontrar tal descrição nos escritos de Melanie Klein em 1952:

Em resumo, a posição depressiva desempenha um papel vital no desenvolvimento arcaico da criança e, normalmente, quando a neurose infantil chega ao fim, por volta dos cinco anos de idade, as ansiedades persecutórias e depressivas sofreram já uma acentuada modificação. Os passos fundamentais na resolução da posição depressiva são dados, porém, quando o bebê está estabelecendo o objeto completo – quer dizer, durante o segundo semestre do primeiro ano – e pode-se afirmar que se estes processos forem bem-sucedidos, está preenchida uma das pré-condições para o desenvolvimento normal (*Développements de la Psychanalyse*, p. 208; ed. ing., p. 221).

Deste modo, a neurose infantil tem apenas um papel segundo e secundário na perlaboração da posição depressiva, cuja essência seria efetuada, por assim dizer, repentinamente, no segundo semestre de existência.
É no mesmo movimento de estreitamento dos limites da posição depressiva que Melanie Klein insiste no caráter agudo, crítico, até mesmo chocante, das manifestações da posição depressiva:

Não obstante, os sinais de sentimentos depressivos recorrentes podem, com uma observação minuciosa (*close*), ser surpreendidos em lactentes normais. Graves sintomas de depressão ocorrem, surpreendentemente (*strikingly*), em crianças pequenas e em certas circunstâncias, tais como doenças, separação súbita da mãe ou da ama-de-leite, ou mudança de regime alimentar (*Idem*, p. 209; ed. ing., p. 221).

Parece portanto fora de dúvida que certos textos tendem a concentrar ou trazer para um período breve e para uma crise bem definida esta posição depressiva que, segundo outras passagens, parece invadir o conjunto do desenvolvimento infantil. É possível, então, que se trate de evitar que o conceito não perca sua nitidez de contornos e não se dilua aplicando-se a muitos conflitos, condutas e mecanismos distribuídos em vários estágios do desenvolvimento.

É possível também que se trate de insistir – este é um dos *leitmotiv* do pensamento kleiniano – na extrema precocidade das escolhas mais decisivas, no fato de que os fenômenos descobertos pela própria Melanie Klein, o Édipo arcaico, a fase do apogeu do sadismo, a posição depressiva, determinam em última análise o Édipo clássico e a neurose infantil. Existe uma tendência – até mesmo uma tentação – na criadora da técnica do brincar de querer que tudo (a evolução ulterior para a saúde, a neurose ou a psicose, a personalidade, as aptidões e os talentos etc.) esteja, segundo uma forma célebre, *presente antes* dos doze meses. De qualquer forma, pode-se encontrar a seguinte tese em inúmeras passagens de *Développements de la Psychanalyse*: a posição depressiva inicia-se entre os três e seis meses de vida, com a percepção do objeto total (nem parcial, nem clivado); o principal passo na sua perlaboração é a introjeção – estabelecimento do objeto total, que aparece entre os seis e os doze meses de vida.

Mas as mesmas passagens confirmam que as ansiedades depressivas ou persecutórias serão superadas apenas quando tiverem sido modificadas, o que só é definitivamente realizado no *final* da neurose infantil e, portanto, por volta da idade de cinco anos. Como compreender que as ansiedades depressivas, cujo "tratamento" pelo ego conhece um progresso fundamental entre os seis e os doze meses, só sejam, no entanto, completamente modificadas e, portanto, tão tarde superados? Por que existe uma neurose infantil, qual a sua função? Melanie Klein procura, em 1952, fazer coincidir o início da neurose infantil com a posição depressiva: "A neurose infantil, tal como a vejo, portanto, no primeiro ano de vida e termina (*comes to an end*) com o estabelecimento do período de latência, quando a modificação das ansiedades arcaicas foi bem-sucedida" (*Idem*, p. 209; ed. ing., pp. 221-222).

Parece-nos possível compreender a posição kleiniana da seguinte maneira: ao longo do segundo semestre de vida, a criança efetua "os passos fundamentais" na modificação da ansiedade depressiva; a neurose infantil pode então começar, efetuar ou continuar a perlaboração desta posição ao longo dos anos seguintes. Mas se este passo fundamental que é o estabelecimento do objeto completo não é realizado ao longo do segundo semestre, a criança desenvolverá uma psicose ou alterações graves e definitivas do caráter, e não uma neurose infantil propriamente dita, capaz de modificar as ansiedades arcaicas de modo a tornar possível sua superação.

Nos casos normais, a neurose infantil parece se desenvolver da seguinte maneira:

1. Ela começa ao longo do primeiro ano através das *fobias arcaicas*, subtendidas pela ansiedade persecutória e pela ansiedade depressiva. Entende-se por fobias arcaicas uma série de manifestações frequentes no lactente tais como "as dificuldades alimentares, o *pavor nocturnus*, a ansiedade relacionada com a ausência da mãe, o medo de estranhos, os distúrbios nas relações com os pais e relações objetais em geral". A função destas fobias é de lutar contra o temor psicótico diante dos perseguidores internos. A projeção tem um valor de um mecanismo de exteriorização (*externalization*) da situação ansiógena: é menos terrificante temer um objeto ou uma situação fóbica externos do que um objeto persecutório interno, já que é possível vigiá-lo e, numa certa medida, evitá-lo. Conforme estas fobias venham ou não a modificar a ansiedade, elas permitem o prosseguimento do desenvolvimento ou, pelo contrário, elas o entravam. Em que consiste a modificação da ansiedade? Ela não se refere diretamente à própria qualidade deste afeto, nem mesmo sobre a quantidade propriamente dita; consiste bem mais numa melhora da posição do ego frente à situação ansiógena graças a um arranjo que transforma a localização da ameaça. Neste primeiro estágio da neurose infantil, o fracasso funda a possibilidade do desenvolvimento ulterior de sintomas psicóticos tais como, por exemplo, os delírios hipocondríacos. O sucesso do deslocamento fóbico para o exterior contribui, ao contrário, para fortalecer o investimento energético das funções do ego (percepção, atenção, memória, motricidade etc.) que permitem a vigilância ou o evitamento do perigo, doravante representado como exterior.

2. "Durante o segundo ano, as tendências obsessivas passam para o primeiro plano" (*Idem*, p. 213). Multiplicações dos rituais, prazer generalizado pela repetição em todos os domínios "podem ser descritos como sintomas neuróticos". Mas estas manifestações não deixam de constituir "uma defesa muito importante" contra a ansiedade diante dos perigos internos e elas "constituem uma parte importante do desenvolvimento do ego" (*Idem*, p. 215).

3. Os sintomas parecem não ser mais necessários quando a libido genital passa para o primeiro plano, enquanto que os progressos da integração e das capacidades cognitivas tornam possível recorrer à repressão na qual a operação defensiva se limita à inibição da pulsão. A neurose infantil finaliza-se no momento em que começa o período de latência, ou seja, segundo Melanie Klein, por volta do final do 5º ano de vida. O interesse de tal modelo evolutivo é que ele reintroduz a noção de uma sucessão de fases na qual cada um tem o significado de um ponto de fixação para um determinado grupo de estados psicopatológicos. Cada uma destas fases se define por um certo tipo de modificação da ansiedade. As estratégias mais eficazes e menos mutilantes para o ego são também as mais tardias. Mas a margem de manobra do ego frente à ansiedade depende do grau de sucesso de suas operações defensivas anteriores. Deste modo, as fases relativamente tardias, tais como o período obsessivo do segundo ano, são dominadas pela luta contra as ansiedades mais arcaicas: a perlaboração da posição depressiva é aí ativamente perseguida e, neste sentido, os textos de 1952 procedem a uma nova extensão do campo das manifestações provenientes, em última análise, desta posição "central".

A evolução da posição depressiva infantil comporta, deste modo, dois momentos que, em princípio, é necessário distinguir ainda que a clínica e a observação direta tenham dificuldades em traçar uma fronteira nítida entre eles. O primeiro e o mais fundamental corresponde ao segundo semestre do primeiro ano de vida. Dá lugar ao mecanismo no qual repousa toda defesa bem-sucedida: a introjeção estável do bom objeto. O segundo, que se estende pelos quatro anos seguintes, coloca o conjunto das aptidões perceptivo-motoras e cognitivas, que surgem progressivamente e, ainda a totalidade das experiências afetivas – e inicialmente edipianas – da criança, a serviço da modificação qualitativa e quantitativa das ansiedades arcaicas, e notadamente da ansiedade depressiva. Tudo o que surge na vida psíquica a partir do segundo trimestre do primeiro ano só tem sentido em relação à posição depressiva.

7. Os Paradoxos Kleinianos da Posição Depressiva

Ao final deste estudo da formação e da evolução do conceito kleiniano da posição depressiva, parece-nos útil reunir os principais resultados obtidos e, ainda, enfatizar particularmente aqueles que remetem aos aspectos menos comuns do pensamento de Melanie Klein. É por isso que gostaríamos de dar às nossas conclusões a forma de uma série de *paradoxos*. Não tomaremos este termo no sentido que lhe foi dado pelos lógicos anglo-saxônicos e divulgado pelos psicólogos, etnólogos e psiquiatras da escolas de Palo-Alto, sendo que a este sentido seria mais conveniente dar o nome de *antinomia*. O termo paradoxo é tomado aqui em seu sentido mais habitual, de uma tese que se opõe a ideias comumente admitidas. Mas antes de se tratar da exposição de alguns paradoxos kleinianos da posição depressiva, convém assinalar o que se refere à opinião comumente divulgada, a *doxa* à qual eles se opõem. Esta representação divulgada e insípida da posição depressiva pode se reportar, quanto ao essencial, aos seguintes enunciados:

1. A posição depressiva é uma crise que se produz por volta do oitavo ou nono mês de vida. Seu início corresponderia ao abandono, pelo menos parcial, do mecanismo de clivagem, o que permitiria estabelecer a relação com o objeto dito *total*.
2. É pelo fato de que o objeto é agora tido como objeto real e completo, e porque a criança pode se dar conta de que o objeto que visava nas suas fantasias agressivas é o mesmo ao qual dirige seu amor e do qual é completamente dependente, que surge a ansiedade depressiva. Esta variedade de ansiedade é com mais frequência assimilada à ansiedade de separação (em relação à mãe) proposta pelos autores anglo-saxões, à ansiedade de abandono (ou seja, ao temor de ser abandonado), ao temor de perder o amor da mãe e de sucumbir à angústia primária (*Hilflosigkeit*), ao temor de perder o objeto.

3. Ao longo do desenvolvimento normal, a ansiedade depressiva é superada graças aos mecanismos específicos cuja associação constante com ela define a posição depressiva. Trata-se principalmente da introjeção do bom objeto e dos mecanismos de reparação.

4. A posição depressiva deve supostamente preceder o complexo de Édipo. Seu estabelecimento, seu desenvolvimento e sua perlaboração seriam anteriores ao surgimento das primeiras manifestações edipianas. Ela asseguraria, de fato, a individuação do sujeito, a qual seria um requisito absoluto para o estabelecimento das relações edipianas. Em suma, tratar-se-ia de uma posição psicótica e, portanto, pré-neurótica. Nos pacientes adultos seria encontrada principalmente naqueles cuja problemática se situa a um nível narcísico ou *borderline*. Ela não é questão, em geral, no caso de pacientes cuja problemática é dominada por um conflito neurótico clássico, centrado no Édipo.

5. Admite-se, amiúde, que Melanie Klein dá uma valorosa contribuição descrevendo a defesa maníaca. Considera-se que se trata aqui de um mecanismo cuja utilização eletiva revelaria um fracasso na perlaboração da posição depressiva e que consequentemente refere-se à patologia. Mais especificamente reconhece-se que o recurso às defesas maníacas é fundamental na organização dos estados-limites.

6. Agora é comum aproximar a ansiedade depressiva da ansiedade do oitavo mês descrita por Spitz. Tratar-se-ia de duas conceitualizações diferentes correspondendo a uma mesma realidade clínica, a ansiedade de separação, cara aos psicanalistas anglo-americanos.

7. Interessando-se pela teoria mais geral e pela vasta especulação sobre os mecanismos de desenvolvimento da criança, não se pode deixar de colocar o seguinte problema: existem relações de simples paralelismo ou causalidade e, em que sentido, entre as etapas do desenvolvimento psicomotor e perceptivo-cognitivo e aquelas da evolução psicossexual e afetiva da criança? Numerosos autores, que se atribuem em geral orientações muito distanciadas da psicanálise kleiniana, postulam que o desenvolvimento motor e cognitivo dirige a evolução dos estágios afetivos. Pode-se encontrar, entre eles, Margareth Mahler (1973, pp. 33-34), Thérèse Govin-Décarie (1962, pp. 189-190) e, até certo ponto, Jean Piaget (1954, p. 54). Vários psicanalistas adotam uma posição para a qual Freud (1911) parece, por vezes, ter se voltado e que se pode remontar a Ferenczi (1913), posição segundo a qual são as exigências nascidas da necessidade de resolver os conflitos característicos dos diferentes estágios da evolução libidinal que comandariam, por vezes em detalhe, a formação e a estruturação dos passos cognitivos. No que se refere ao lactente, a questão principal deste debate é a seguinte: a evolução dos estágios do objeto físico, tal como Piaget a descreveu, determina ou é determinada pelo desenvolvimento dos estágios da relação com o objeto libidinal? Pensa-se, em geral, que Melanie Klein, psicanalista "extremista" e aluna de Ferenczi, aderia à opinião para a qual se inclinam a maior parte dos psicanalistas.

Sustentamos que estas teses, não absolutamente falsas, oferecem uma imagem extremamente empobrecida de um pensamento que choca por sua riqueza e complexidade. Já ressaltamos que, de maneira geral, Melanie Klein vai ao mais urgente que é dar conta de sua experiência clínica e daquilo que esta impõe como um reconhecimento, utilizando para isto os meios conceituais disponíveis. Os conceitos que elabora são inicialmente destinados a subsumir um fenômeno ou um grupo de fenômenos bem determinado. É apenas num segundo momento que ela se preocupa em articular os conceitos entre si, sem jamais se resignar a sacrificar a verdade clínica em benefício das exigências da coerência sistemática. Os textos tidos como exposições doutrinárias não são eles próprios isentos de fecundas contradições, como nos demonstrou o estudo de ("Algumas Conclusões Teóricas sobre a Vida Emocional do Lactente", in *Développements de la Psychanalyse*). A complexidade das concepções kleinianas faz com que os lugares-comuns que são com elas confundidos não sejam totalmente falsos. Por esta razão os paradoxos que iremos propor não serão totalmente e, em todo caso não exclusivamente, verdadeiros. Eles irão privilegiar deliberadamente aquilo que, do pensamento kleiniano, é frequentemente omitido, deformado ou achatado.

Primeiro Paradoxo: A UNIFICAÇÃO DO OBJETO, QUE DESENCADEIA A POSIÇÃO DEPRESSIVA, É UM FENÔMENO COGNITIVO

Corolário 1: *A introjeção do objeto completo não é apenas um mecanismo de superação da posição depressiva, mas também um dos fatores de seu surgimento.*

Corolário 2: *O objeto parcial da posição paranoide não é clivado, mas uma parte do corpo sincreticamente confundida com o todo.*

O essencial da dificuldade refere-se aqui às ambiguidades da noção de introjeção do objeto completo. É verdade que, como se pensa comumente, a introjeção do bom objeto é o mecanismo decisivo da superação da posição depressiva. Mas sabemos também que numerosos textos apresentam esta introjeção como aquilo que dá o sinal de entrada na posição da qual tratamos. A contradição refere-se à dupla raiz do conceito, tal como é apresentado nos textos kleinianos a partir de 1935.

Por um lado, Melanie Klein refere-se aos trabalhos sobre o luto, a depressão e a melancolia, de Freud e de Karl Abraham. Nesta perspectiva, a introjeção do objeto é um mecanismo de defesa consequente da perda real do objeto. A perda deve necessariamente suceder a uma relação de objeto. É esta introjeção, de origem freudiana, que se produz no final ou, pelo menos, ao longo da perlaboração da posição depressiva e que permite, em última análise, superá-la.

Mas, por outro lado, como Melanie Klein não dispunha, antes de 1935, de uma verdadeira teoria da introjeção, a despeito da permanente referência a este mecanismo que a noção de objeto introjetado supunha, chega a esta data sem fornecer uma representação clara de tal mecanismo. Sabe-se que ainda na *Psicanálise da Criança* a introjeção servia para designar processos de deformação do objeto conforme a lei do talião, ou seja, fenômenos que consideraríamos hoje, segundo a própria Melanie Klein, como projetivos. É apenas em 1935 que ela se desvencilha completamente da concepção herdada de Ferenczi, que fazia da introjeção mecanismo centrífugo mais do que centrípeto. Definida, doravante, como a antagonista e o complemento da projeção, cujo conceito kleiniano era perfeitamente claro desde 1929 (*Idem*, p. 289), a introjeção é, assim como a projeção e em "interjogo" (*interplay*) com ela, presente desde o início da vida. Os dois mecanismos aplicam-se, a partir disto, a todos os objetos e, em primeiro lugar, àqueles com os quais o recém-nascido lida, que são os objetos parciais. Quando os objetos do lactente tornam-se objetos totais, são também introjetados e é deste modo que podemos ler em "Uma Contribuição à Psicogênese dos Estados Maníaco-Depressivos" que a posição depressiva começa com a introjeção do objeto completo. Não se trata então de enfatizar a natureza introjetiva de um processo que se alterna indefinidamente com a projeção, mas sim de evidenciar a mudança da natureza do objeto libidinal. O que muda ao longo do segundo trimestre de vida não é a natureza ou as modalidades da introjeção, mas o objeto tornado um objeto completo. Isto e somente isto provoca a entrada na posição depressiva. O interesse deve, portanto, voltar-se para a modificação que ocorre na relação com o objeto.

Jamais se assinalará suficientemente o fato de que entre 1935 e 1945 o objeto completo ou total é, para Melanie Klein, o antônimo não de objeto clivado, mas sim de objeto parcial, cuja definição kleiniana encontra-se ainda num prolongamento direto da utilização freudiana deste termo. A passagem do objeto parcial, que é uma parte do corpo e, frequentemente, do corpo próprio, para o objeto completo, inscreve-se, para o criador da psicanálise, num movimento geral que conduz de uma sexualidade auto erótica e dominada pelos componentes parciais para a escolha do objeto edipiano. Cada pulsão elementar visa um objeto parcial que lhe é próprio e a descoberta do objeto total efetua-se pela "unificação dos diferentes objetos das pulsões separadas e sua substituição por um único objeto. Isto, é claro, só pode ser bem-sucedido se este objeto for, por sua vez, um corpo inteiro (*ein ganzer Körper*) semelhante ao corpo próprio (*dem eigenen ähnlicher*)"[1]. Melanie Klein não mantém a ideia de que o objeto parcial é amiúde uma parte do corpo próprio, porém manterá sempre a afirmação de que a relação com o seio, órgão isolado, precede a relação com a mãe, pessoa completa.

Como é explicada esta anterioridade do seio à mãe? Para Freud trata-se, antes de mais nada, de um fato de ordem libidinal, investimento oral centrando o lactente no mamilo e no seio. As concepções kleinianas não afastam esta interpretação do fenômeno, porém privilegiam sistematicamente o fator cognitivo. É pelo fato de que o objeto é confusamente percebido (*dimly perceived*) que ele é, segundo uma expressão emprestada de Karl Abraham, representado por um órgão ("Weaning", pp. 290-291). Mas enquanto se trata, para este autor assim como para Freud, de evidenciar o interesse exclusivo comandado pelas pulsões pré-genitais, pelo seio ou pelo ânus e fezes, Melanie Klein sempre entendeu esta confusão entre o todo e a parte como o efeito da imaturidade dos aparelhos cognitivos. Ora parece admitir, numa perspectiva atomística, que a percepção do objeto parcial é mais fácil que a da pessoa completa (*Idem*, p. 290), ora parece estar mais próxima de afirmar uma indistinção sincrética entre os aspectos parciais do objeto e o objeto inteiro (*Essais de Psychanalyse*, p. 336). De qualquer forma, é a uma falta perceptiva e não a uma orientação libidinal preferencial que se deve associar a anterioridade do objeto parcial em relação à pessoa completa.

Mas o objeto parcial da posição paranoide é também um objeto imaginário. Este segundo caráter deriva diretamente do primeiro. É porque é percebido de maneira confusa, porque suas características são instáveis e sua identidade flutuante, que o objeto pode ser deformado pelas fantasias.

---

1. S. FREUD, *Introduction à la Psychanalyse*, Paris, Payot, p. 309; trad. ing., Standard Edition, XVI, 329: ed. al., Fischer Verlag, p. 324

Trata-se, no mais, de uma ação recíproca pois, em retorno, a predominância do imaginário sobre o real facilita a representação dos objetos pelos seus órgãos. Este efeito é particularmente incisivo no caso dos maus objetos que são equacionados com as fezes e em fantasia ejetados pela via anal.

Estes objetos parciais imaginários, que nenhum esquema cognitivo associa (a não ser em função de seu valor afetivo de prazer e desprazer) de modo a torná-los objetos no sentido perceptivo do objeto físico, são *confundidos* na base do *equacionamento*, precursor arcaico da simbolização. Todas as experiências prazerosas tendem a se reagrupar entre si bem como todas as experiências geradoras de desprazer, sofrimento ou ansiedade. Por falta de um critério objetivo, os objetos parciais "bons" ou "maus" não têm nenhum elo entre si. Este estado de distanciamento dos bons e dos maus objetos, que caracteriza as primeiras semanas de vida, não tem nenhuma relação com a atividade de um mecanismo ativo como a clivagem das imagos. Ele é o efeito do não desenvolvimento dos aparelhos perceptivos e cognitivos, constitui o que Winnicott nomeará, em 1945, de não-integração. O fato de que Melaine Klein não reconheça, neste estado, outra causa que não a imaturidade do recém-nascido e do lactente, nos é confirmado pelo seguinte fato: mesmo quando, a partir de 1946, ela admitirá a existência do processo de clivagem *esquizoide* quando da posição paranoide, entenderá sempre este mecanismo como uma retomada *ativa* e como uma disposição defensiva da não-integração primária da qual manterá o conceito até o final.

Estas mudanças decisivas na maneira de apreender (*Erfassung*) o objeto ocorrem ao longo do segundo semestre de vida e, notadamente, a partir do quarto e quinto mês. É necessário assinalar que esta cronologia é absolutamente constante de 1935 até 1960. Nesta idade, a criança torna-se capaz de perceber o objeto como um todo. Qualquer que seja a verdade desta tese do ponto de vista da psicofisiologia e da psicologia genética, é nela que Melaine Klein se fundamenta para descrever as transformações que caracterizam a posição depressiva. O objeto é doravante uma pessoa completa, um objeto real que é menos facilmente deformado pelas fantasias e cujas manifestações são associadas em virtude de um princípio objetivo, ou pelo menos pré-objetivo, fundamentado no reconhecimento de suas características percebidas e corretamente reunidas e não no seu único valor de prazer ou desprazer. É a experiência, no sentido cognitivo do termo, com este objeto libidinal que adquire algumas das propriedades do objeto físico, que coloca a criança frente à necessidade de reconhecer sua ambivalência, ou pelo menos de reagir a ela através de mecanismos de defesa apropriados.

Neste processo, a introjeção enquanto tal não tem nenhuma participação. A redução da clivagem não tem aí nenhuma contribuição, segundo os textos kleinianos publicados entre 1935 e 1945, já que nesta época Melanie Klein não formulou ainda a noção de clivagem esquizoide. De maneira global, o determinismo da entrada na posição depressiva infantil é puramente perceptivo-cognitivo.

Segundo Paradoxo: A ANSIEDADE DEPRESSIVA NÃO SE CONFUNDE COM A ANSIEDADE DE SEPARAÇÃO

Corolário 1: *A ansiedade da posição depressiva comporta uma parte importante de ansiedade persecutória que com frequência encobre a ansiedade depressiva propriamente dita.*

Corolário 2: *A ansiedade depressiva autêntica ou completa é constituída pela união da nostalgia pelo objeto e pelo sentimento de culpa, no sentido do sentimento de ter cometido uma falta* (Schuldgefühl).

Podemos dizer também que é praticamente excluído o fato de que a ansiedade depressiva seja plenamente experimentada como tal no início da posição depressiva do lactente. De fato, de 1935 a 1945, Melanie Klein continua a sustentar a tese que havia exposto na *Psicanálise da Criança*, segundo a qual o sadismo e, consequentemente, a ansiedade persecutória, encontram-se em seu apogeu na metade do primeiro ano de vida. Iniciando-se algumas semanas antes do estágio do apogeu do sadismo, a posição depressiva coincide necessariamente com o apogeu da ansiedade persecutória. Nas primeiras exposições da posição depressiva e, por outras razões, também nas últimas, a ênfase está sempre colocada na presença importante, massiva, esmagadora, de imensas quantidades de ódio e de temores persecutórios no primeiro plano do estado afetivo característico desta posição (*supra*, pp. 7-8).

Se é verdade que o desenvolvimento do trabalho de luto na idade adulta reproduz as etapas da perlaboração da posição depressiva infantil, temos fundamentos para pensar que o lactente experimenta a ansiedade em relação ao fato de que o bom objeto seja destruído *pelos perseguidores* e o temor de estragar *involuntariamente* o seio e a mãe ao longo da incorporação oral, bem antes de poder sentir autênticos sentimentos de culpa, que pressupõem o reconhecimento da realidade psíquica. No luto, estas três etapas correspondem ao afrouxamento das defesas maníacas, representando três posições ocupadas sucessivamente pelo ego na sua luta contra a ansiedade. Esta determinação das fases da perlaboração pela dialética do conflito psíquico pode também ser transferida para o protótipo infantil do luto. Os estágios do desenvolvimento da posição depressiva marcam o crescimento da aptidão do ego em enfrentar a ansiedade através de meios cada vez mais eficazes, o que lhe permite abandonar a recusa. O primeiro nível de ansiedade depressiva (*supra*, pp. 7-8) corresponde à utilização máxima deste mecanismo: o objeto está em perigo, mas não é problema meu, são os perseguidores que o ameaçam. No segundo nível, o perigo é reconhecido como vindo de mim mas não posso fazer nada, não é minha culpa. É apenas no terceiro nível que o abandono da recusa permite a emergência dos sentimentos de culpa. O fenômeno genético (estágios do desenvolvimento da ansiedade) está na dependência do fator dinâmico. Mas a melhora da posição estratégica do ego no conflito intrapsíquico refere-se ao progresso de suas aptidões sensório-motoras e cognitivas. O fator dinâmico é, ele próprio, subordinado a um fenômeno genético.

Terceiro Paradoxo: A CLIVAGEM DAS IMAGOS NÃO É UM MECANISMO DA POSIÇÃO PARANOIDE QUE SERIA ABANDONADO NO INÍCIO DA POSIÇÃO DEPRESSIVA. É, AO CONTRÁRIO, TIPICAMENTE "DEPRESSIVA"

Este fato decorre do segundo corolário do primeiro paradoxo: as concepções kleinianas anteriores a 1946 descrevem o distanciamentos dos "bons" e "maus" objetos ao longo da posição paranoide como um fato de não-integração. É a regressão ativa a este estado anterior, reação defensiva que se produz quando da unificação perceptiva do objeto, que dá origem ao mecanismo de clivagem das imagos. Esta defesa funciona como um agente de desaceleração na tomada de consciência da unidade do objeto e, portanto, como um inibidor do desenvolvimento cognitivo. Melanie Klein admite a seguinte sequência: *1.* não integração, *2.* integração ao nível perceptivo e cognitivo das partes do objeto, *3.* recusa de levar em conta no plano afetivo este fato cognitivo e formação de uma fantasia de dualidade do objeto. É deste modo que se deve compreender a frase célebre, embora enigmática, na qual afirma que, no momento da posição depressiva infantil, cada progresso na unificação do objeto conduz a novas clivagens das imagos (1935, in *Essais de Psychanalyse*, p. 339). A tomada de consciência da unicidade do "bom" objeto visado pelas tendências libidinais e introjetivas e do "mau" objeto visado pelas tendências sádicas e ejetoras é, na idade de quatro ou cinco meses, absolutamente intolerável, já que precipita o ego nas formas de ansiedade depressiva que acabamos de evocar no comentário do paradoxo precedente. Incapaz de suportar um tal incremento de tensão, o ego reativa regressivamente a posição cognitiva anterior ou recusa-se a abandoná-la, ainda que sua manutenção não tenha nenhuma razão de ser no plano cognitivo.

Deste modo, ao longo da fase do início da posição depressiva infantil, que é dominada pela clivagem, o objeto é completo num certo sentido (não se trata mais de órgãos separados, mas da mãe inteira), porém existem *dois objetos completos*. Cada uma das duas imagos é, talvez, unificada, mas não são unificadas entre si, ou melhor, sua unidade não é reconhecida pela consciência, permanecendo no estado de um saber inconsciente. Ainda que esta afirmação e terminologia não estejam presentes nos textos de Melanie Klein, parece possível considerar a clivagem das imagos como uma forma da *recusa*, e, mais precisamente, como a recusa da realidade perceptiva da unidade do "bom" e do "mau" objeto. Esta recusa tem por objetivo evitar as consequências psicológicas para as quais o reconhecimento da unidade fundamental do objeto conduziria.

Quarto Paradoxo: A POSIÇÃO DEPRESSIVA QUE SE INICIA NÃO SE EXPRESSA ENQUANTO TAL, MANIFESTANDO-SE PRIMEIRAMENTE SOB A FORMA DA POSIÇÃO MANÍACA

Corolário 1: *A posição maníaca é o primeiro estágio do Édipo arcaico.*
Corolário 2: *A situação ansiógena depressiva mais aguda é a perda simultânea de ambos os pais em consequência de sua destruição imaginária pelo lactente.*

Mantém-se, comumente, do conceito kleiniano das *defesas* maníacas, o fato de que elas se caracterizam, no plano do pensamento, pela recusa onipotente da realidade ou da importância da perda do objeto e, no plano do humor, por um estado de exaltação que tem o valor de uma negação da depressão. Mas é preciso assinalar outras características destas defesas, cuja consideração é indispensável para avaliar a importância do papel conferido por Melanie Klein, entre 1935 e 1945, à posição maníaca e, posteriormente, às defesas maníacas.

1) O desencadeador específico desta posição é a nostalgia do bom objeto destruído. Confrontado com este afeto, o sujeito pode se defender de maneira paranoide: não podendo tolerar o aumento da quantidade glo-

bal de ansiedade que resulta do acréscimo da nostalgia depressiva à ansiedade persecutória, ele ataca e destrói, em suas fantasias, o objeto perdido. Ejeta-o sadicamente, resultando na transformação deste em perseguidor, cuja vingança é temida, e permite a manutenção da posição paranoide às custas de um aumento da ansiedade, que esta estratégia não deixa evitar. Assinalamos, além disso, que o lactente de quatro ou cinco meses de vida parece incapaz de uma experiência duradoura da nostalgia do objeto perdido e ainda menos da culpa fundada na identificação com o objeto atacado e na necessidade de reparar. A posição maníaca permite, no entanto, esboçar tudo isto, evitando a degradação da ansiedade depressiva em ansiedade persecutória, recorrendo a um mecanismo específico.

2) Este mecanismo consiste na utilização do sentimento de onipotência do pensamento com o objetivo de dominar e controlar os objetos: o objeto não está verdadeiramente perdido, posso fazê-lo retornar quando quiser ou, ainda, se está perdido, isto não tem importância, encontrarei outros objetos. Mas de que objeto se trata na posição maníaca?

3) O objeto visado por estas fantasias de controle onipotente só é excepcionalmente designado como sendo a mãe. Quase sempre Melanie Klein assinala que a defesa maníaca tem por finalidade controlar e, se possível, impedir o coito dos pais combinados. Trata-se de separar os pais e, portanto, controlar a cena primitiva na sua versão mais arcaica e mais assustadora. O que caracteriza a imago dos pais combinados é que o pai e a mãe perdem aí – ou ainda não têm – sua identidade distinta. Interpenetram-se, formam um ser único compósito e monstruoso. É este fato, segundo nossa opinião, que exprime a representação de um coito ininterrupto, simultaneamente oral, anal e genital, no qual os contornos de cada um se dissolvem. Neste ponto, as formulações kleinianas permanecerão invariáveis de 1932 a 1960.

A posição maníaca é, portanto, a utilização de fantasias onipotentes, permitindo a ilusão de dominar os pais combinados, impedir sua união sexual, impedir que se destruam entre si, pois, se isto ocorre, eles continuam presentes, conforme a lógica kleiniana do inconsciente, na qual o objeto perdido, uma vez que foi destruído, retorna para se vingar na forma de perseguidor terrificante. É preciso assinalar, além disso, que a destruição dos pais combinados é uma situação ansiógena não somente persecutória – mas também depressiva, pois o desaparecimento pela destruição recíproca dos pais combinados significa, para o lactente, a perda de todos os seus objetos e, ainda, uma perda devida à sua própria agressividade arcaica primária (oral) ou edipiana contra eles. De fato, se o coito dos pais é representado como tão perigoso, é este o resultado de um desejo da criança: "Eles me excluem, então que se destruam entre si! Eles compartilham gratificações das quais sou privado, então que estes prazeres os envenenem, os sufoquem, os queimem etc!" A destruição temida foi desejada pelo ego. A defesa maníaca tem por objetivo impedir a união dos pais já que está a serviço das primeiras manifestações da rivalidade edipiana sendo, neste sentido, uma expressão direta do Édipo arcaico.

Mas ela exprime ao mesmo tempo uma forma inicial da tendência reparadora, na medida em que o coito dos pais é representado como eminentemente perigoso e que se trata, antes de mais nada, de impedi-lo *para conservar os pais* vivos. Resulta disso que a situação ansiógena fundamental da posição *depressiva* é, ainda que Melanie Klein não o diga explicitamente, o temor de perder ambos os pais simultaneamente em consequência da agressividade que visa indistintamente a ambos, enquanto unidos na forma mais arcaica da cena primitiva. A posição maníaca representa portanto, concomitantemente, o único arranjo possível para o ego no início da posição depressiva e o primeiríssimo estágio do complexo de Édipo arcaico.

Quinto Paradoxo: A EMERGÊNCIA DA POSIÇÃO DEPRESSIVA COMPLETA, COMPORTANDO TODAS AS NUANÇAS DA ANSIEDADE DEPRESSIVA E TODOS OS MECANISMOS DE DEFESA ESPECÍFICOS, PARECE POSTERIOR AO ABANDONO DAS DEFESAS MANÍACAS

Proposição: *O exemplo kleiniano do termo posição é, até 1946, ambíguo, designando duas realidades diferentes. Deste modo, aposição maníaca é uma "parte" da posição depressiva.*

Antes de 1935, os empregos deste termo são relativamente numerosos nos escritos de Melanie Klein. Trata-se, na *Psicanálise da Criança,* de posição masculina, feminina, libidinal, oral etc. Todos os empregos que daí provêm implicam a ideia de uma mobilidade essencial, de uma possibilidade de passear de uma posição feminina para uma posição masculina, de uma posição libidinal para uma posição sádica etc. Uma posição é, portanto, um sítio que pode ser abandonado por outro em função das compulsões e imperativos da situação interpessoal e intrapsíquica global e da estratégia posta em ação pelo ego. As noções de posições depressiva, maníaca, paranoide, obsessiva, tais como aparecem em 1935, mantêm o essencial deste significado. A ideia de uma alternância de uma posição para outra está na origem da escolha desta terminologia (*Essais de Psychanalyse,* pp. 325-326, n. 1).

Mas é claro que existe uma desigualdade entre as diferentes posições. Se a posição maníaca ou a posição obsessiva são *sites* estratégicos que o ego pode ocupar ou abandonar, ocorreria o mesmo no que se refere às "posições" depressiva ou paranoide? Parece possível ocupar várias posições, no sentido de vários *sites,* no interior da posição depressiva: a "posição" de depressão esmagadora com desespero, a "posição" obsessiva de controle e reparação do objeto, a "posição" de identificação empática e de reparação verdadeira são muito diferentes e de níveis genéticos muito diversos. No entanto, a passagem de uma a outra não tem como resultado a saída da posição depressiva. Ocorre que o termo *posição,* tratando-se da posição depressiva ou, no mínimo, da posição paranoide, designa a associação regular de uma série de situações ansiógenas com uma série de mecanismos de defesa determinados. Ora, as posições maníaca e obsessiva são apenas conjuntos de defesas destinados a combater as situações ansiógenas da posição depressiva: não existe situação ansiógena maníaca ou obsessiva específicas. Trata-se, portanto, de posições incompletas, se for dado ao termo o sentido que tem na expressão *posição depressiva.*

Compreende-se então que as posições maníaca ou obsessiva podem ser apenas momentos da posição depressiva. Esta comporta um aspecto que pode ser dito, até certo ponto, passivo: o ego é presa da ansiedade.

Comporta também um aspecto, ou uma polaridade, que é de uma natureza ativa ou reativa: o ego opõe mecanismos de defesa à ansiedade.

Entre estes, estão a "posição" maníaca, a "posição" obsessiva e a reparação. Ainda que Melanie Klein jamais tenha empregado a expressão *posição de reparação,* é claro que para tal escolha terminológica não teria faltado justificativa. Parece-nos estabelecido que a posição depressiva é uma combinação de duas posições elementares e, para permanecer na posição reativa ela pode ser, e ela é, sucessivamente maníaca, obsessiva e, finalmente, reparadora no pleno sentido do termo.

Ocorre reciprocamente que o termo posição parece designar apenas uma situação ansiógena sem mecanismo de defesa. Quando se lê em "Uma Contribuição à Psicogênese dos Estados Maníaco-Depressivos" que os mecanismos de reparação servem para *superar* a posição depressiva (*Essais de Psychanalyse,* p. 339) tem-se base para pensar que estes mecanismos não fazem parte desta posição. Ora, não se trata de uma afirmação sem futuro, pois Melanie Klein sustentará até 1960 as duas teses seguintes: a reparação faz parte da posição depressiva e a reparação permite superar a posição depressiva. Parece-nos impossível assegurar a compatibilidade destas duas proposições sem a interpretação que consiste em distinguir dois empregos do termo *posição depressiva.* A reparação faz parte da posição depressiva no sentido em que esta expressão designa a associação típica entre certas *paixões* (os sentimentos depressivos) e certas *reações,* uma das quais a reparação. A reparação só pode permitir ultrapassar ou superar a posição depressiva se esta for entendida como o polo ou a "posição" passiva, o impacto sobre o ego da situação ansiógena, ou seja, os sentimentos depressivos. *A posição depressiva designa deste modo ora uma estrutura da vida afetiva ora um dos elementos desta estrutura.*

Tendo explicitado esta proposição, podemos retornar à justificativa de nosso paradoxo.

No início da posição depressiva infantil, o ego é esmagado pela ansiedade sem poder lhe opor outro mecanismo de defesa que não a clivagem ou a "posição" maníaca. Sabe-se que estas duas estratégias têm, tanto uma como a outra, alguma parte associada com a recusa: recusa da unidade do objeto, recusa de seu valor afetivo, recusa da nostalgia. É apenas num segundo momento que estratégias mais apropriadas tornam-se acessíveis ao ego: no mínimo, ao longo do segundo semestre da existência, época deste "passo fundamental" que é o início da introjeção estável do bom objeto e, no mais tardar, ao longo do quinto ano de vida, quando a neurose infantil é ultrapassada. Mas parece indispensável, para que o ego possa atingir esta forma tardia e elaborada da posição depressiva, que tenha passado pelo longo e difícil desvio da posição maníaca e da relação edipiana arcaica com os pais combinados. O processo condutor do desenvolvimento, declara Melanie Klein em 1940, é a *oscilação entre a posição depressiva e a posição maníaca*[2]. O termo *posição depressiva* só pode ser entendido neste contexto no sentido de elemento passivo (os sentimentos depressivos) da posição depressiva considerada como estrutura da vida afetiva. Mas, sendo assim, a oscilação entre a posição (elementar) depressiva e a posição maníaca não é mais que a posição (estrutural) depressiva, pelo menos tal como se manifesta em seu início.

A oscilação que ocorre inicialmente, da posição elementar de depressão para a posição maníaca, transforma-se ao longo do segundo ano de

---

2. Cf. "Le Deuil et ses rapports avec les états maníaco-dépressifs", in *Essais de Psychanalyse,* p. 346.

vida em oscilação entre a primeira e a posição obsessiva. Tendo como recurso cada vez mais acessível as formas evoluídas de reparação que se fazem menos compulsivas, a posição depressiva "estruturar" chega a combinar a posição depressiva elementar com a reparação, a identificação com o bom objeto e com a introjeção estável deste objeto. Assim, passa-se de uma posição estrutural que poderia ser dita *maníaco-depressiva* para uma posição estrutural que poderia ser nomeada *depressiva-reparadora*.

É apenas quando esta última posição é atingida que são dados simultaneamente todos os elementos característicos da descrição clássica da posição depressiva e, notadamente, a gama completa de mecanismos que permitem concomitantemente superar a depressão e modulá-la em uma grande variedade de afetos moderados e minuciosamente diferenciados. O êxito destes mecanismos refere-se ao fato de que são capazes de *modificar* quantitativamente a ansiedade depressiva inicial, distribuindo-a entre um número crescente de objetos, o que permite, sem dúvida, a individualização, segundo as situações, da ansiedade de separação, da nostalgia, da compaixão e dos sentimentos de culpa. Percebe-se deste modo a continuidade da evolução que conduz, tomando-se como exemplo o desenvolvimento da forma positiva do complexo de Édipo masculino, com o mesmo fundo de ansiedade depressiva, ao surgimento de sentimentos tão nitidamente contrastados quanto os que Freud nomeia nostalgia da mãe e culpa em relação ao pai. Mas neste nível, é preciso confessar que não se trata mais da posição depressiva, mesmo sob sua forma depressiva-reparadora, pois se o funcionamento psíquico repousa na introjeção do bom objeto e na reparação, a depressão está enfim superada.

O acesso à forma tardia e reparadora da posição depressiva supõe que sejam abandonadas as defesas de caráter maníaco. Este abandono é inseparável do trabalho psíquico efetuado na imago dos pais combinados. A clivagem das imagos permite separar o "bom" genitor com o qual a aproximação é procurada, e o "mau" no qual as imagos persecutórias são provisoriamente projetadas. Existe assim um estágio edipiano de *separação das imagos* (*Trennumg der Imagines*) caracterizado por uma sucessão rápida das *posições* masculina e feminina. A oscilação é, então, um fator de discriminação, permite tomar alternativamente cada um dos pais como o bom objeto e estabelecer com cada um deles uma relação cada vez mais diferenciada e contínua. É somente quando cada um dos pais se tornou um "bom" objeto introjetado de maneira estável, que se pode observar a escolha do objeto e as manifestações do Édipo clássico descrito por Freud. Nesta perspectiva, a dinâmica do complexo de Édipo coincide com a que conduz, no registro da posição depressiva, de uma forma em que dominam as defesas maníacas para uma forma em que prevalecem a reparação e a introjeção do bom objeto.

Deste modo, a posição maníaca sucede a posição depressiva *elementar* no sentido em que é necessário que a ansiedade tenha se tornando depressiva para que a defesa maníaca surja. Mas, como a posição depressiva estrutural associa inicialmente depressão e defesa maníaca, a posição depressiva elementar só precede a posição maníaca na ordem da causalidade e não, pelo que parece, na ordem do tempo. Sendo assim, a posição maníaca só pode corresponder a um elemento da fase inicial da posição depressiva tomada no sentido estrutural, ainda que a forma completa e desenvolvida da posição depressiva suceda a posição maníaca.

Sexto Paradoxo: O INÍCIO DA POSIÇÃO DEPRESSIVA INFANTIL COINCIDE COM O ESTÁGIO DOS QUADROS INTERSENSORIAIS UNIFICADOS MAS AINDA NÃO PERMANENTES[3]

O ESTABELECIMENTO DO OBJETO, QUE É O PROCESSO FUNDAMENTAL DA PERLABORAÇÃO DA POSIÇÃO DEPRESSIVA, CORRESPONDE À FORMAÇÃO DO ESQUEMA DO OBJETO PERMANENTE[4]

Corolário 1: *A posição maníaca e o primeiro estágio do Édipo arcaico correspondem ao terceiro estágio de Piaget.*
Corolário 2: *A posição depressiva infantil tem pouca correspondência com o segundo organizador de Spitz. O temor pelos estranhos permanece amplamente paranoide.*

A aproximação tornada clássica entre a ansiedade dita do oitavo mês e a ansiedade depressiva parece-nos pouco fundamentada e pouco fecunda. Não é totalmente injustificada, já que se percebe ordinariamente neste fenômeno o sinal da emergência do "segundo organizador": testemunharia a instauração do objeto libidinal, pelo fato de que a criança tornou-se capaz de reconhecer a mãe, diferenciá-la do estranho e, portanto, de temê-lo já que não é sua mãe, o que demonstraria a presença da ansiedade de separação. Sabe-se que os fatos invocados por Spitz foram contestados. As manifestações do temor aos estranhos não são universalmente presentes em todos os lactentes, além de serem oscilantes no tempo. Uma observadora tão precisa como Margareth Mahler ressaltou que frente ao estranho há mais curiosidade do que medo[5]. As hipóteses de Spitz repousam o mais frequentemente em pressupostos redutores que conduzem, sob a aparência da prudência, a um certo arbítrio na seleção dos fatos observados. Só leva em conta, deste modo, quando se trata de determinar a idade na qual o lactente pode diferenciar sua mãe, a reação observável a estímulos *visuais.* Conclui que não há reconhecimento da mãe antes do segundo semestre de vida. Estranha opinião pré-concebida![6] Há outros registros sensoriais que permitem uma identificação ainda mais arcaica[7]. As sensações corpóreas e o olfato são dominantes no recém-nascido, capaz desde a primeira semana de respostas diferenciadas a estímulos olfativos, a ritmos[8] e assim como diz, a outro propósito, Eliane Vurpillot, "talvez não tão indiferenciado como o diz Spitz"[9].

É preciso, além disso, assinalar que o temor aos estranhos só indica a presença da ansiedade de separação de maneira indireta. Ela não dá *a*

3. Terceiro estágio da inteligência sensório-motora e da construção do real segundo Piaget.
4. Quarto estágio da inteligência sensório-motora.
5. Cf. MAHLER, F. PINE e A. BERGMAN, *La naissance psychologique de l'être humain,* pp. 76-77.
6. Tem-se agora fortes razões para pensar que a diferenciação da mãe é muito precoce (*infra,* Cap. 13).
7. Of. B. Z. FRIEDLANDER, "The Effects of Speaker Identify, Voice Inflection, Vocabulary and Message Redundancy on Infant's Selection of Vocal Reinforcement", *Journal of Experimental Child Psychology,* 1968, 6, 443-459
8. Cf. E. VURPILLOT, *Les Perceptions du nourisson,* Paris, P.U.F., 1972, pp. 64-65.
9. *Idem,* p. 193.

fortiori nenhuma prova da presença da verdadeira ansiedade depressiva, constituída de nostalgia e identificação empática com o objeto. Esta conduta, dentro daquilo que tem de observável, não traduz nada além de uma reação persecutória. Ainda que seja tardia, provém da posição paranoide. Tem-se a tentação de propor uma interpretação kleiniana deste fato: longe de atestar um progresso na relação de objeto, ela testemunha que o lactente, cuja mãe desapareceu temporariamente, teme que ela se transforme em um perseguidor contra o qual ele não tem defesa. Tratar-se-ia, então, de uma regressão, o que dá conta da irregularidade do fenômeno e da dificuldade de lhe designar uma cronologia precisa. O efeito de reasseguramento amiúde observado quando a mãe está presente é difícil de ser compreendido no quadro de uma explicação que privilegiaria a ansiedade de separação, pois não faz cessar completamente o medo. Em contrapartida típica da posição paranoide, a união com o "bom" objeto real protege da ansiedade persecutória simplesmente deixando-a subsistir. Não há vantagem, portanto, em aproximar a posição depressiva de um fenômeno no qual não há unanimidade dos observadores e cuja interpretação repousa em postulados que permanecem por ser demonstrados.

Parece-nos muito mais instrutivo confrontar os conceitos kleinianos da posição depressiva com as teorias e os resultados da psicologia genética não psicanalítica. O que se poderia pensar, em particular, da tese segundo a qual o lactente passaria, na idade de quatro ou cinco meses, de percepção dos objetos parciais às dos objetos totais?

É preciso confessar que o que Freud, Abraham e Melanie Klein afirmaram não teria adesão, atualmente, dos psicólogos de crianças. A ideia de que a percepção dos órgãos separados preceda a percepção do corpo humano inteiro corre um sério risco de ser apenas um pré-julgamento associacionista. A percepção sincrética do todo precede muito provavelmente o entendimento analítico dos detalhes ou das partes separadas deste todo. Poderemos talvez manter a ideia de Melanie Klein de uma indistinção sincrética entre a parte e o todo, ou entre as diferentes partes, mas certamente não manteremos a ideia de que as partes da imagem visual da mãe precedem, no sentido correspondente, a totalidade desta imagem. C.G. Carpenter (1975) fez experiências que mostram que a partir de duas semanas de vida, a criança para a qual se apresenta o rosto de sua mãe escondendo-se, através de um dispositivo apropriado, o resto do corpo desta, manifesta surpresa e chora imediatamente, enquanto chora apenas raramente quando vê sua mãe inteira, nas condições habituais. A apreensão da mãe como uma pessoa completa parece, portanto, extremamente precoce – bem mais, em todo caso, do que o havia suposto Melanie Klein, a quem foi, frequentemente, atribuída uma preferência desmedida pela precocidade. Nada confirma que a percepção dos órgãos separados preceda a dos corpos inteiros.

No estado atual do conhecimento, o único meio de salvar a noção kleiniana de objeto parcial é, sem dúvida, o de lhe atribuir um sentido que Melanie Klein não poderia, em absoluto, conhecer em 1935 e considerar, assim como Piaget propôs em 1937, que o objeto é percebido inicialmente sob a forma de quadros que circulam em registros sensoriais distintos, entre os quais a criança, durante muito tempo, não estabelece nenhuma correspondência. O espaço de preensão e o espaço bucal só se unem na idade de três semanas. A relação entre o espaço visual e o espaço auditivo é estabelecida apenas por volta de oito semanas de vida. Será preciso então esperar ainda dez semanas para que a relação entre o espaço audiovisual e o espaço bucotáctil seja estabelecida, com o surgimento das condutas de preensão manual do objeto visto e da orientação do olhar para o objeto preso na mão. É somente neste momento que o objeto físico é unificado e constitui um núcleo em torno do qual reúnem-se as informações provenientes de diferentes sentidos. É esta realidade que Melanie Klein descreveu como pôde, com os conceitos dos quais dispunha e que Piaget enunciou diferentemente e com mais sucesso. Permanece o fato de que ela soube discernir o essencial: o objeto só é completo quando a criança tem quatro ou cinco meses de vida, ou seja, podemos ainda acrescentar, no início daquilo que Piaget nomeou terceiro estágio da inteligência sensório-motora e da construção do real.

O psicólogo escocês T.G.R. Bower (1977) propôs hipóteses engenhosas que os fatos parecem corroborar e que, aos nossos olhos, completam de maneira feliz as análises piagetianas. Até a idade de quatro ou cinco meses, decididamente tão importante, o lactente reconheceria os objetos não por suas propriedades intrínsecas (qualidades sensíveis ou aparência fenomenológica, no sentido filosófico), mas unicamente por sua características espaciais; repouso ou movimento, posição. O universo da criança muito pequena só comportaria, portanto, objetos fixos identificados por sua posição e, objetos móveis identificáveis por seu movimento. As metamorfoses de um objeto fixo – que podem ser simuladas fazendo surgir sucessivamente num mesmo lugar, através de um dispositivo óptico, objetos diferentes na forma, cor etc. – não provocam nenhuma surpresa na criança num período anterior a dezesseis semanas. O desaparecimento busca sem a interposição de nenhum antepara de um objeto móvel na metade de sua trajetória, o que se pode fazer através do mesmo dispositivo, também deixa o lactente indiferente. O objeto fixo que se coloca em movimento deixando o lugar que ocupava, o objeto móvel que se imobiliza bruscamente permanecendo no lugar, provocam, ao contrário, uma reação de interesse, até mesmo de surpresa, o que mostra, segundo Bower, que a criança tem o sentimento de presenciar o desaparecimento imprevisto do objeto no primeiro caso, e o desaparecimento inesperado de um móvel acompanhado do surgimento inesperado de um objeto fixo, na segunda situação. O autor destas experiências conclui: "em torno de quatro a cinco meses, os bebês começam a amalgamar suas ideias aos objetos e se dão conta de que um objeto é uma entidade única suscetível de se deslocar de um lugar para outro" (Bower, 1977, p. 145). É, portanto, num duplo sentido que os objetos seriam unificados neste estágio: acrescenta-se, no domínio visual, ao fenômeno de síntese intersensorial evidenciada por Piaget, a unificação das múltiplas imagens que o mesmo objeto oferece segundo seu estado de movimento ou repouso e, neste último caso, segundo sua posição

O mais interessante para nós, é que Bower mostra igualmente a incidência deste aspecto da unificação do objeto físico na percepção da mão e na relação do lactente com ela. Sempre aplicando o mesmo método de criação de ilusão óptica, mostra a alguns lactentes sua mãe em três exemplares simultâneos. Até a idade de cinco meses, segundo Bower, as crianças não manifestam nenhuma surpresa. Após esta idade mostram-se muito espantados, chocados e protestam através de gritos ou choro. A criança que estabelece sucessivamente o contato manifestando prazer com cada uma das três mães, mostra que ela reconhece sua mãe mas que não sabe que tem apenas uma: para ela, há tantas mães quanto as aparições desta em diferentes lugares, em movimentos diferentes e, sem dúvida, em momentos diferentes. A criança que manifesta sua perturbação mostra, neste sentido, que ela espera ter apenas uma mãe, a qual identifica em meio a seus deslocamentos e suas mudanças de estado (do repouso ao movimento e vice-versa). Descobrimos assim uma nova aplicação possível do conceito kleiniano de objeto parcial: é parcial a imagem local da mãe associada a uma posição ou a um movimento determinado e que parece durar apenas o tempo deste movimento ou da ocupação deste lugar. É total e única a mãe identificada por suas características próprias, independentemente da posição e do movimento. Piaget, Bower e Melanie Klein concordam, concluindo, que esta unificação totalizadora do objeto é efetuada por volta do quinto mês do primeiro ano de vida.

É neste momento que se podem observar as primeiras manifestações daquilo que os psicanalistas genéticos anglo-saxões nomearam ansiedade de separação:

A descoberta pelo bebê do fato de que possui uma única mãe parece também afetar sua relação com ela – escreve Bower. – Somente quando entendeu que tem uma e apenas uma mãe, é que protesta vigorosamente quando ela desaparece. Antes deste estágio os bebês parecem crer que se sua mãe parte, uma outra vai mostrar sua cabeça em algum lugar (*op. cit.*, p. 149).

Cabe lembrar aqui a fórmula de Melanie Klein:

Somente depois que o objeto tenha sido amado como um todo, poderá sua perda ser sentida como total (*Essais de Psychanalyse*, p. 313).

Mas este objeto que é, no terceiro estágio, *unificado*, não é, no entanto, *permanente*. Como Piaget mostrou, ele não é ainda procurado quando desaparece atrás de um anteparo. A criança não espera, em absoluto, que o objeto continue a existir quando desaparece do campo da percepção atual: "[...] o universo inicial é um mundo sem objetos, consistindo apenas em quadros móveis e inconsistentes, que aparecem e em seguida são reabsorvidos totalmente, seja sem retorno, seja reaparecendo numa forma modificada ou análoga" (J. Piaget, B. Inhelder, 1966, p. 15). É, segundo nos consta, durante este período, que dura por volta de um semestre – segundo Piaget, entre o quinto e o décimo mês de vida – que se situa a primeira fase, e a mais dolorosa, da posição depressiva infantil. Ao longo desta fase, a criança estabeleceu o contato com um objeto total e único, no duplo sentido de um quadro intersensorial unificado e de um ser idêntico que se manifesta em lugares e estados diferentes. Mas não dispõe ainda, no plano cognitivo, do esquema da permanência do objeto: o objeto que desaparece "é reabsorvido totalmente", nenhuma função mental pode reassegurar a criança que teme ter aniquilado sua mãe através de ataques imaginários. Nada pode contrabalançar a ilusão da onipotência do pensamento já que a própria percepção é onipotente e é neste sentido que, neste estágio, ela constitui a única medida do "ser", do existir no objeto. A ilusão permanece insuperável já que qualquer teste de realidade é radicalmente impossível quando a própria categoria do real não está ainda construída.

Deste modo o objeto do terceiro estágio da construção do real possui todas as características que justificam a existência e a acuidade da posição depressiva: ele é completo, personalizado e amado, porém nada garante sua estabilidade, sua permanência e seu retorno quando desaparece. Seu desaparecimento pode, portanto, ser sentido como equivalente à sua destruição por perseguidores externos ou internos, ou pela própria agressividade do lactente. O objeto aniquilado, podendo ressurgir do nada tão rápido como foi absorvido, pode retornar sob a forma de um per seguidor que busca vingança. Durante todo o decorrer deste semestre crítico, nenhuma estrutura cognitiva pode fornecer o mínimo *desmentido* às ansiedades persecutórias e depressivas nem a mínima *confirmação* às primeiras intenções reparadoras ou, pelo menos, conservadoras. E neste estágio e, ainda, segundo nossa opinião, porque o esquema da permanência do objeto, elemento fundamental da categoria do real, ainda falta, que "a criança pequena não pode confiar suficientemente [...] em seus sentimentos construtivos e de reparação" e que "o ego não dispõe de meios apropriados para lidar de forma eficaz com a ansiedade e com a culpa" (*Essais de Psychanalyse*, p. 348).

O esquema de objeto permanente é adquirido no início do quarto estágio de Piaget (por volta dos nove ou dez meses). Ele se enriquece, se exercita e se diferencia ao longo do segundo ano de vida (quinto ou sexto estágios). A criança sabe então que as pessoas e as coisas continuam a existir quando deixam seu campo visual, sabe que elas podem viver, agir e realizar deslocamentos reais fora de sua visão. Neste sentido, ainda, as concepções piagetianas e kleinianas convergem:

> Os passos *fundamentais* na perlaboração da posição depressiva são dados, porém, quando a criança está *estabelecendo* o objeto completo – quer dizer, durante o segundo semestre do primeiro ano – e pode-se afirmar que, se estes processos forem bem-sucedidos, está preenchida uma das pré-condições para o desenvolvimento normal[10].

Quanto a este *estabelecimento em segurança* do objeto no interior do ego parece-nos ser a fantasia que guia, acompanha ou figura simbolicamente o processo cognitivo da construção do esquema do objeto permanente. É sobre esta estabilidade do objeto que irão se fundar todos os passos ulteriores da relação de objeto.

O recurso às teorias piagetianas fornece-nos, portanto, um argumento suplementar para distinguir duas fases na posição depressiva infantil. A primeira corresponde ao terceiro estágio: aí, a ansiedade é esmagadora, pois não existe outro mecanismo de defesa que não a clivagem, a qual é uma regressão à posição cognitiva do segundo estágio e a recusa ou a posição maníaca, que são e essência alucinatória. A segunda corresponde aos estágios ulteriores: o esquema da permanência do objeto no plano perceptivo-cognitivo, os inícios da locomoção livre e o surgimento de motricidade fina das extremidades (preensão do objeto entre o polegar e o indicador) tornam possíveis a introjeção estável do objeto afetivo e a utilização de condutas reais com o valor de práxis enquanto figurações simbólicas das fantasias de reparação.

A perlaboração da posição depressiva efetua-se através e no processo de modificação de ansiedade. O primeiro e decisivo momento realiza-se ao longo do segundo semestre de vida, mas a perlaboração continua durante toda a duração da neurose infantil e, portanto, durante aproximada-

---

10. MELANIE KLEIN, *Développements de la Psychanalyse*, op. cit., 208. Os grifos são nossos.

mente quatro anos. Encontra-se algo análogo no plano cognitivo: o surgimento do esquema do objeto permanente marca o início de novos progressos na compreensão da objetividade que será preciso realizar durante todo o ano seguinte. Quer se trate do objeto físico ou do objeto afetivo, os fundamentos de sua permanência são dados a partir do fim do primeiro ano, mas é preciso um longo período de exercício, de verificação, de teste desta permanência para que ela seja verdadeiramente adquirida. A permanência do objeto físico precede e funda a do objeto pulsional. O progresso fundamental realizado ao longo da segunda metade do primeiro ano é um fato cognitivo necessário, mas não suficiente, para que o bom objeto seja estabelecido em segurança. A transcrição deste fenômeno cognitivo em convicção para o inconsciente só pode ser produzida ao final de uma longa e lenta perlaboração, sendo que não é adquirida de maneira absolutamente definitiva. Certas experiências, tais como o luto, podem apagá-la provisoriamente. É por isso que todos os progressos realizados pela criança no plano psicomotor e cognitivo, assim como no plano dos traços interpessoais são outros tantos meios de reforçar e consolidar sua fé na estabilidade e benevolência dos objetos e sua confiança em sua própria benevolência e em suas capacidades de reparação.

Assinalamos, para finalizar, um fato evidenciado por Bower: a criança, entre cinco e nove ou dez meses, não domina as relações espaciais entre os objetos. Tende a se comportar como se, para ela, dois objetos que entram em contato são confundidos, ou pelo menos, solidarizados ou aglutinados:

> Supondo que seja apresentado a um bebê um objeto atraente e que este objeto seja colocado sobre uma prateleira; supondo que, no instante em que o objeto é colocado sobre a superfície, o bebê que estendeu a mão para pegá-lo já se encontra a meio caminho, ele retirará a mão e olhará estupefato para objeto. Talvez ele agarre o suporte e faça o objeto cair acidentalmente; mas parece não se dar conta que o objeto em si mesmo pode ser retirado da prateleira. Parece não compreender que um objeto possa ser colocado *sobre* um outro (T.G.R. Bower, 1977, pp. 150-151).

Experiências similares a estas permitem fazer a mesma constatação no que concerne às relações do continente e do conteúdo: a criança renuncia a extrair de uma xícara, ainda que esta seja transparente, o objeto que foi nela introduzido. A noção de que objetos unidos ou encaixados possam conservar sua identidade distinta aparece ser adquirida apenas por volta dos nove meses. Antes desta idade, *todo contato equivale a uma fusão.*

Deixamos para tratar numa obra ulterior as perspectivas que tais observações abrem no que concerne à teoria das trocas corporais entre a mãe e o lactente, bem como no que concerne à introjeção pela incorporação em fantasia. Será suficiente, por ora, propor a seguinte hipótese: o fato de que "o bebê não compreenda [...] que dois objetos possam ter entre si uma relação espacial em que compartilhem de uma fronteira comum" (Bower, *op. cit.,* p. 152) é o fundamento da imago dos pais combinados e, portanto, da posição maníaca essencialmente centrada no seu controle imaginário, e ainda da forma mais arcaica do complexo de Édipo. A característica mais assustadora desta imago é, precisamente, a confusão das identidades, a abolição dos limites corporais e a reversibilidade fantasmagórica das relações de continente e conteúdo. O que permite a superação da ansiedade persecutória e depressiva relativa aos pais combinados é a separação das imagos, o reconhecimento da distinção das identidades dos dois pais e a compreensão da manutenção desta distinção ao longo de sua aproximação. A defesa maníaca contribui para esta separação através de fantasias onipotentes que negam a aproximação dos pais, satisfazendo ao mesmo tempo os primeiros desejos fundados na forma mais arcaica da rivalidade edipiana. A segunda fase do Édipo arcaico é marcada pela aproximação de um dos pais, procurando excluir o outro e uma grande indecisão quanto à orientação heterossexual ou homossexual. Ela pressupõe a dissociação da imago arcaica dos pais combinados, testa-a na realidade, o que permite ultrapassar a posição maníaca. Mas é claro que a dinâmica afetiva não é suficiente para dar conta desta evolução no sentido da diferenciação das imagos. A fantasia dos pais combinados é dominante na medida em que a criança não tem o domínio cognitivo das relações espaciais de contato e encaixe: seu único recurso é, então, a defesa maníaca, puramente imaginária, senão alucinatória. Quando o contato de dois objetos deixa de ter o valor de uma fusão, a criança pode ter acesso ao conhecimento em seguida ao reconhecimento (no sentido da palavra inglesa *realization*) da distinção das identidades dos pais. A perlaboração que conduz do primeiro ao segundo momento efetua-se na e através da segunda fase edipiana.

A compreensão prática das relações espaciais é adquirida, segundo Bower, por volta do nono ou décimo mês, ou seja, no mesmo momento a que corresponde, para Piaget, ao início do estágio do objeto permanente e, para Melanie Klein, ao início do processo de estabelecimento em segurança do objeto do interior do ego. Inclinamo-nos a considerar que os dois primeiros fenômenos constituem um único: a conservação da individualidade dos objetos localizados numa relação espacial de superposição, justaposição e de continente e conteúdo parece ser apenas um aspecto da permanência do objeto em geral. Sendo assim, o efeito da formação do esquema do objeto permanente no desenvolvimento das relações objetais é duplo: ela não as facilita apenas permitindo a introjeção do objeto, mas também dissociando a imago dos pais combinados. A partir disto, não somente a passagem da posição maníaca ao que se poderia chamar de posição de reparação, mas também a passagem da forma mais arcaica do Édipo para a segunda fase deste complexo dependeriam, em última análise, deste fato essencial do desenvolvimento cognitivo.

*
* *

Consideradas superficialmente, as concepções kleinianas parecem o produto de uma especulação ousada sobre a primeira infância, fundada na ignorância total do que se pode observar nos lactentes reais. Porém, uma vez restabelecido o conteúdo verdadeiro das afirmações da teórica da posição depressiva, causa uma forte impressão a convergência entre suas análises e os resultados dos psicólogos genéticos. Após haver mostrado, sob forma de paradoxos, que as ideias de Melanie Klein nada têm de paradoxal, é, finalmente sem nenhum paradoxo, que podemos reagrupar o essencial de nossas conclusões e definir o lugar da posição depressiva no desenvolvimento da criança.

O conceito desta posição remete a duas séries de fenômenos que traduzem a ressonância na esfera pulsional de dois episódios importantes do desenvolvimento cognitivo. As pulsões são representadas no aparelho psíquico através de representantes representativos, que são primariamente de natureza de fantasia e por representantes afetivos. O primeiro momento da posição depressiva, que começa por volta dos quatro ou cinco meses através da emergência da situação de perigo de perda do objeto, traduz o efeito sobre a vida de fantasia e afetiva do lactente da síntese dos quadros perceptivos num quadro intersensorial unificado, mas ainda não permanente. A mãe é então apreendida como uma pessoa total, mas cuja permanência não é assegurada quando não é efetivamente percebida, e cujos limites corporais não são estáveis. Este estado do desenvolvimento cognitivo, que dura aproximadamente um semestre (até o último quarto do primeiro ano), cria as condições de todas as situações ansiógenas da posição depressiva que se inicia, sendo também aquelas as quais a posição maníaca tenta se opor: temor do desaparecimento da mãe (os quadros perceptíveis são reabsorvidos quando sua percepção cessa), temor de seu retorno sob a forma de perseguidora (o quadro perceptivo que foi reabsorvido pode ressurgir do nada com a mesma facilidade com que desapareceu), temor da fusão dos dois pais (o contato espacial é assimilado à abolição do limite dos objetos em contato).

Neste estágio, a criança não dispõe de nenhuma estrutura cognitiva que lhe permita antecipar o retorno da mãe ou colocar em ação as práxis de valor reparador. É, a partir de então, inevitável que os únicos mecanismos de defesa disponíveis sejam de essência alucinatória: recusa da realidade psíquica da ambivalência afetiva, clivagem das imagos, a qual mostramos ser a recusa da realidade física da unicidade do objeto, defesa maníaca que consiste apenas em fantasias onipotentes. A reparação e a introjeção-identificação não são, provavelmente, completamente ausentes; mas são neste momento incompletas e instáveis, visto que as condições cognitivas de seu pleno desenvolvimento não são ainda realizadas. As defesas mais arcaicas e as menos eficazes dominam amplamente.

É por isso que a ansiedade depressiva é inicialmente intolerável e esmagadora. O ego pode tanto menos enfrentar a ansiedade na medida em que está ainda submerso no temor dos perseguidores internos ou externos. Até 1945, de fato, Melanie Klein mantém a ideia de que o sadismo atinge o seu apogeu na metade do primeiro ano de vida. Quando admite, em 1946, que o sadismo e a ansiedade persecutória culminam ao longo do primeiro trimestre de existência, esta mudança é acompanhada de uma certa diminuição da importância dada à posição depressiva enquanto determinante da formação da personalidade. Mas é mantida a ideia de que a ansiedade depressiva é insuportável quando é acrescentada a quantidades ainda significativas de ansiedade persecutória, e que toda a ansiedade depressiva que se torna muito intensa é transformada em ansiedade persecutória. A frustração infligida pela ausência do objeto é então vivida como um sinal de sua malevolência, sendo que ele é atacado nas fantasias e, por consequência, temido como um perseguidor que procura vingança. Assim os sentimentos depressivos não podem ser plenamente sentidos como tais no início da posição depressiva. São esmagadores, só podem ser recusados ou transformados em ansiedade persecutória.

Esta primeira fase da posição depressiva coincide com a primeiríssima forma do complexo de Édipo. Neste nível as imagos parentais são ainda confundidas da maneira mais inextricável, e a forma mais arcaica da rivalidade opõe a criança ao casal parental que troca gratificações, frente a que ela se sente frustrada. Esta rivalidade leva à destruição alucinatória dos pais confundidos na imago compósita dos pais combinados: decorrem disto situações ansiógenas persecutórias e depressivas tanto mais esmagadoras na medida em que concernem simultaneamente a todos os objetos da criança. A posição maníaca é, em sua base, apenas uma fantasia que recusa a aproximação dos pais e que apazigua assim a ansiedade satisfazendo um desejo que emana da rivalidade protoedipiana.

A primeira fase da posição depressiva infantil é, deste modo, dominada por uma ansiedade absolutamente intolerável por ser completamente sentida e por mecanismos de defesa que são, em essência, de natureza alucinatória. Ela é marcada pelo "fortalecimento das relações internas".

A relação objetal só pode se modificar verdadeiramente quando o estado psicomotor e as aptidões perceptivas e cognitivas do lactente evoluem. No início do quarto trimestre de vida, o surgimento da locomoção livre e a formação do esquema da permanência do objeto físico modificam radicalmente as condições nas quais a situação de perda do objeto é vivida. A criança torna-se capaz de antecipar a existência de sua mãe fora de seu campo perceptivo – por exemplo no cômodo vizinho – e de ir a seu encontro. Ela passa de uma posição quase que puramente passiva, na qual suas reações só podem ser puramente mentais e, portanto, alucinatórias, a uma posição muito mais ativa. A maturação psicomotora e o desenvolvimento cognitivo fornecem-nos os fundamentos dos mecanismos de reparação e de introjeção estável do bom objeto real. Neste sentido, os passos fundamentais na modificação da ansiedade depressiva são realizados no final do primeiro ano de vida.

É conveniente insistir neste ponto: a superação da posição depressiva resultando em grande parte do acionamento de mecanismos de defesa especiais necessita também dessa transformação da quantidade e qualidade dos afetos depressivos, que Melanie Klein nomeia modificação da ansiedade. Na realidade, esses dois fenômenos são bastante próximos. Isto ocorre, antes de mais nada, porque sua distribuição nas diferentes situações e objetos diminui a intensidade das manifestações de ansiedade da posição depressiva, podendo transformar-se em qualidade, diferenciar-se umas das outras em nuanças cada vez mais detalhadas. Sua carga de ansiedade depressiva e, a título residual, persecutória, é então bastante atenuada. Os mecanismos da posição depressiva tardia são tão bem-sucedidos que, amiúde, como é o caso por exemplo das condutas reparadoras que decorrem da identificação empática com os sofrimentos do objeto, não os combatem verdadeiramente mas sim lhes dão uma expressão, simultânea a um apaziguamento. Em suma, é porque os afetos depressivos são modificados, que podem ser combatidos por mecanismos aos quais se sente tentado a considerar, no sentido de Daniel Lagache, como operando um desimpedimento mais do que uma defesa. Mas é pelo fato de que os processos de desimpedimento mais fundamentais foram adquiridos anteriormente, que a ansiedade pôde ser modificada.

Cumpre reconhecer que este papel fundamental remonta em boa parte à clivagem, presente desde o início da posição depressiva. É a imago dos pais combinados que, na teoria kleiniana dos anos de 1935-45, assim como na *Psicanálise da Criança,* suscita as ansiedades persecutórias e depressivas mais intensas e mais esmagadoras e que potencializa, de alguma forma, o temor da mãe e pela mãe, temor da mãe e do pai, temor da mãe e pelo pai etc. O passo mais fundamental na modificação da ansiedade é, sem dúvida, a separação das imagos parentais. Indicamos sobre qual aquisição cognitiva do quarto trimestre da vida ele nos parece repousar: esta separação das imagos, que Melanie Klein remete à clivagem, é o contrário de uma recusa da realidade perceptiva, permitindo ao lactente delimitar seus objetos, distinguir claramente seus dois pais em sua identidade estável e distribuir os tipos de ansiedade para dois objetos diferentes na segunda fase do Édipo arcaico. É na medida em que constitui a retomada, no quadro de uma estratégia de luta contra a ansiedade, de uma aquisição cognitiva, que a clivagem assume o significado de um mecanismo de desimpedimento.

Mas existe um distanciamento importante entre a formação de uma estrutura cognitiva ou a emergência de uma aptidão motora e o desenvolvimento de todas as suas consequências na esfera afetiva: entre o surgimento de um saber ou de *savoir-faire* objetivos e sua transcrição na esfera do objetal, entre o simples conhecimento e o reconhecimento (*realization*). É este distanciamento que os processos de perlaboração vêm preencher. Desde Freud, ninguém, segundo nos consta, insistiu tanto quanto Melanie Klein na necessidade deste trabalho psíquico, e em seu papel não apenas na cura psicanalítica mas também no desenvolvimento normal dos processos psíquicos no adulto, assim como na criança. É preciso muito tempo para que a permanência do objeto físico seja transcrito em permanência do objeto libidinal. Entre o momento em que se efetuam os progressos fundamentais na modificação da ansiedade e o momento em que a ansiedade é efetivamente modificada decorre um longo período: quatro anos são dedicados ao complexo de Édipo e à neurose infantil para alcançar sucesso na perlaboração da posição depressiva.

Assim, as concepções kleinianas não têm o sentido da atribuição de um determinismo pulsional, de fantasia ou afetivo, à gênese das estruturas cognitivas e das aptidões motoras. Ao contrário, elas fazem dos estágios do desenvolvimento da relação de objeto a consequência dos estágios do desenvolvimento das funções motoras e perceptivo-cognitivas. Mais ainda, chegam a conceder aos fatores pulsionais – expressões diretas das pulsões ou mecanismos de defesa – um papel essencialmente retardador, inibidor ou limitador da transcrição no plano objetal daquilo que já foi adquirido ou dominado no plano objetivo. Está, conforme as exigências mais centrais do pensamento de Melanie Klein, preocupada em afirmar incessantemente a prioridade dos fatores cognitivos sobre os fatores afetivos no desenvolvimento e consequentemente muito atenta às observações de lactentes, que pudemos confrontar algumas das noções kleinianas mais fundamentais com alguns dos resultados da psicologia genética ulterior. O aporte kleiniano, a respeito do qual mostramos a convergência com teorizações que partem de diferentes hipóteses, parece-nos de natureza passível de ser integrada, sem dificuldade nem paradoxo, ao conjunto dos conhecimentos desta disciplina.

Parte 2: DA PSICOLOGIA DAS DEFESAS ESQUIZOIDES PARA A METAPSICOLOGIA DA INVEJA E DA GRATIDÃO

Parece muito natural definir a posição esquizoparanoide assim como foi definida a posição depressiva: pelo nível da relação de objeto, pela natureza da situação ansiógena e pelo arrolamento dos mecanismos de defesa utilizados. A posição esquizoparanoide é, portanto, no quadro de uma relação com objetos parciais e clivados, a associação entre situações ansiógenas persecutórias e uma estratégia defensiva fundada no emprego dos mecanismos esquizoides. Tal é o essencial da exposição clara e sintética de Melanie Klein em 1952[1].

Nesta época, a teoria das posições psicóticas parece ser definitivamente fixada e clarificada. Não há mais do que duas posições. Elas constituem as duas estruturas elementares da vida afetiva. Têm sua origem no decorrer da primeira infância. A posição esquizoparanoide foi a primeira a surgir. Constitui o único modo de funcionamento psíquico ao longo dos três ou quatro primeiros meses de vida. No decorrer do segundo trimestre a posição depressiva surge progressivamente. A noção de posição em 1952, assim como anteriormente, não tem apenas um sentido estrutural, mas também um significado genético: aplica-se simultaneamente a modos de funcionamento psíquico que perduram durante toda a existência e a estágios bem definidos do desenvolvimento do lactente ao longo dos quais estes surgiram.

Notou-se frequentemente que, na posição esquizoparanoide, a ansiedade é paranoide enquanto que as defesas são esquizoides[2]. Nesse sentido,

---

1. "Quelques conclusions théoriques au sujet de la vie affective des nourrissons", *Développements de la Psychanalyse,* Paris, P.U.F., pp. 187 e ss.

2. HANNA SEGAL, *Introduction à l'oeuvre de Melanie Klein,* 1964, tr. fr., Paris, P.U.F., 1969, p. 16.

a formação da noção parece simples: a posição esquizoparanoide sucede diretamente a posição paranoide de 1935. Esta última era definida pela natureza da ansiedade experimentada muito mais do que pelo seu leque defensivo bastante reduzido. A descoberta em 1946 da identificação projetiva, a associação do estado de distanciamento dos "bons" e dos "maus" objetos com a clivagem ao longo da fase paranoide conduzem Melanie Klein a se interessar pelas defesas esquizoides. Ela lhes atribui como função a de se opor à ansiedade persecutória. A concepção da posição esquizoparanoide forma-se quando a associação regular da ansiedade paranoide com as defesas esquizoides é reconhecida.

No entanto, pode-se questionar tal simplicidade no desenrolar dos fatos. Alguns indícios mostram que o caminho que conduz da posição paranoide de 1935 para a posição esquizoparanoide de 1952 é menos direto do que o parece ser numa primeira abordagem. Assim, a identificação projetiva, evocada em 1946 em "Notas sobre Alguns Mecanismos Esquizoides", é descrita de forma muito incompleta na primeira edição deste texto (*I.J.P.A.*, 27, 1946). No mais, traz o nome de identificação pela projeção e não de identificação projetiva. Este último termo surgirá somente na reedição de 1952. Quanto à posição que nos interessa, traz, em 1946, o nome de *posição esquizoide,* emprestado do psicanalista escocês Ronald Fairbairn. Em 1948, quando publica seu artigo "Sobre a Teoria de Ansiedade e Culpa" (*I.J.P.A., 29*, 1948), Melanie Klein retorna à expressão *posição paranoide.* É preciso esperar que estes textos, levemente remanejados, tornem-se capítulos da coletânea de textos *Développements de la Psychanalyse*[3], para que surja o termo, que se tornou clássico, *posição esquizoparanoide.* Poder-se-ia dizer que as variações terminológicas registradas entre 1946 e 1952 traduzem uma hesitação no plano da conceitualização? É preciso, para nos assegurarmos disto, iniciar uma pesquisa completa sobre as origens, a formação e a evolução da concepção kleiniana da primeira das posições.

---

3. MELANIE KLEIN, PAULA HEIMANN, SUSAN ISAACS, JOAN RIVIÈRE, *Developments in Psycho-Analysis,* Londres, Hogarth Press, 1952; trad. fr. *Développements de la Psychanalyse,* Paris, P.U.F.

8. A Formação e a Evolução da Concepção da Posição Paranoide de 1935 a 1945

Quando, em 1935, Melanie Klein introduz o termo e a ideia de posição paranoide, qual o verdadeiro alcance desta inovação? Num certo sentido, a novidade está apenas no plano terminológico. A posição paranoide é apenas um novo nome para o estágio do apogeu do sadismo, que a *Psicanálise da Criança* havia descrito longamente. Quanto ao termo posição, ele pode servir para designar situações ou estratégias paranoides, maníacas ou obsessivas; constitui, para elas, apenas uma veste tomada de empréstimo. Este termo se impôs no quadro de um esforço de conceitualização inteiramente voltado para destacar as características originais da posição depressiva. É a sua relação com a posição depressiva que faz do apogeu do sadismo uma posição e não mais uma fase do desenvolvimento.

De fato a posição depressiva, a partir de sua descoberta, designa o mesmo momento, no desenvolvimento da criança, do apogeu do sadismo. Ora, duas fases distintas, pontos de fixação de entidades mórbidas diferentes, podem, a rigor, se acavalar, como o fazem os estágios libidinais e as etapas edipianas segundo a *Psicanálise da Criança,* porém, não podem coincidir em absoluto. Quando se chega a constatar a estrita contemporaneidade de duas "fases", é preciso renunciar em aplicar-lhes o ponto de vista genético. É, portanto, porque no seu máximo, é exatamente contemporânea à fase inicial, a mais árdua, da posição depressiva, que a fase do apogeu do sadismo deve se tornar posição paranoide. Sendo que as duas culminam ao longo do mesmo período, por volta da metade do primeiro ano de vida, estas posições não podem ser adotadas simultaneamente. O ego oscila de uma para a outra. Notamos, além disso, que no próprio momento em que introduz o conceito de posição, Melanie Klein admite que na idade mais precoce o lactente não está exclusivamente fadado às posições psicóticas: "[...] a passagem brusca de uma ansiedade de perseguição ou de um sentimento depressivo para uma atitude normal" é "característica na criança"[1].

Em 1932, o primeiro ano da vida era inteiramente concedido ao reinado absoluto do apogeu do sadismo. Em 1935, ele deve compartilhar seu lugar com a posição depressiva. Não será, portanto, espantoso o fato de que as primeiras descrições que Melanie Klein faz sobre a posição paranoide constituam apenas uma pura e simples retomada das passagens dedicadas à fase do apogeu do sadismo na *Psicanálise da Criança*. Ela acrescenta aí somente qualificações negativas que definem a posição paranoide por aquilo que lhe falta para ser a posição depressiva.

Assim como a fase do apogeu do sadismo, a posição paranoide é caracterizada pela natureza projetiva da relação de objeto, pela natureza irreal e imaginária de seus objetos que são *imagos*, ou seja, "quadros fantasticamente deformados dos objetos reais" e pela ferocidade dos ataques dirigidos contra estas imagos na ilusão da onipotência do pensamento. Conhece-se o princípio deste fato: o lactente que deslocou ou *defletiu* a pulsão de morte para o exterior teme, a partir de então, a destrutividade dos objetos, atacando-os preventivamente para aniquilá-los antes que eles o aniquilem e sendo que o objeto pode, neste estágio, ressurgir do nada tão repentinamente quanto pode ser reabsorvido, o contra-ataque de sua parte é constantemente temido o que conduz a novos ataques. É pelo fato de que a criança projeta suas pulsões de destruição no objeto o qual, aliás, só é percebido confusamente, que ela tem a imagem do objeto deformada, a qual Melanie Klein nomeia imago. Assim, como a fase do apogeu do sadismo, a posição paranoide é dominada pelo "círculo mau".

É necessário acrescentar a estas características, três outras que constituem o efeito da descoberta da posição depressiva.

1) Introjeção e projeção são doravante entendidas como dois processos simétricos presentes desde o início da vida. À projeção, anteriormente descrita sob a rubrica do sadismo em seu apogeu, acrescenta-se, em 1935, a introjeção como interiorização subentendida por uma fantasia de incorporação oral. Em consequência de sua interiorização, as imagos paranoides "são instaladas [...] não só no mundo interior mas, pelo processo de incorporação, também dentro do ego" (*Essais de Psychanalyse*, p. 311).

2) O ego, na posição paranoide, lida apenas com objetos parciais. Esta posição é definida pela ausência de relação com um objeto real e pessoal. Ocorre que o abandono do ponto de vista genérico não é total. A partir do surgimento da posição depressiva, o estado paranoide e o estado depressivo podem de fato se alternar conforme a definição do conceito de posição. Mas antes do quarto ou quinto mês de vida só há oscilação possível entre a posição paranoide e uma "atitude normal", cuja possibilidade permanece duvidosa, levando-se em conta o estado de imaturidade do jovem lactente. A "posição" paranoide é, inicialmente, apenas uma fase do desenvolvimento; é mais arcaica do que a posição depressiva e corresponde a um estado mais rudimentar do ego. É por isso que a ansiedade é aí *mais simples* do que na posição seguinte. Ela se refere aí apenas ao ego.

3) Os mecanismos de defesa da posição paranoide são, simultaneamente, menos adaptivos e menos variados do que os da posição depressiva.

---

1. MELANIE KLEIN, "Contribution à la psychogenèse des états maniaco-dépressifs", in *Essais de Psychanalyse*, Paris, Payot, p. 326. Traduzimos aqui da versão alemã de 1937, *I.Z.P.A.*, 23, p. 290.

Melanie Klein menciona somente dois métodos de defesa contra o temor dos perseguidores: a recusa da realidade psíquica, que "está na origem das psicoses mais graves" e os processos de ejeção e projeção (*Idem*, p. 312). Notamos desde já que a recusa assume a forma, no elemento da onipotência do pensamento, de uma verdadeira alucinação negativa. Quanto à ejeção, foi sempre descrito na obra kleiniana, segundo o ensinamento recebido de Karl Abraham, como um processo típico do primeiro estágio anal e que visa o aniquilamento (*Vernichtung*) de um objeto assimilado ao excremento. Recusa e ejeção constituem uma destruição imaginária dos objetos. É o equacionamento dos perseguidores com fezes que se pode distanciar e aniquilar pela ejeção-defecação que faz a marca distintiva da posição paranoide, tal como é apresentada em 1935. O paranoico regressou a um estado psíquico no qual tem relação de objeto apenas como "objetos parciais interiorizados e com fezes como perseguidores" (*Idem*, p. 321).

A defesa contra a ansiedade persecutória passa, inevitavelmente, pelo ataque contra perseguidores fecalizados. Deste ponto de vista, pouco importa que a agressão tome forma de ejeção ou de recusa. O essencial é que ela realize a supressão alucinatória do objeto (*Idem*, p. 328). Em 1940, Melanie Klein poderá escrever que, na realidade, existe apenas um método de defesa contra a ansiedade no quadro da posição paranoide:

> A primeira série de sentimentos (*feelings*) e de fantasias é persecutória, caracterizada por temores relativos à destruição do ego por perseguidores internos. As defesas contra esses temores consistem principalmente na destruição dos perseguidores por métodos sejam violentos, sejam dissimulados e astuciosos (*Idem*, p. 346).

Estas duas técnicas de destruição, que agora recebeu o estatuto de mecanismos de defesa, não são outros que os dois tipos de sadismo descritos na *Psicanálise da Criança* (pp. 146-147). Como um verdadeiro parente pobre da posição depressiva, a posição paranoide não tem outros mecanismos defensivos que não as descargas pulsionais.

9. A Psicologia dos Mecanismos Esquizoides

É em 1946 que as "Notas Sobre Alguns Mecanismos Esquizoides" apresentam a teoria de uma *posição esquizoide* (nome que é emprestado de Fairbairn) cuja situação ansiógena é *paranoide* e cujos mecanismos de defesa são, além da recusa onipotente e da idealização, a clivagem e a identificação pela projeção. Diferentemente da posição paranoide de 1935, que tendia a ser apenas uma situação ansiógena sem um mecanismo específico, é antes de mais nada pelas defesas que utiliza que esta posição esquizoide de 1946 é definida. Quanto a seus conteúdos ansiógenos, não são outros que os temores persecutórios já há muito descritos por Melanie Klein, que não se incomoda de retornar a eles mais um vez, concentrando todos os seus esforços na evidenciação das modalidades assumidas pelo funcionamento dos processos defensivos esquizoides.

1. O RECONHECIMENTO DA NATUREZA ESQUIZOIDE DA CLIVAGEM

É a nova definição da clivagem que constitui a principal inovação de 1946. Como é de seu costume, é esclarecendo que não faz mais que relembrar exposições anteriores, que Melanie Klein introduz sub-repticiamente esta modificação fundamental de suas concepções.

Expressei frequentemente minhas ideias: as relações de objeto existem desde o início da vida, o primeiro objeto é o seio da mãe, o qual, para a criança, se cliva (*it becomes split*) num bom seio (gratificador) e num mau seio (frustrador); essa clivagem resulta numa separação estanque (*severance*) do amor e do ódio[1].

---

1. Cf. MELANIE KLEIN, *Développements de la Psychanalyse*, Paris, P.U.F., 1968, p. 275, trad. ing., *Developments in Psycho-Analysis*, Londres, Hogarth Press, 1952, p. 293.

Algumas linhas mais tarde, enumerando as "defesas típicas do ego arcaico", menciona "os mecanismos de clivagem do objeto e das pulsões, idealização, recusa da realidade interior e exterior e o sufocamento (*stifling*) das emoções", remetendo tudo isto à posição paranoide. Ora, é claro que tudo isto é novidade: a respeito do sufocamento das emoções, jamais esteve em questão, até então, a não ser como uma clivagem das pulsões. Quanto aos outros mecanismos citados, sabe-se que eram, anteriormente, típicos da posição maníaca.

Atendo-se à clivagem, cuja redefinição assume o papel de motor da evolução das ideias kleinianas desta época, a inovação é dupla. A clivagem *do objeto* é transportada da posição depressiva para a paranoide ou esquizoide. A distância entre os aspectos "bons" e "maus" do objeto não é mais concebida apenas como o efeito da imaturidade dos aparelhos perceptivos e motores, mas sim como o resultado de uma estratégia defensiva do ego. Quanto à *clivagem do ego,* trata-se de uma noção absolutamente nova na obra kleiniana. É um subproduto da aplicação da clivagem ao objeto: levando em conta a *não-integração* do ego primitivo, cujo conceito toma emprestado de seu antigo discípulo D.W. Winnicott, Melanie Klein supõe que o ego não possa clivar o objeto sem clivar a si mesmo como consequência (*Développements...*, p. 280). Mas este despedaçamento do ego, confrontado com a ansiedade, tem como efeito uma *dispersão* da ansiedade (*dispersai*) obtida por este meio. De onde surge a questão, que permanece em 1946 sem resposta: o despedaçamento (*falling to pieces*) do ego não seria uma estratégia defensiva que este utiliza ativamente contra as pulsões, e que teria como efeito reduzi-las, pela dispersão, em várias quantidades menores e portanto menos aflitivas e que, além disso, fiquem desprovidas de qualquer relação entre elas? O ego poderia assim enfrentar cada uma delas mais cômoda e separadamente. Esta dispersão seria assim, em relação *a parte subjecti,* o equivalente à distribuição em relação *aparte rei*[2]: um remanejamento das quantidades, que cria as condições econômicas de um sucesso do ego na sua luta contra as pulsões destrutivas e contra a ansiedade que elas suscitam.

Esta clivagem do ego tem, em todo caso, a mesma natureza que a dicotomia do objeto em "bom" e "mau". Mas há uma segunda variedade da clivagem. Transportada para o objeto, ela separa o *seio em pedaços* do *seio inteiro.* Esta forma de clivagem não deixa de ter relação com a anterior: é o seio mau atacado nos estados de frustração e ansiedade que é introjetado "em pedaços", enquanto que o seio bom é introjetado inteiro, no sentido de intacto. O seio inteiro é, portanto, o "bom" seio, e o seio fragmentado, o "mau": as duas variedades da clivagem não se justapõem, mas, sim, se superpõem.

No mais, esta ideia de uma oposição entre o objeto inteiro e o objeto reduzido a pedaços não é nova na obra kleiniana. Surgiu inicialmente no campo conceitual da teoria dos mecanismos da reparação. Ao bom intacto ou reparado opõe-se o mau objeto estragado, por vezes descrito como "despedaçado", sendo particularmente difícil de ser reparado. É, portanto, à posição depressiva que esta dicotomia foi associada em 1935 (*Essais de Psychanalyse,* p. 319). Em 1946 a oposição entre o intacto e o despedaçado torna-se típica da mais arcaica das posições.

Esse deslocamento é tão mais importante na medida em que este objeto "bom" interiorizado na sua integridade é o seio. Isso significa admitir

---

2. Cf. *Melanie Klein I: Primeiras Descobertas e Primeiro Sistema* (*1919-1932*), pp. 248-249 e 259-261.

que o bom seio é introjetado desde a posição paranoide (o que não é absolutamente novo mas não havia sido enunciado sob esta forma) e, sobretudo, que ele é introjetado como, em certo sentido do termo, *completo*. Isto leva a atribuir à posição paranoide ou esquizoide uma das funções primordiais que haviam sido, ao longo do decênio precedente, atribuídas à posição depressiva. Trata-se da introjeção do bom objeto, com tudo o que ela significa no que se refere à formação do ego enquanto instância:

> O seio gratificador, interiorizado (*taken in*) sob a primazia da libido de sucção, é sentido como completo (*complete*). Esse primeiro bom objeto interno age como um ponto *focal* no ego. Opõe-se aos processos de clivagem e dispersão, fomenta a coesão e integração e serve de instrumento na edificação (*building up*) do ego (1946, in *Développements...*, p. 279; trad. ingl. p. 297).

É claro que nesta passagem o termo inglês *splitting* designa um processo de despedaçamento que caminha no sentido das forças de "desligação" e, portanto, definitivamente, no sentido da pulsão de morte. Mas, algumas linhas adiante, Melanie Klein expõe que a ansiedade e a frustração podem abalar "o sentimento do lactente de ter no interior um seio bom e completo" e que, por consequência, "o divórcio entre o bom e o mau seio pode ser difícil de ser mantido, e o lactente pode ter a impressão de que o seio bom também está em pedaços" (*Idem*, pp. 279-280).

Textos como estes impõem-nos a distinção entre uma clivagem-fragmentação ou despedaçamento, que afeta essencialmente o mau objeto e que pode se estender, em casos de evolução desfavorável, ao bom objeto, o que representa uma força mortífera, e uma clivagem dicotômica, colocada em ação pelo ego no desenvolvimento normal. Esta última institui este "divórcio" entre o bom objeto inteiro e o mau objeto despedaçado, o que permite proteger uma relação objetal feliz com o bom seio de qualquer influência perturbadora exercida pela frustração e pela agressividade. Tão paradoxal quanto possa parecer, o objeto "bom" só pode continuar a ser sentido como inteiro na medida em que permaneça binariamente clivado do objeto perseguidor clivado-despedaçado. Na medida em que a unidade e a completude do objeto representam um núcleo para a unificação do ego, constitui a condição da integração e, neste sentido, a *clivagem binária é um fator decisivo desta última*. A clivagem-despedaçamento, em contrapartida, produz não apenas a desintegração do objeto, mas também do ego, já que "...o ego é incapaz de clivar o objeto [...] sem se clivar a si mesmo de maneira correspondente". É deste modo que deve corresponder uma clivagem fragmentadora do ego à clivagem-despedaçadora do objeto perseguidor (*Idem*, p. 280; trad. ing., p. 298).

Em suma, Melanie Klein distingue duas formas de clivagem: a dicotomia e o despedaçamento; a primeira é favorável à integração, a segunda, à desintegração mortífera. Tanto uma como a outra forma visam principalmente o objeto, mas repercutem inevitavelmente sobre o ego.

2. CLIVAGEM VIOLENTA DO *SELF* E A PULSÃO DE MORTE

Há, no entanto, uma clivagem do ego que não é um subproduto automático da clivagem do objeto. É a que constitui, em última análise, a defesa esquizoide por excelência. Melanie Klein a introduz referindo-se a uma atitude típica de certos pacientes (adultos) que se sentem indiferentes, distantes do analista e que acolhem as interpretações com uma cortesia perplexa e distante (*Développements...,* p. 294).

Tudo se passa como se não houvesse, nestes pacientes, nenhuma comunicação entre o ego consciente, que tenta fazer a análise, e a parte da personalidade visada pelas interpretações do psicanalista. Na repressão há uma certa permeabilidade da barreira entre o inconsciente dinâmico e o pré-consciente. Os "complexos" inconscientes reagem à interpretação suscitando derivados que surgem à consciência sob forma de produtos substitutivos da vida de fantasia e de afetos.

Nesta forma particular de defesa esquizoide apresentada sobretudo pelos pacientes adultos, os derivados do inconsciente não penetram nos sistemas pré-consciente e consciente. A ilustração deste mecanismo é fornecida pelo caso de um homem que está exprimindo com veemência sua *inveja* em relação a diversas pessoas, sendo que tal fenômeno é produzido como resposta a uma interpretação da transferência: é a ela, diz Melanie Klein, que visa a inveja do paciente, é a ela que ele quer destruir. Assim que isto é dito, o paciente como que se transforma:

... seu humor mudou bruscamente. O tom de sua voz baixou, falava com uma voz fraca, inexpressiva e dizia sentir-se destacado da situação em seu conjunto. Acrescentou que a minha interpretação parecia correta, mas que isso não tinha importância alguma. De fato, ele não alimentava desejos de espécie alguma, e nada havia que valesse a pena ser feito (*Idem,* p. 294; trad., ing., p. 313).

Os comentários de Melanie Klein evidenciam as motivações, a orientação e os modos de produção deste processo defensivo particular. O fator desencadeante é, neste caso preciso, o temor de destruir a psicanalista. Convém destacar a natureza depressiva deste fato. Mas a reação do paciente consiste em clivar "aquelas partes dele mesmo, ou seja, que sentia serem perigosas e hostis em relação à analista". É preciso insistir sobre o fato de que tal clivagem do ego é totalmente independente de qualquer clivagem do objeto. Constitui até mesmo, em relação à clivagem do objeto, uma solução sobressalente: ao invés de dirigir as pulsões de destruição para o exterior, o ego as volta contra si mesmo. Este mecanismo tem como veículo, ou como figuração, uma fantasia inconsciente de aniquilamento de uma parte da personalidade própria. Esta fantasia é por vezes diretamente perceptível, com um mínimo de deformação, nas formações conscientes. Assim, uma paciente sonha que está encarregada de vigiar e corrigir, com a ajuda da psicanalista, uma menininha perversa e perigosa a qual acaba eliminando. As associações permitem estabelecer que a menininha representa uma parte clivada da personalidade da paciente onde estão encapsulados seu ódio e seu desejo de destruir a analista. Tal fantasia coloca diretamente em cena o uso defensivo deste *destino da pulsão* que Freud nomeou, em 1915, como o retorno sobre a pessoa própria. Mostra que a energia utilizada nesta clivagem é de origem principalmente agressiva.

Mas qual a relação desta *clivagem violenta* com as duas outras formas de clivagem do ego já mencionadas? Seu mecanismo é o retorno da pulsão de destruição contra uma parte do ego, através da fantasia de aniquilar um objeto interno que a representa. Encontraríamos isto nas outras formas da clivagem do ego, produtos secundários da clivagem do objeto?

É incontestável o fato de que em 1946 o "mecanismo esquizoide que consiste em aniquilar uma parte do *self* seja para Melanie Klein um *caso privilegiado* que evidencia, já que é livre de qualquer aporte de clivagem do objeto, a própria essência das defesas esquizoides. Encontra-se a sua característica mais profunda em todas as formas da clivagem do ego que decorrem de uma tentativa de clivar o objeto: "[...] parece que tal dissociação, que equivale a uma clivagem do objeto e dos sentimentos em relação ao mesmo, está ligada ao processo de recusa. Em sua forma extrema, a recusa [...] equivale a um aniquilamento [...]" (*Idem*, p. 191; trad. ing., pp. 202-203). Trata-se aqui, portanto, de uma fantasia de aniquilar o que é mau, que se refere o mais frequentemente ao mau objeto e a tudo que a ele concerne – aplicando-se, consequentemente, ao ódio do sujeito pelo mau objeto. Esta destruição das partes do *self* que estão em relação com o "mau" pode ser um subproduto ou um efeito secundário do ódio pelo "mau" objeto. Também aplica a mesma fantasia destruidora ao objeto e às "más" partes do *self*. A clivagem do ego (ou do *self*) é portanto sempre uma destruição imaginária de partes do *self*, e não um simples afastar como o será, mais tarde, o derivado ajuizado e atenuado da clivagem do ego que será a repressão.

Estas considerações poderiam ser realmente aplicadas à clivagem-despedaçamento, na qual o ego sucumbe ao empreender a fragmentação do objeto? A pura e simples não-integração, resultante da imaturidade do ego, não poderia derivar desta interpretação em termos de pulsão de autodestruição a menos que se entregue, em relação a Tânatos, a uma especulação que prolongaria a de Freud e de Ferenczi. A ausência de integração fornece, no entanto, o protótipo do estado em que, para uma parte do ego, as outras não existem. Não é apenas caracterizado pela ausência de síntese das partes do objeto e do ego, devida à inexistência quase que completa, ao longo das primeiras semanas, do processo de memória. Ela se distingue também pelo fato de que as diferentes partes do psiquismo não existem umas para as outras. Winnicott ressalta, num artigo de 1945, do qual Melanie Klein emprestou, sem dúvida, o conceito de não-integração, que

[...] não se pode dizer que no início a criança pequena se dá conta de que, experimentando este ou aquele sentimento no berço ou tendo prazer pelas estimulações da pele no banho, seja o mesmo indivíduo quando grita para exigir uma satisfação imediata, possuída pela necessidade de se apegar a alguma coisa e de destruir se o leite não o satisfizer[3].

O mesmo autor assinala que a desintegração é assustadora enquanto que a não-integração não o é. A explicação kleiniana parece-nos ser a seguinte: quando a não-integração predomina, a inexistência das partes não-integradas umas com as outras traduz mais a imaturidade neurológica do lactente do que a atividade da pulsão de morte. Na dissociação, regressão para a não-integração, a desintegração encontra-se, ao contrário, realizada pela volta contra a pessoa própria da pulsão agressiva, sendo esta mesma uma parte defletida para o exterior da pulsão de morte, cuja endopercepção

---

3. D. W. WINNICOTT, "Le Développement affectif primaire", 1945, in *De la pediatrie à la psychanalyse*, Paris, Payot, 1969.

assume, por definição, a forma do afeto de ansiedade[4]. Sendo assim, a desintegração regressiva comporta o mesmo mecanismo aniquilador do que a clivagem binária do *self*, subproduto da clivagem binária do objeto. A defesa esquizoide descrita como um caso particular da clivagem violenta do *self* expressaria, portanto, a própria essência do processo de clivagem do ego (ou do *self*).

Parece possível prosseguir além: a pulsão de vida expressa-se pela tendência a constituir unidades cada vez maiores, a pulsão de morte pela tendência à "desligação". A tendência à fragmentação, nesta perspectiva, não poderia ser considerada como uma estratégia defensiva desprovida de fundamentos pulsionais. Ela expressa uma tendência que já se encontra num nível biológico. Assim, citando e comentando Winnicott, Melanie Klein estima que "ao ego arcaico falta coesão, em elevado grau e a tendência para a integração alterna com a tendência para a desintegração, fragmentação" (*Développements de la Psychanalyse*, p. 276; trad. ing., p. 296). Para Winnicott, a não-integração é a ausência de certas aptidões necessárias para assegurar a coesão. Melanie Klein a associa de imediato à presença de um fator pulsional, o masoquismo primário ansiógeno. O mecanismo mais arcaico que o ego opõe à pulsão de morte, a deflexão, que transforma a autoagressão em heteroagressão, não é suficiente para voltar, completamente, para o exterior as energias tanáticas.

Deve-se, além disso, lembrar que as energias pulsionais se renovam constantemente. A reflexão metapsicológica tropeça frequentemente neste obstáculo epistemológico que tem por imagem um acumulador elétrico. Pensa-se, às vezes, como se o aparelho psíquico tivesse que lidar (e utilizar) com uma quantidade de energia, concebida mais ou menos metaforicamente, e que seria estabelecida definitivamente desde o início da existência. A própria Melanie Klein nem sempre escapa à sedução desta imagem. Mas o modelo freudiano fundamenta-se na ideia de uma produção constante de energia, que necessita de um trabalho psíquico constante. Nesta perspectiva – que poderia ser ilustrada substituindo a metáfora do acumulador pela do alternador ou de qualquer outro dispositivo produtor de energia – a pulsão de morte não corresponde a uma quantidade finita que se poderia tratar definitivamente, num mítico início de existência, pela aplicação de um mecanismo tal como a deflexão. Na medida em que as forças tanáticas são constantemente renovadas, a deflexão repete-se indefinidamente já que a ansiedade – uma simples modalidade afetiva da percepção endopsíquica da pulsão de morte – ressurge incessantemente. Quando a deflexão e a projeção não são suficientes para enfrentá-la o ego pode responder a esta ameaça despedaçando-se:

[...] continua ativa a ansiedade de ser interiormente destruído. Parece-me que o ego, por sua falta de coesão, tende a se fragmentar sob a pressão da ansiedade. Esta fragmentação parece subtender os estados de desintegração dos esquizofrênicos (*Idem*, p. 279, trad. ing., pp. 296-297).

Neste sentido, o despedaçamento depende de duas séries de fatores: imaturidade e falta de coesão do ego por um lado e, por outro, ameaça das pulsões de morte contra este ego. Sob a pressão desta ameaça, o ego frag-

---

4. Cf. MELANIE KLEIN, *La psychanalyse das enfants*, Paris, P.U.F., 1959, p. 140. Ver também nossa obra *Melanie Klein I: Primeiras Descobertas e Primeiro Sistema*, São Paulo, Perspectiva, 1987, p. 176.

menta-se. Tratar-se-ia de uma alteração sofrida passivamente, ou de um mecanismo de defesa ativo ainda que catastrófico? Melanie Klein não explicita este fato. Ela permite, no entanto, entrever a solução que vislumbra. Citando Ferenczi, lembra que "todos os organismos vivos reagem aos estímulos desagradáveis pela fragmentação, que poderá ser uma expressão da pulsão de morte" (*Idem*, p. 279, n. 1). A fragmentação seria, assim, uma reação tanática a uma ameaça também tanática. Ainda que, em 1946, a formulação definitiva não seja ainda encontrada, a ideia avançou: a clivagem-fragmentação não é apenas um mecanismo de defesa do ego arcaico contra a pulsão de morte, ela mesma é amplamente infiltrada por esta pulsão e a expressa pelo menos tanto quanto a combate. É uma das versões kleinianas do tema clássico do retorno do reprimido. Mas levando os fatos ao extremo, tem-se dificuldade em compreender que a destruição de uma parte do ego pode ser um mecanismo de defesa deste ego.

O ego tende a se integrar quando as pulsões de vida sobrepujam as pulsões de morte. Quando as pulsões de morte são mais bem-sucedidas, tendem a se desintegrar na clivagem-fragmentação. Esta tese é enunciada pela primeira vez[5] numa passagem do texto "Sobre a Identificação" (1955), que aparece como uma simples recapitulação de ideias que, como nos assegura Melanie Klein, estariam já presentes no texto de 1946, "Notas Sobre Alguns Mecanismos Esquizoides". Por um lado, a tendência para a integração é reconhecida como uma das forças dominantes da vida psíquica. Está presente e ativa desde o início da existência. Ela tem como fator não exclusivo, mas importante e sem dúvida principal, a *interiorização do bom seio*, que revela o predomínio, na fórmula da dosagem pulsional, de Eros sobre Tânatos. Mais tarde, a clivagem "resulta num sentimento vizinho da morte: é a este que corresponde a concomitante desintegração e o sentimento de caos" (1955, in *Inveja e Gratidão*). Constituindo uma reação contra as forças internas de destruição, a clivagem pela fragmentação acaba se colocando a serviço delas.

A primeira das forças destrutivas internas é o seio mau:

[...] o seio introjetado com ódio e, por conseguinte, sentido pelo indivíduo como algo destrutivo, converte-se no protótipo de todos os maus objetos internos, impele o ego para novas clivagens e passa a ser o representante interior da pulsão de morte (*Idem*, p. 145).

Estas novas clivagens fragmentam outras partes do *self*. Consequentemente, o ego é ameaçado por um enfraquecimento fatal resultante da dispersão. Disto decorre a gama destes sentimentos de morte, desintegração etc, que predominam nos esquizofrênicos e dão conta desta aparente indiferença apresentada por alguns deles, da qual Melanie Klein havia afirmado, um quarto de século antes, o caráter superficial: "Os sofrimentos do esquizofrênico", reafirma ela em 1955, "não são plenamente reconhecidos: ele parece desprovido de emoções" (*Idem*, p. 145).

Os textos ulteriores especificam uma ideia que não é absolutamente nova, mas que não havia encontrado, anteriormente, uma formulação tão

---

5. No entanto, um dos elementos desta tese está presente desde 1952: "A tendência do ego para integrar-se pode [...] ser considerada como expressão da pulsão de vida" (*Développements...*, p. 192).

segura: o seio que foi incorporado num determinado estado da dosagem pulsional que é a avidez, é o "mau" seio (*infra*, pp. 206-210);

> [...] a interiorização ávida e duradoura do objeto – em primeiro lugar do seio materno – é acompanhada de uma verdadeira fragmentação do ego e de seus objetos; o ego dispersa assim suas pulsões destrutivas e suas ansiedades persecutórias internas (*Inveja e Gratidão*, p. 33).

É portanto um fator pulsional bem preciso, a avidez, definida como uma ruptura do equilibro entre pulsões de vida e pulsões de morte em benefício destas últimas, que preside a produção da clivagem-fragmentação. Este mecanismo é, assim, o produto típico de um funcionamento psíquico dominado por Tânatos, que é, antes de mais nada, uma força de "desligação" e de fragmentação: encontramo-nos aqui mais próximos da inspiração mais fundamental da segunda teoria freudiana das pulsões. A ideia já estava presente em 1952, porém sob forma negativa: a ansiedade persecutória favorece a clivagem. Quando ela diminui, "o alcance da clivagem é menor e o ego é capaz, portanto, de integrar-se e sintetizar, em certa medida, os sentimentos para com o objeto". É preciso, para que a integração ocorra, que "o amor em relação ao objeto predomine sobre as pulsões destrutivas" (*Développements...*, p. 192). Na medida em que a avidez é definida precisamente como a ruptura do equilíbrio em benefício da pulsão de morte, ela só pode vir a facilitar a clivagem, ou pelo menos, seu aspecto negativo.

3. A CLIVAGEM DICOTÔMICA E A REPRESSÃO

À medida que o aprofundamento de suas concepções a conduz a diferenciar as condições pulsionais das duas formas de clivagem, Melanie Klein localiza mais nitidamente o enraizamento das formas fragmentadoras do mecanismo na pulsão de morte. Assim, a unidade, num nível profundo, das diferentes variedades da clivagem, fundada, em 1946, na presença de um retorno da pulsão de morte sobre uma parte do *self*, desvanece-se progressivamente. A partir de 1952, as concepções kleinianas redescobrem os méritos da clivagem binária, reencontrando assim um tema clássico já desde 1929. A dicotomia está cada vez mais frequentemente colocada em contraste com a clivagem fragmentadora. A "escolha" entre a saúde psíquica e as perturbações psicopatológicas é frequentemente remetida a uma escolha entre as duas clivagens.

A partir de 1952, tratando das defesas esquizoides em geral, Melanie Klein declara que certos mecanismos que "por um lado, impedem o curso da integração" são, no entanto, "essenciais ao desenvolvimento global do ego, visto que aliviam repetidamente as ansiedades do bebê" (*Idem*, p. 198). Neste conjunto de defesas, é a clivagem que, muito mais do que a idealização ou a recusa, assume um papel benéfico:

> Essa segurança relativa e temporária é conseguida, predominantemente, pelo fato de o objeto persecutório ser mantido afastado do bom objeto. A presença no psiquismo do bom objetivo (ideal) habilita o ego a manter, por vezes, fortes sentimentos de amor e gratificação. O bom objeto também traz proteção contra o objeto perseguidor (*Idem*, p. 198).

Antecipando sobre o que teremos a dizer a respeito da idealização e da recusa: estes três fenômenos (clivagem dicotômica, idealização e recusa) são, em realidade, apenas três aspectos de um mesmo mecanismo. É uma única e mesma estratégia do ego que consiste em separar radicalmente, através da clivagem, duas zonas da vida do lactente: uma "boa", centrada na relação entre um ego feliz, satisfeito e farto e um bom objeto gratificador que não comporta nada de mau (idealização); outra "má", fundada essencialmente na recusa e na projeção da pulsão de morte. É a dicotomia o elemento organizador desta estratégia. É ela que permite – ainda que em detrimento da integração – ordenar uma zona de vivência em que vai poder se consolidar a relação com o bom objeto. Neste sentido, e ainda que ela seja um fator de separação, de desunião e de desligamento, é adaptativa, está a serviço da pulsão de vida.

Melanie Klein afirma esta ideia com uma força crescente. Ao final desta evolução, ela valoriza sistematicamente a clivagem dicotômica, para a qual designa, como condição de possibilidade, a predominância das pulsões de vida sobre a pulsão de morte (*Inveja e Gratidão*, pp. 33-34). A existência deste mecanismo pode, portanto, ser considerada como um *sucesso do ego*, ela é indicativa de bom prognóstico no que se refere às chances de uma perlaboração satisfatória da posição depressiva.

Mas a clivagem dicotômica, ela mesma, comporta pelo menos duas formas ou dois graus. O critério que permite distingui-los é o grau de isolamento ou de impermeabilidade da barreira que estabelecem entre as partes da personalidade. Um outro critério é a distância entre os aspectos crivados do objeto. As duas ideias estão presentes, ainda sob uma forma inicial, nos *Développements de la Psychanalyse:* "O desejo de gratificação ilimitada bem como a ansiedade persecutória contribuem para o sentimento do bebê de que existe tanto um seio ideal quanto um seio perigoso e devorador, os quais são mantidos cuidadosamente separados um do outro". Mas a clivagem entre o "bom" e o "mau" é distinta da clivagem que se efetua entre "o ideal" e o "perseguidor" apenas sob o ângulo genético; a mais extrema é também a mais antiga:

> É característico das emoções do jovem lactente que sejam de uma natureza extrema e poderosa. O objeto frustrador (mau) é sentido como um perseguidor terrível, o bom seio tende a converter-se num seio "ideal" que satisfaria o desejo ávido de satisfação ilimitada, imediata e ininterrupta (*Idem*, p. 191).

Os comentários de Melanie Klein insistem na estreita solidariedade que une a extrema perfeição do objeto ideal à malevolência extrema dos perseguidores. Nesta época, a ideia predominante é a seguinte: a clivagem entre o perseguidor e o ideal é esquizoide, a clivagem entre o bom e o mau é depressiva.

A forma definitiva da teoria é atingida apenas em 1957. A clivagem pela dicotomia comporta então duas variedades de sentidos muito diferentes. Uma é a clivagem extrema, estanque, entre o ideal e o perseguidor, e a outra opõe simplesmente o bom ao mau. Na primeira, a estanqueidade da barreira entre os aspectos do objeto está na medida da distância extrema entre os termos clivados: uma e outra constituem como a marca da pulsão de morte. Quanto à segunda, que exprime a predominância da libido, cria as condições da sua própria superação no sentido de uma maior integração ao longo da posição depressiva infantil (*Inveja e Gratidão*, pp. 39 e 90).

Melanie Klein retornará a este ponto na *Narrativa da Análise de uma Criança*[6]: a predominância, ao longo dos primeiros meses, da clivagem binária sobre a fragmentação, preserva da confusão e facilita a síntese depressiva do objeto (*op. cit.*, trad. fr., p. 239). Por mais esquizoide que seja, a clivagem dicotômica é eminentemente adaptativa, sobretudo quando mantém uma certa comunicação entre os termos que separa.

O destino normal da clivagem é o de se transformar em repressão. A partir de 1946, pelo que nos consta, Melanie Klein chamava a atenção para os elos entre estes dois mecanismos, declarando-se sem condições de precisar a natureza destes. A questão é resolvida em 1952: a clivagem *subtende* a repressão que lhe sucede quando as pulsões genitais estabelecem sua primazia. Mas a característica da repressão normal é permitir a coesão entre as duas partes do *self* que separa, é não voltar a pulsão de morte contra uma delas numa tentativa de aniquilamento imaginário e, ainda, não introduzir a clivagem por fragmentação nas partes reprimidas do aparelho psíquico (1952, *Développements...*, p. 216). Estão presentes nas formas que a repressão assume nos diferentes indivíduos as características da clivagem que ela sucede. Se é excessivo a ponto de ser mutiladora, é sinal de que sucedeu uma clivagem binária muito estanque. Então, ao invés de um limite fluido entre o consciente e o inconsciente, eleva-se uma barreira rígida entre eles.

A clivagem ocupa, portanto, o papel daquilo que a reflexão freudiana designava, no quadro de um percurso essencialmente especulativo, como *recalcamento originário*. Predominantes ao longo da fase esquizoide inicial, os mecanismos de clivagem são

[...] Superados em grande parte durante a fase em que se situa a posição depressiva; a integração prossegue então favoravelmente. As etapas sucessivas da integração preparam o ego para fazer uso da repressão, cuja importância só fará crescer ao longo do segundo ano (*Idem*, p. 216).

Inveja e Gratidão reafirma as mesmas teses. É citando suas declarações de 1952 que Melanie Klein escreve:

[...] a criança pequena seria capaz de enfrentar as suas dificuldades afetivas graças à repressão se, ao longo dos primeiros estágios de sua evolução, os processos de clivagem não tivessem sido muito intensos, permitindo às partes conscientes e inconscientes do psiquismo consolidarem-se.

Ela insiste, portanto, nesta integração interna, em cada instância do aparelho psíquico, que permite a repressão normal. Procura dar um suporte freudiano às suas concepções, relembrando que o criador da psicanálise já indicava "que antes do surgimento da repressão podiam existir outros mecanismos de defesa" (*Inveja e Gratidão*, p. 88). De fato, a conceitualização kleiniana parece-nos preencher exatamente o vazio deixado por Freud na sua teoria da repressão. Sabe-se que a repressão tardia, cujo funcionamento é observado nos adultos, comporta duas operações simultâneas mas distintas. Uma delas é esta "repulsão que vindo do consciente age sobre o que deve ser reprimido". A outra é "a atração que o reprimido originário exerce sobre

---

6. *Narrative of a Child Analysis*, Londres, Hogarth Press, 1961 (póstuma); trad. fr. sob o título *Psychanalyse d'un enfant*, Paris, Tchou, 1973.

tudo aquilo com que pode estabelecer ligações"[7]. É claro que na repressão originária, apenas a primeira operação pode ocorrer. Freud sempre insistiu no aspecto conservador e não destrutivo da repressão, que "não impede o representante da pulsão de persistir no inconsciente, continuar a se organizar, formar produtos e estabelecer ligações" (op. cit., p. 49). Se examinarmos as concepções kleinianas à luz deste texto, constataremos que a clivagem coincide com a definição freudiana de um precursor da repressão que não comportaria nada além de um produto fora da consciência e nenhuma atração do conteúdo a ser reprimida pela parte já reprimida. A possibilidade deste segundo fenômeno se esboça quando a clivagem assume a forma moderada, atenuada, que permite às duas partes do self que separa conservarem sua coerência interna e estabelecer entre elas apenas uma fronteira relativamente porosa. Então, a parte contra a qual a clivagem atua é conservada (não aniquilada), permanece coerente (não desintegrada pela clivagem fragmentadora) e até certo ponto, acessível. Como dirá W. Bion, ulteriormente, neste caso o inconsciente pôde se formar, enquanto que, quando os processos de desintegração predominam, nem a consciência, nem o inconsciente existem, por falta de uma "barreira de contato"[8]. Quando esta barreira semipermeável separa, reatando os sistemas, cada qual com sua organização própria, passa-se da clivagem à repressão, ou seja, numa terminologia freudiana, da repressão originária à repressão tardia. O inconsciente é doravante separado, porém mantido. Pode exercer sobre os conteúdos a serem reprimidos esta atração que faz parte do processo adulto da repressão.

Pode ocorrer que a própria clivagem binária não possa ter seu papel. Nesta perspectiva, a estanqueidade da barreira entre as partes clivadas, que nos parece patológica no caso de neurose ou de caracteropatia esquizoide, revela-se como comportando um aspecto positivo, que a gravidade das feridas psicopatológicas, imputáveis em sua ausência, testemunham. O fracasso da clivagem binária pela falta da estanqueidade resulta no pior dos estados psíquicos: a confusão.

4. O FRACASSO DA CLIVAGEM DICOTÔMICA E A CONFUSÃO

A noção de confusão surge na obra kleiniana em 1957, relacionada com a temática da inveja primária. Está associada à noção do fracasso dos primeiros processos de separação das figuras da pulsão de morte e da pulsão de vida:

> O lactente que, devido à intensidade de seus mecanismos paranoides e esquizoides e ao ímpeto da inveja, não pode separar e ter sucesso em manter separados o amor e o ódio – e, portanto, o objeto bom e o objeto mau – confundirá, por consequência, em outras situações, o que é bom e o que é mau (Inveja e Gratidão, p. 23.)

Na falta desta separação, o bom objeto não pode ser considerado como tal, sendo assim impossível para o lactente proteger e assegurar, na e através de uma relação de confiança com o objeto ideal, a segurança do ego. Na ausência desta clivagem primitiva do bom e do mau seio (incluindo a forma extrema que opõe o seio "ideal" ao "seio muito mau") não pode haver edificação do bom objeto e não há, portanto, nada que tenha a na-

---

7. S. FREUD, "Le Refoulement", Métapsychologie, Gallimard, col. "Idées", p. 49.
8. W.R. BION, Aux sources de l'expérience, Paris, P.U.F., pp. 39-40.

tureza propícia a constituir o núcleo (*core*) organizador do ego e, em seguida, do superego (*Idem*, pp. 333 e ss.).

Assim, a ausência da clivagem entre o bom e o mau priva o ego da possibilidade de se estabelecer firmemente graças à identificação com o bom objeto, o que o expõe a uma falta de discriminação nestas identificações, enfraquecendo-o ainda mais, já que neste estágio a identificação é acompanhada de uma verdadeira perda da identidade. A confusão entre o bom e o mau engendra a confusão entre o ego e o não-ego (*Idem*, p. 35).

Não será surpreendente, portanto, o fato de Melanie Klein fazer da confusão primordial o princípio explicativo de todas as formas observáveis de confusão "seja em estados graves confusionais ou em formas mais brandas, tal como a indecisão – isto é, dificuldades em chegar a conclusões e uma incapacidade de pensar claramente" (*Idem*, p. 67). Um círculo mau se estabelece então: a confusão primária na distinção entre o bom e o mau conduz, através da ativação resultante dos processos de identificação projetiva, ao que se poderia chamar de confusão secundária, produzida pelo retraimento dos limites entre ego e não-ego que é característica deste mecanismo (*Infra*, p. 186). Chega-se assim à ideia de que a uma confusão primária, que é um estágio normal da evolução do lactente, anterior ao *êxito* da clivagem *normal e primordial*, opõe-se uma confusão secundária, que é uma regressão à primeira e que pode assumir um significado defensivo. É a esta conclusão que Melanie Klein chega em 1957. Enumerando "alguns dos importantes estados de confusão mental" que podem surgir ao longo do desenvolvimento normal (*Inveja e Gratidão*, p. 72), ela admite implicitamente a existência de um estado de confusão primária: indicando os fatores (intensidade dos componentes esquizoides e paranoides, excesso de inveja) que, "desde o início toldam a distinção e prejudicam a clivagem bem-sucedida entre o seio bom e o seio mau", ela não afirma que é isto que cria confusão, mas que, "a confusão na criança é reforçada" (*Idem*, p. 72). Isto é um indício de que a confusão já estava ali, e que existe uma "incapacidade primitiva de distinguir o bom objeto do mau objeto primário", à qual se associam, seja por fixação ou por regressão, todas as formas clinicamente observáveis de confusão mental.

Mas é preciso notar que a confusão pode também, sem por isso deixar de ser um derivado direto da confusão primordial, "servir como defesa contra a inveja e as pulsões destrutivas" (*Idem*, p. 72). Ela surge então como uma forma particularmente brutal de estupor, de sideração e de inibição da inteligência frente à ansiedade persecutória, permite evitar o desenvolvimento da ansiedade, colocando fora de cena a atividade de discriminação (*Idem*, p. 67). Nas suas formas mais massivas, contribui para a aparente indiferença afetiva dos esquizofrênicos a respeito da qual Melanie Klein se preocupa tanto em denunciar o caráter ilusório. Mas a importância dos fatores de confusão, sua variedade, sua dispersão através de todas as formas de organização da personalidade, vão tornar necessário um esforço de classificação.

4.1. *Formas e Variedades da Confusão Mental*

A autora de *Inveja e Gratidão* descreve quatro formas principais de confusão mental, nas quais é difícil destacar o que é recaída não defensiva na confusão primordial e o que é motivação regressiva e defensiva desta indistinção.

Confusão entre ansiedade persecutória e sentimento de culpa. Produz-se em caso de surgimento muito precoce deste último. A culpa é então vivida como um suplemento persecutório. Ela perde seu significado original em relação com a ação própria. Trata-se aqui da reinterpretação, no quadro das últimas teorias kleinianas, de um fenômeno que havia sido assinalado desde 1929, ao longo da análise de uma criança psicótica a quem Melanie Klein deu o pseudônimo de Dick na "A Importância da Formação dos Símbolos no Desenvolvimento do Ego" (*Essais de Psychanalyse*, pp. 263-282). Assinalamos aqui que foi a psicanálise desta criança que levou Melanie Klein a reformular a concepção "protokleiniana" da formação dos símbolos e a esboçar a distinção entre as formas que poderiam ser ditas confusionais e as formas diferenciadas do elo simbólico, esboçando assim a distinção posteriormente elucidada por Hanna Segal entre as equações simbólicas e os símbolos propriamente ditos.

Confusão entre o casal parental. "A confusão entre o casal parental se instala quando a imagem combinada dos dois é fortalecida pela inveja" (*Idem*, p. 72). Ainda aqui, se trata apenas da reinterpretação de um fenômeno já há muito descoberto por Melanie Klein. Sabemos que a confusão assume aqui o sentido de um desvanecimento do limite corporal e de uma indistinção entre as identidades da mãe e do pai. A predominância da imago dos pais combinados – na verdade, confundidos – impede o acesso à segunda fase edipiana marcada pela procura da aproximação de um dos pais, quer seja em posição heterossexual ou homossexual, quer pela rivalidade com o outro. Ela impede também (ainda que Melanie Klein não o especifique) a diferenciação entre os sexos ou, pelo menos, a perturba. Ocorre, conforme a lógica das concepções kleinianas, pensar que esta indistinção entre as figuras parentais e seus atributos sucede um fracasso na capacidade de diferenciar, inicialmente, o bom e o mau seio e, posteriormente, a mãe boa e a mãe má.

Confusão entre os registros pulsionais. Ainda que dê lugar a novos desenvolvimentos, trata-se igualmente de um fenômeno assinalado já há muito tempo, e sempre ao longo da análise de Dick, que havia dado o exemplo pioneiro do fato de que "uma genitalização prematura encontra-se amiúde em sujeitos que apresentam fortes tendências esquizoides ou em esquizofrênicos aferidos" (*Idem*, p. 38, n. 1). O fator principal desta genitalização patogênica é a inveja. Ela perturba as satisfações orais e conduz o lactente frustrado na sua relação com o seio a se colocar prematuramente na busca de satisfações genitais. Assim, "... a relação oral torna-se genitalizada enquanto que as reivindicações e as ansiedades orais impregnam fortemente as tendências genitais". Esta infiltração recíproca torna-se um fator de confusão,

[...] que atenua os limites separando as pulsões e as fantasias orais, anais e genitais [...] Uma genitalidade que seria apenas uma fuga para escapar à oralidade seria necessariamente mal estabelecida; ela se encontraria repleta de desconfiança e decepções associadas à alteração do gozo oral (*Idem*, pp. 36-39).

Entre as consequências que podem decorrer deste fato, Melanie Klein menciona: masturbação compulsiva, promiscuidade sexual, "invasão de todas as atividades, de todos os processos de pensamento e dos interesses mais diversos por sensações sexuais" em pacientes a cujo respeito se torna evidente que procuram, por este meio, se ressarcir de uma falta de satisfação primária, ou seja, oral. O interesse destas concepções para a compreensão da confusão das zonas e dos modos sexuais nos psicóticos é evidente (D. Meltzer, 1967). Cabe também notar, ainda que isto não tenha interessado nem à própria Melanie Klein, nem a seus discípulos, que este fato abre vislumbres para a relação de objeto histérica e para as reivindicações ávidas de amor que são típicas desta. O aporte kleiniano permite explicar o fenômeno, classicamente reconhecido desde a psicanálise de Dora, de uma coalescência própria à histeria, entre os componentes orais e genitais[9].

Nos psicóticos a confusão entre os modos pulsionais impede a emergência diferenciada dos traços de caráter que neles se fundamentam, seja direta ou indiretamente, através das formações reativas. É neste sentido que Melanie Klein pode afirmar que esta sobreposição confusional dos estágios libidinais exerce sua influência perniciosa não apenas sobre as atividades propriamente sexuais, mas também sobre o conjunto das sublimações. Notemos enfim a verdade clínica desta conceituação que permite compreender, em termos de confusão de zonas e de modos de satisfação, as particularidades da vida amorosa e sexual dos psicóticos, amiúde marcada pelas aberrações sexuais, cuja natureza perversa, no sentido da organização psicopatológica, não é evidente. Em tais casos é claro que se trata de um "estabelecimento prematuro da genitalidade" que é preciso vincular à fuga diante da oralidade e que resulta em "uma confusão aumentada entre as tendências e as fantasias orais, anais e genitais" (*Inveja e Gratidão*, p. 72).

Confusão entre o self e os objetos, confusão entre mundo interior e mundo exterior. Estas duas formas da confusão correspondem às duas orientações da identificação, tais como Melanie Klein as distingue desde 1946 (*infra*, pp. 119-123).

A identificação projetiva e a identificação introjetiva fazem parte dos fatores que contribuem desde cedo para instaurar a confusão, esbatendo temporariamente os limites, por um lado entre o *self* e os objetos, e por outro, aqueles que separam o mundo interior do mundo exterior (*Idem*, p. 72).

A questão que se deve colocar é a da existência de limites já constituídos quando as formas mais arcaicas da projeção e da introjeção operam. Retornaremos logo mais a este ponto. Porém, importa notar, desde já, que os últimos textos de Melanie Klein abordam os problemas da localização dos limites entre o ego e não-ego, entre mundo interior e mundo exterior, limites que, ela sempre tomou, aparentemente, nas últimas publicações anteriores, como presentes desde sempre, como se não tivessem que ser conquistados, aprendidos ou construídos ao longo das primeiras semanas ou dos primeiros meses de vida. Por certo, conquanto enunciando pela primeira vez que a existência destes limites não é um dado imediato da percepção, ela afirma seu caráter extremamente primitivo: em relação à origem, estes limites derivam diretamente da distinção entre o amor e o ódio, o bom e o mau, sendo imediatamente sucessivos à clivagem mais primordial. Em relação a seu desenlace, tais limites fundamentam a possibilidade de todos os pensamentos claros e distintos que procedem da determinação de limites. Porém podem faltar, o que os dois fenômenos seguintes ilustram particularmente:

---

9. S. FREUD, "Extrait d'une analyse d'hysterie (Dora)", in *Cinq psychanalyses*, Paris, P.U.F., pp. 60-63.

1) *A confusão dos limites* que "impede reconhecer a realidade psíquica". É a própria apreensão da realidade objetiva que se vê perturbada, já que o reconhecimento da realidade psíquica "ajuda a perceber a realidade exterior de maneira objetiva e a melhor compreendê-la" (*Idem, p. 12*). Melanie Klein não especifica as mediações segundo as quais se passa da expunção dos limites entre o *self* e os objetos, entre o interior e o exterior, para a ausência de reconhecimento da realidade psíquica. Mas pode-se perceber muito bem – ainda que de maneira puramente intuitiva – que existe alguma relação entre estas distinções e da realidade psíquica e da realidade objetiva.

2) *Inibição para aprender.* Conhece-se a importância determinante que o interesse pela aprendizagem das crianças e pela pesquisa dos fatores pulsionais de sua facilitação e inibição representou para a vocação de Melanie Klein. Ela associa agora certas formas de inibição para aprender ao fracasso da clivagem normal primitiva entre o bom e o mau. Nesta perspectiva – trata-se, em 1957, de uma nova ideia em seus escritos – a inibição primitiva é a inibição alimentar, a repugnância a incorporar um seio que se tornou mau em consequência dos ataques sádicos de que foi objeto e que resultam, portanto, na confusão entre o bom e o mau seio: "se, de início, o alimento bom é confundido com o mau, esta confusão repercutirá posteriormente mais tarde na capacidade de pensar claramente e de estabelecer uma escala de valores" (*Idem*, p. 73).

4.2. *Estados Confusionais e Situações Ansiógenas*

Mesmo quando é defensiva, a confusão procede diretamente desta incerteza fundamental, anterior ao estabelecimento da clivagem binária entre o bom e o mau. Surge como um último refúgio quando a ansiedade persecutória é demasiado esmagadora. Consequentemente, há fundamentos para supor que ela apresenta menos perigo, do que as situações ansiógenas persecutórias fazem temer. Melanie Klein tende, no entanto, em seus últimos escritos, a considerar a confusão mental como o estado mais doloroso e como o perigo mais terrível para o aparelho psíquico. Faltou-lhe tempo para desenvolver completamente este tema que retorna, em 1957, de seus discípulos Herbert Rosenfeld, Wilfred Bion e Hanna Segal. Pode-se discernir o início de uma evolução neste sentido nos dois últimos textos que ela mesma publicou. O artigo de 1959, "Sobre o Sentido da Solidão", não deixa nenhuma dúvida acerca do papel extremamente importante que ela atribui à confusão na produção dos sofrimentos dos esquizofrênicos, tendo sido ela a primeira a suspeitar deste fato trinta anos antes:

> O elemento confusional é um outro fator que contribui para o sentimento de solidão do esquizofrênico [...], o esquizofrênico tem a impressão de estar não somente fragmentado, mas também incorporado aos outros. É incapaz de distinguir as boas e as más partes do *self,* o bom e o mau objeto, a realidade interna e externa. Assim, ele não pode nem se compreender nem confiar em si mesmo [...], estes fatores determinam seu próprio retraimento [...]. Aspira a encontrar uma relação com outrem, mas não pode alcançá-la (*Inveja e Gratidão* e outros ensaios, p. 126).

O exemplo escolhido evidencia a colaboração da clivagem fragmentadora com este mecanismo gerador de confusão que é a identificação projetiva. Seu resultado comum é o malogro da clivagem por dicotomia e a incapacidade de escolher um objeto de identificação ou de amor. É uma prova suplementar do entranhado antagonismo que Melanie Klein reconhece, doravante, entre estes dois mecanismos – a dicotomia e a fragmentação – que a seus olhos não têm, em absoluto, mais nada em comum a não ser o nome. Além disso, cumpre observar o aspecto passivo e siderativo do estado confusional tal como é descrito aqui. Será ele verdadeiramente uma defesa, ainda que tão mutilante? Perguntamo-nos se não conteria antes o sofrimento o mais intolerável, se não seria um estado psíquico pior que a ansiedade, que consiste sempre na espera ansiosa de um perigo que está por vir, enquanto que a confusão parece de fato ser a morte psíquica já realizada.

Em julho de 1959, Melanie Klein dedica sua breve comunicação ao Congresso Internacional de Psicanálise de Copenhague a "Uma Nota Sobre a Depressão no Esquizofrênico". Entregando-se ao arrolamento dos mecanismos de defesa e das particularidades da relação de objeto que mascaram os aspectos depressivos da sintomatologia dessa afecção, menciona o seguinte fato: "É somente na análise dos níveis profundos do psiquismo que encontramos os sentimentos de desespero que o esquizofrênico experimenta pelo fato de estar confuso e fragmentado" (*I.J.P.A.*, 1960, 41, p. 510). É preciso, por certo, evitar enfatizar uma frase que não passa de observação episódica num texto cuja proposta central é mostrar que as formas mais persecutórias da ansiedade não são desprovidas de nuanças depressivas. Notar-se-á, no entanto, mais uma vez, a associação que Melanie Klein estabelece entre os sentimentos dolorosos provenientes da confusão e os decorrentes da fragmentação. Para dar inteiramente conta desta constelação seria necessário ter seguido a evolução do conceito de identificação projetiva. Mas é essencial assinalar que, a crer neste texto, o esquizofrênico sofre mais os efeitos de seus mecanismos esquizoides do que da ansiedade persecutória. A morte psíquica dos esquizofrênicos é o produto da ação devastadora dos mecanismos com propósitos defensivos aos quais recorreram na sua tentativa de luta contra a pulsão de morte. É psicótico o indivíduo que não consegue recorrer à clivagem binária. A confusão e a fragmentação são os dois signos deste fracasso. Daí que são regularmente associadas nos quadros clínicos de esquizofrenia. Em caso de sucesso no acionamento da clivagem normal e primordial, a clivagem por fragmentação é limitada e posta a serviço da clivagem dicotômica, e só é dirigida contra os perseguidores. É claro que em caso de malogro desta dicotomia fundamental, todos os objetos são equivalentes, nenhum é bom nem mau. O mesmo ocorre no que se refere às partes do *self*. Objetos e partes do *self* são, pois, vítimas da fragmentação porque não são protegidas pelo efeito regulador que teria uma clivagem binária bem-sucedida, a qual colocaria alguns deles ao abrigo da agressividade própria, enquanto "bons". Qualquer objeto e qualquer parte do *self são*, portanto, potencialmente perigosos quando a clivagem dicotômica não pôde desempenhar seu papel de organizador da vida psíquica. Ignorância do bom, assim como do mau, temor de tomar os perseguidores como bons objetos (de onde decorre a desconfiança paranoide) mas também temor de tomar os bons objetos, as boas partes do *self* (em particular aquela que contém o bom objeto) como perseguidores e aniquilá-los.

Este medo dá lugar a uma emoção que é como uma forma prematura e deformada da ansiedade depressiva. Assim, "a culpabilidade do esquizofrênico aplica-se ao seguinte fato: ele destruiu alguma coisa de bom nele mesmo e também enfraqueceu seu ego através dos processos de clivagem" (*I.J.P.A.*, 1960, p. 510). Não se trata mais de uma espera ansiosa por uma perseguição, mas sim da lamentação tardia de uma catástrofe que ocorreu por minha própria culpa. A descrição do estado confusional nos conduz curiosamente ao registro do desespero (*despair*), sentimento que Melanie Klein jamais evocara anteriormente, a não ser nas passagens em que apresentava o afeto depressivo como um estado de remorso diante da extensão dos estragos causados pelo sadismo próprio. O modo de relação do sujeito com a temporalidade que caracteriza o desespero depressivo reaparece, com efeito, no estado confusional. A fragmentação do ego, assim como o embaralhamento na distinção entre o bom e o mau, fonte de dúvidas torturantes e de uma verdadeira incapacidade de viver, não são perigos temidos, mas sim estados catastróficos efetiva e atualmente vividos.

Existe assim um estado afetivo mais doloroso e mais profundamente patológico do que a ansiedade persecutória. Consiste na tríade que associa a fragmentação do ego, a confusão entre o bom e o mau e a dissolução de todos os limites. Atinge a possibilidade de experimentar a ansiedade persecutória aquele que conseguiu superar esta morte psíquica, colocando em seu lugar a clivagem dicotômica, por mais maniqueísta e estanque que esta seja. Não é, pois, exagero, afirmar que o mecanismo da bipartição primária é o mais fundamental de toda a economia psíquica normal e patológica. Seu êxito ou seu malogro, o grau de estanqueidade que apresenta e a maneira pela qual se associa à clivagem fragmentadora determinam todas as formas da evolução no sentido da psicopatologia ou da saúde: tendência para a esquizofrenia, quando sua ausência total expõe o ego ao desenvolvimento incontrolável da clivagem-fragmentação e da confusão; tendência para estados-limites e para perturbações ditas narcísicas quando predominam suas formas arcaicas ainda estanques e extremas, que isolam, de maneira rigorosa, objetos completa e exclusivamente bons dos maus; livre acesso ao nível neurótico normal da repressão quando uma clivagem binária flexível e "porosa" delimita, sem separá-los, completamente, aspectos melhores e aspectos piores do objeto e do *self*.

5. A CLIVAGEM FRAGMENTADORA

Nesta perspectiva, a unidade entre as formas da clivagem, que os textos reunidos nos *Développements de la Psychanalyse* haviam afirmado, parece de fato esquecida. O período ao longo do qual Melanie Klein admitiu a unicidade das formas deste mecanismo terá durado menos de um decênio (1946-1955), corresponde ao momento da apresentação da teoria das defesas esquizoides e da redefinição da posição paranoide. Mas quando o aprofundamento da conceitualização e a multiplicação das psicanálises de adultos esquizoides e esquizofrênicos permitiram o conhecimento da "parte psicótica da personalidade" (W. Bion), Melanie Klein reencontrou, no domínio da clivagem esquizoide, a exigência teórico-prática de proceder a uma triagem entre o "bom" e o "mau" – ou seja, entre o tipo da clivagem binária "normal e primordial" e as formas fragmentárias mais ou menos infiltradas pela pulsão de morte.

O que parecera fundamentar a unidade das formas da clivagem era a presença, em cada uma delas, de uma tendência de aniquilamento imaginário da parte clivada. Mas após 1952 esta noção nunca mais é evocada quando Melanie Klein descreve a clivagem binária. Em contrapartida, é regularmente mencionada quando se trata da clivagem fragmentadora.

Ainda que não seja explicitamente diferenciada da clivagem dicotômica, a clivagem fragmentadora é exatamente reconhecida, descrita e avaliada em 1955 ("Sobre a Identificação", in *Inveja e Gratidão,* pp. 174-175). O que a caracterizada é:

1) que as partes clivadas são múltiplas e não têm conexão entre si;
2) que a fantasia que opera neste mecanismo é uma fantasia de destruição (desaparecimento, perda de uma parte do *self*);
3) que o efeito de tal clivagem é desastroso. Constitui fonte de sentimentos penosos e de ansiedade – o que assinala a presença da pulsão de morte, sendo a própria ansiedade revelador a disto.

Mesmo que Melanie Klein não faça ainda uma diferenciação muito sistemática entre as duas formas da clivagem, é bastante evidente que a forma tanática, desintegradora e psicotizante que tem em vista neste artigo não poderia ser confundida com a forma binária do mecanismo. No mais, ela começa a vislumbrar a necessidade de fazer uma distinção entre a clivagem referente às partes despedaçadas do *self* e aquela, menos contrária à integração, referente às "partes coerentes do *self*" (*Idem,* p. 146). Nesta data, ela tende a explicar esta diferença em termos quantitativos, como se a clivagem normal fosse uma clivagem moderada e a clivagem patogênica uma versão excessiva da anterior (*Idem,* p. 181).

É em 1957 que a distinção é finalmente explicitada. Ao lado da cisão entre o bom e o mau, existem

[...] diversos processos de clivagem, alguns dos quais só foram claramente compreendidos nos últimos anos. Descobri, por exemplo, que a interiorização ávida e devoradora do objeto, em primeiro lugar do seio materno, era acompanhada de uma verdadeira fragmentação do ego e de seus objetos: o ego dispersa assim as pulsões destrutivas e as ansiedades de perseguição interna (*internal persecutory anxieties*) (*Inveja e Gratidão,* p. 33, trad. ing., p. 23).

O tema da pluralidade das formas da clivagem e de sua irredutibilidade a uma fórmula comum será, a partir de então, frequentemente salientado.

6. NOTAS SOBRE A EVOLUÇÃO DA NOÇÃO DE CLIVAGEM ESQUIZOIDE

Há, em Melanie Klein, uma tendência geral da evolução dos conceitos relativos aos mecanismos de defesa. Ela tem amiúde a necessidade de encontrar, no domínio que aborda, uma oposição entre duas formas do mecanismo: entre 1932 e 1945, a clivagem tardia das imagos e ausência de relação, para o lactente, entre os bons e os maus aspectos do objeto que ele toma como objetos distintos; a partir de 1946, clivagem dicotômica e clivagem fragmentadora. Sabe-se que a própria clivagem binária seguiu a mesma evolução tendendo cada vez mais a se separar em uma "má" clivagem estanque e extrema e uma "boa" clivagem "porosa" e moderada. A oposição entre o bom e o mau, o benéfico e o patogênico, é uma categoria fundamental não somente da prática mas também daquilo que poderia se nomear, utilizando um termo que esteve em moda, de prática teórica de Melanie Klein, ou seja, de sua maneira de utilizar conceitos, de trabalhá-los e de opô-los entre si.

Mas enquanto um primeiro movimento a conduz, com frequência, a conferir a tal mecanismo a propriedade de ser em si mesmo "bom" ou "mau" (a reparação, a clivagem das imagos etc), eis que aparecem formas de sentido contrário (reparação onipotente, maníaca ou obsessiva, clivagem estanque entre objeto idealizado e objeto muito mau etc). É preciso então buscar um princípio explicativo do valor psicológico destas formas, e é em regra geral a este respeito que Melanie Klein dá a noção de um mecanismo em si mesmo neutro e cujo emprego é regulado pela dosagem das pulsões que presidem sua utilização.

A despeito da evolução considerável que ressaltamos nas ideias kleinianas relativas aos mecanismos de clivagem entre 1946 e 1959, o essencial das concepções de "Notas Sobre Alguns Mecanismos Esquizoides" será mantido até o fim. Se quiséssemos, particularmente, resumir em algumas palavras a concepção kleiniana da clivagem tal como é apresentada no momento de *Inveja e Gratidão,* os termos não difeririam em absoluto de um compêndio do conteúdo do texto de 1946. A clivagem pode ser binária ou fragmentadora. Qualquer clivagem do objeto implica uma clivagem correspondente do *self.* Portanto, existem quatro formas principais da clivagem: dicotomia do ego e dicotomia do objeto, fragmentação do ego e fragmentação do objeto. É o que enunciamos no início desta seção, fundamentando-nos no comentário do texto de 1946.

Mas se os fatos se passam desta forma, no que consistiria finalmente tal evolução? Numa evidenciação crescente da dualidade das formas da clivagem, na afirmação da neutralidade intrínseca da clivagem binária, na aproximação da clivagem fragmentadora com a confusão, produto do fracasso da clivagem dicotômica. Pode-se portanto assinalar, para finalizar, a importância particular das três linhas de força seguintes nesta evolução:

1) A tentativa de remeter todas as formas da clivagem a uma unidade sob a rubrica do aniquilamento de uma parte de si não persiste após 1952. Era incompatível com a evidenciação dos aspectos adaptativos da "bipartição normal e primordial" e com afirmação de um elo genético entre a clivagem dicotômica e a repressão. Com o reconhecimento cada vez mais firme da oposição entre bipartição e fragmentação, é preciso se dar conta de que existe não uma, mas duas clivagens. Quanto à oposição, ainda essencial em 1952, entre uma clivagem dicotômica esquizoide e uma clivagem dicotômica "depressiva", esta foi relegada a um segundo plano.

2) A clivagem dicotômica não deixa de ser ela mesma fundamentalmente ambígua. Mas a oposição mais significativa é aquela que se estabelece, *no nível esquizoide,* entre uma clivagem extrema e estanque e uma clivagem mais moderada e mais "porosa". A evolução do pensamento kleiniano conduz simultaneamente ao entendimento desta oposição em termos de graus (mais ou menos extremo, mais ou menos poroso) e à insistência nas consequências qualitativas (facilitação ou obstáculo à integração) destas diferenças quantitativas. Nesta perspectiva, as variações quantitativas na distância entre os termos opostos e na estanqueidade da barreira que os separa, são reveladoras da predominância ainda não totalmente confirmada de um dos dois grandes grupos pulsionais: pulsões de vida, pulsões de morte.

3) Percebida, desde o início até o final, sob a rubrica das defesas esquizoides, a clivagem fragmentadora, sucessora das concepções kleinianas dos

ataques sádicos contra o objeto, torna-se alvo de uma avaliação cada vez mais pessimista. Sua atividade é o sinal da insuficiência ou do fracasso da clivagem binária. Tem uma parte associada à confusão, a qual Melanie Klein não está longe de descrever como um estado ainda pior que a ansiedade. Parece traduzir a predominância quase que exclusiva da pulsão de morte.

7. A IDEALIZAÇÃO

Desde 1935, a idealização foi relacionada com a clivagem. Este elo reforçou-se, ao longo dos anos, com a evidência adquirida por este verdadeiro circuito fechado de retroação positiva que faz com que a perfeição dos objetos ideais e a malevolência dos perseguidores se reforcem reciprocamente. É portanto natural que a idealização tenha seguido, em 1946, o destino da clivagem e que tenha deslizado esta para a posição esquizoide. Mas, na ocasião desta transferência seu caso é particularmente revisto. Ao lado de uma reformulação do que já está conquistado, surge uma nova ideia. Ela consiste em precisar a contribuição da libido oral para a formação deste mecanismo: a idealização "...tem igualmente sua fonte no poder dos desejos pulsionais cujo objetivo é a gratificação ilimitada e que criam consequentemente a imagem de um seio inesgotável e sempre pleno de bondade – um seio ideal" (1946, in *Développements de la Psychanalyse*, p. 280; trad. ing., p. 299). A idealização não é mais doravante um fenômeno simplesmente reativo. É também uma expressão primária das exigências da pulsão de vida.

A ideia de uma base libidinal oral da idealização é retomada e aprofundada em 1952 nas "Notas de Capítulo" do texto "Sobre a Observação do Comportamento dos Lactentes" que constitui o sétimo capítulo de *Développements de la Psychanalyse*. Retomando a questão que a preocupa já há muito tempo, acerca de uma superioridade, em princípio, do aleitamento pelo seio sobre o aleitamento pela mamadeira, Melanie Klein declara que "o bebê recém-nascido sente inconscientemente que existe um objeto de bondade inigualável, do qual uma gratificação máxima pode ser obtida, e que este objeto é o seio materno" (*Idem*, p. 250; trad. ing., p. 265). Os efeitos deste "conhecimento inconsciente" são múltiplos: sentimento de frustração e nostalgia profunda (*deep longing*) deste seio intuído por certos lactentes, ressentimento persistente em outros e, ainda, ativação das sublimações e da procura de ideais em outros. Mas é claro que este conhecimento inconsciente acha-se no princípio de uma tendência em superestimar o seio, em transformar o objeto "bom" em objeto ideal e perfeito. A ideia de um enraizamento desta tendência na vida pré-natal e de uma continuidade genética entre a situação intra-uterina e a nostalgia do seio ideal, perfeito e inesgotável encontra sua formulação mais explícita em 1957: "Ter feito parte do corpo materno durante a gestação contribui, sem dúvida, para o sentimento inato do lactente de que existe, fora dele, alguma coisa que seja capaz de preencher todas as suas necessidades e desejos" (*Inveja e Gratidão*, p. 15).

Mas a relação é complexa. A aparente continuidade genética mascara um elo dialético. É talvez tardiamente que o estado pré-natal se constitui como fonte e objeto da nostalgia do paraíso perdido, num movimento primeiro de idealização que já seria a reação defensiva do ego à ansiedade persecutória vivida por ocasião do traumatismo do nascimento. Neste sentido, a teoria bastante divulgada, segundo a qual a fonte profunda da necessidade de idealidade seria a nostalgia da união pré-natal com a mãe, constituiria ela própria a expressão da tendência à idealização aplicada a esta união pré-natal

(*Idem*, p. 15). Melanie Klein não leva adiante esta argumentação, que desembocaria na desqualificação desta teoria ontogenética na medida em que é uma ideologia, ou seja, a racionalização de uma ilusão. Mas é manifesto que, para ela, qualquer tentativa de procurar uma Ontogênese da idealização está fadada ao fracasso e que o conhecimento inato do bom seio é da ordem daquilo que Freud denominara de esquemas filogenéticos.

Sendo assim, a idealização não deixa de ser, na medida em que é excessiva, a expressão de uma situação de mistura pulsional em que a pulsão de morte predomina: "Uma idealização excessiva indica que a perseguição constitui a principal força pulsional. [...] O seio ideal é o complemento do seio devorador" (*Idem*, p. 35). Por isso a única inovação de *Inveja e Gratidão* no domínio da teoria da idealização consiste na evidência em que é posto seu valor de defesa contra a inveja. A superestimação do objeto e do que ele dá surge nesta perspectiva como um meio de lutar contra o ressentimento e a amargura de não ter recebido o suficiente. Mas isto não suprime o sentimento de frustração que é apenas contrabalançado pela idealização. Permanecendo a frustração, o ressentimento aumenta pelo fato de um objeto tão perfeito infligir tantas decepções. A idealização é, pois, essencialmente precária, correndo o risco, a todo momento, de virar em seu contrário, temor persecutório e fecalização do objeto.

8. A RECUSA

Definida em 1935 como um mecanismo comum às posições paranoide e maníaca, é sem a menor dificuldade que a recusa (*denial*) vem a ter um lugar, em 1946, na panóplia defensiva da posição esquizoide. Ela não sofre, em decorrência deste fato, nenhuma transformação apreciável. Os textos anteriores haviam encarado a recusa como um mecanismo maníaco que atua antes de mais nada contra o sentimento de dependência afetiva característico da posição depressiva. A evolução de Melanie Klein após 1946 a conduz a privilegiar tudo o que se refere aos usos mais arcaicos da recusa, que visam outras formas de realidade psíquica além dos sentimentos depressivos. Já em 1946, a recusa é o tratamento aplicado ao objeto interno mau separado pela clivagem de um bom objeto que se vê idealizado. A recusa é assim, com a idealização, uma estratégia – ou mais exatamente, uma subestratégia – que é apenas um auxiliar ou um reforço da clivagem, seguindo-se-lhe para endurecer seus contornos e consolidar seus efeitos. Nesta função, a recusa parece confundir-se com este mecanismo de clivagem violenta, destruidor a da parte clivada do *self*, no qual Melanie Klein foi circunstancialmente tentada a ver a mola mais central de todas as formas de clivagem. Vale dizer que o conceito de recusa conserva mal sua autonomia em face do da clivagem da qual, em última instância, é apenas um dos elementos.

A característica própria da recusa é a de ser um processo fundamentalmente destrutivo, baseado no aniquilamento imaginário do objeto. Não é encontrado nas formas mais adaptativas da clivagem binária. E, em contrapartida, um ingrediente constitutivo da clivagem estanque e extrema. Pode-se verificar isto considerando o papel que lhe é atribuído na produção da satisfação alucinatória do lactente:

> O processo principal que entra em jogo na idealização opera igualmente na satisfação alucinatória, qual seja, a clivagem do objeto e a recusa da frustração e da perse-

guição. O objeto frustrador e perseguidor é mantido amplamente separado do objeto idealizado. Contudo, o mau objeto não é apenas conservado à parte do bom objeto, mas sua própria existência é recusada, assim como toda a situação de frustração, em seu conjunto, e os maus sentimentos (dor) que a frustração dá origem. Isto está ligado à recusa da realidade psíquica que só se torna possível através de fortes sentimentos do onipotência – uma característica essencial da mentalidade arcaica (*early mentality*).

Esta recusa é posta em ação por meio de fantasias onipotentes cujo conteúdo é indistinguível daquele dos ataques sádicos que visam "ao aniquilamento pela pulsão destrutiva" (1946, *Développements de la Psychanalyse*, p. 281; trad. ing., p. 299).

Em 1952, no momento em que trata de fazer da destruição de uma parte do *self* a mola fundamental da clivagem, Melanie Klein estabelece uma equivalência quase completa entre clivagem violenta e recusa. Ela vai ainda mais longe do que em 1946 na afirmação do caráter onipotente primitivo e destrutivo da recusa, que vem a designar eletivamente o componente de aniquilamento da parte má, enquanto que a noção de clivagem tende, quando vizinha da noção de recusa (e somente neste caso), a denotar apenas o fato da separação das partes do objeto ou do *self*. Nesta perspectiva, é a recusa a responsável por esta impossibilidade do ego de clivar o objeto sem ter de clivar a si mesmo, que o texto de 1946 sobre as "Defesas Esquizoides" colocava em função de sua imaturidade. É no movimento de uma estratégia de negação completa da existência do mau objeto que certas partes do ego (aquelas que estão em relação com este objeto temendo-o, odiando-o) devem ser igualmente destruídas:

> A situação de ser frustrado, o objeto que a provoca, os maus sentimentos que a frustração faz surgir (assim como as partes do ego destacadas por clivagem), tudo isto é sentido como se tivesse abandonado a existência (*felt to have gone out of existence*), como se tivesse sido aniquilado; e é desta maneira que a gratificação e o apaziguamento da ansiedade persecutória são obtidos (*Idem*, p. 195; trad. ing., p. 203).

Quando, após 1952, Melanie Klein distingue cada vez mais nitidamente as duas formas da clivagem, tendo renunciado a procurar um fator de unidade entre elas, ela lançara a débito da clivagem fragmentadora esta tendência destrutiva cuja atribuição à recusa dera a este mecanismo, por algum tempo, uma fisionomia nitidamente individualizada. Não tendo mais, a partir de então, necessidade de insistir num componente destrutivo, onipotente, que caberia distinguir do ato de separar propriamente dito, mas que deveria contribuir necessariamente para a produção da clivagem, Melanie Klein não concede mais quase nenhum interesse ao conceito de recusa que, na época da preparação e da composição de *Développements de la Psychanalyse*, lhe havia servido apenas para isto.

Posta em concorrência com a clivagem e com a identificação projetiva, a recusa deixou-se quase integralmente suplantar por estas.

9. A NOÇÃO DE IDENTIFICAÇÃO PROJETIVA E AS APORIAS DA CONCEPÇÃO KLEINIANA DA IDENTIFICAÇÃO ANTERIOR A 1946

Com a redefinição da clivagem, é a introdução da noção de identificação projetiva que transforma mais profundamente as concepções kleinianas em 1945. No entanto, em certo sentido, as "Notas Sobre Alguns Mecanismos Esquizoides" não trazem, nesta época, nem a expressão, nem a ideia de identificação projetiva. O termo surgirá apenas em 1952, quando o texto de 1946 é reeditado nos *Développements de la Psychanalyse*. Quanto à realidade clínica que este termo recobre, Melanie Klein já a conhece de há muito. A ideia de que um objeto externo possa ser detestado na medida em que representa um parte odiável de minha própria personalidade – Id ou Superego – já estava presente em 1932 na *Psicanálise da Criança*, pp. 166-167. Ela obteve uma expressão particularmente clara em 1937 em *L'Amour et la Haine*, p. 145. É possível, a partir de então, perguntar qual é a inovação que Melanie Klein teria feito em 1946.

Esta inovação é o retorno à questão da teoria da identificação e do problema de suas relações com os processos de introjeção e projeção. Ressaltamos a complexidade, até mesmo a confusão das concepções kleinianas a este respeito no capítulo dedicado à posição depressiva. Até 1945, duas séries independentes de considerações se justapuseram sem que Melanie Klein se preocupe por um só momento em articulá-las. Ora a posição depressiva se caracteriza pela identificação empática com o objeto ferido pelos ataques sádicos: esta é a linguagem mais antiga, datada de 1929[10]; ora é a introjeção estável do bom objeto que é salientada: esta é a linguagem mais recente, sendo seu surgimento contemporâneo da descoberta da posição depressiva e resultante do reconhecimento, que em 1932 estava apenas esboçado, da possibilidade da introjeção de bons objetos (*Melanie Klein I: Primeiras Descobertas e Primeiro Sistema 1919-1932*, pp. 188-191). Sem que haja nenhuma declaração explícita de Melanie Klein neste sentido, a equivalência, a seus olhos, das duas formulações – identificação empática ou introjeção estável do bom objeto – parece estabelecida por sua completa intercambialidade.

Estas duas concepções da identificação parecem, no entanto, logicamente incompatíveis. A empatia corresponde a um movimento centrífugo que supõe uma certa projeção. A introjeção do objeto é, ao contrário, centrípeta. A dificuldade não é insuperável no quadro das ideias kleinianas: por um lado, pode-se considerar que a introjeção e a projeção estão em "interjogo" permanente desde o início da existência – tese desenvolvida pela autora da *Psicanálise da Criança* a partir de 1932; pode-se, por outro lado, retirar dos textos que apresentam a concepção da posição depressiva, que a compaixão e a empatia estão numa relação de solidariedade e de causalidade recíproca com a introjeção estável do bom objeto. Mas precisamente estas ideias, que se pode com razão tomar como kleinianas, não são jamais invocadas pela própria Melanie Klein quando se trata da abordar a identificação. Qual a razão deste fato?

A razão nos parece ser a seguinte: a criadora da psicanálise através do brincar não se livrou das aporias de sua primeira concepção de introjeção salvo para soçobrar em novas dificuldades. Sustentamos, numa obra anterior, o paradoxo de que não há teoria da introjeção no sistema kleiniano antes de 1932. Cumpre-nos, agora, ir mais longe neste caminho e adiantar que não há teoria verdadeira das relações entre a introjeção e a projeção antes de 1946. Nesta perspectiva, a inovação fundamental representada pelo destaque dado aos fatos da identificação projetiva não reside nem na

---

10. Cf. "Situations anxiogènes de l'enfant au miroir des figurations artistiques", *Essais de Psychanalyse*, pp. 255-262.

descoberta dos fenômenos conhecidos já há muito, nem na descoberta de uma etiqueta verbal que seria encontrada apenas em 1952, mas antes no relacionamento que ela permite estabelecer entre a introjeção e a projeção, na medida em que elas presidem manifestações clinicamente observáveis e *na medida em que elas se aplicam, cada qual por sua vez, aos mesmos objetos*. Ora, isto, em 1946, é absolutamente novo na obra kleiniana.

Expliquemo-nos este ponto: pois certamente se objetará, não sem aparente razão, do fato de que a partir de 1932, numerosas passagens mencionam a interação (*Wechselwirkung*) ou o interjogo (*interplay*) dos processos introjetivos e projetivos que as primeiras linhas de "Uma Contribuição à Psicongênese dos Estados Maníaco-Depressivos" tomam o cuidado de precisar que "dominam" (*beherrschen*) ou regem (*govern*) o "desenvolvimento da primeira infância" (1935, *Essais de Psychanalyse*, p. 311). Porém não foi suficientemente observado que a afirmação desta primeira interação permanece, se é que é possível assim dizer, puramente platônica, e que em realidade Melanie Klein encara, apenas excepcionalmente, que um mesmo objeto possa ser, por exemplo, introjetado e em seguida reprojetado ou o inverso. Signo revelador, é que os próprios termos reintrojeção e reprojeção surgirão em seus escritos só a partir de 1946.

Ocorre que, antes desta data, os processos de introjeção e de projeção não são ainda entendidos como técnicas neutras no sentido de serem aplicáveis indiferentemente a qualquer conteúdo. A conceitualização kleiniana, por certo, efetuou um progresso notável quando pôde, enfim, levar em conta a existência e a importância da introjeção dos bons objetos, ou seja, quando deixou de utilizar o conceito de introjeção, na sequência a Ferenczi, para designar os fenômenos que consideramos hoje como projetivos, notadamente o temor do talião. Mas este progresso, inegável e significativo, conduz a duas consequências: inicialmente, o temor do talião e portanto, o círculo mau que ele institui, pode ser atribuído à projeção. Este mecanismo tende, a partir de então, a designar apenas processos "maus". O texto de 1937 sobre *L'Amour et la haine* faz da projeção um dos mecanismos mais "violentos". Nesta época, é considerado como característica da posição paranoide; não é jamais evocada como um fenômeno positivo que poderia, por exemplo, assumir um papel, por menor que seja, na perlaboração da posição depressiva. O mecanismo responsável por tal perlaboração é a ejeção de origem anal, que se aplica apenas aos perseguidores que ela aniquila, fecalizando-os.

Segunda consequência: em decorrência de que todo o "mau" é afetado pela projeção, o essencial do que é "bom" pode ser atribuído à introjeção. Tendo como protótipo a incorporação oral, que é no início uma sucção desprovida de sadismo, a introjeção pode estar na origem de certas situações ansiógenas da posição depressiva (temor de destruir o objeto incorporando-o, temor de abrigar em si objetos estragados pelo devoramento etc), mas isto não é suficiente para fazer dela um processo maléfico. No mais, assinalamos que a descrição do sadismo oral e das ansiedades orais não assume, nas primeiras apresentações da posição depressiva, um papel tão importante como se poderia comumente crer. É sobretudo o processo anal da ejeção destrutiva que suscita o temor persecutório do talião e a ansiedade depressiva de ter destruído o objeto. Quanto à introjeção, ela se aplica, antes de mais nada, e desde a posição paranoide, ao seio bom. É claro que certas passagens declaram que, desde o início da existência, todas as experiências e todos os objetos são incessantemente interiorizados pelo ego, tese constitutiva da noção de mundo interior. Mas ainda ali, os resultados clínicos não nos mostram em absoluto o que poderia ser a interiorização de um mau objeto.

A introjeção, enquanto processo ativo, só é encarada na medida em que se refere aos bons objetos: o bom seio ao longo da fase paranoide, o bom objeto real e completo ao longo da posição depressiva. Ela está, enfim, e este fato é conhecido, de acordo com a reparação, a mola essencial da perlaboração e da superação desta posição. Em suma, após ter se fechado até 1932 numa concepção de introjeção que lhe impedia de tematizar o seu fundamento libidinal oral e que a localizava no princípio do círculo mau, Melanie Klein se engaja, de 1935 a 1945, numa direção exatamente oposta, porém não menos aporética. Tematizando a introjeção como um processo de ingestão, e a projeção como uma ejeção, ela teve os meios de pensar sua complementariedade e seu jogo de alternância. Mas atribuindo a uma todas as virtudes e a outra todos os vícios, ela se priva de encontrar exemplos concretos desta alternância – reintrojeção de alguma coisa que foi projetada, reprojeção de um introjeto – já que a introjeção *in concreto* refere-se apenas ao bom seio e à boa mãe, enquanto que a projeção refere-se apenas a perseguidores equacionados com as fezes. As fórmulas sobre a presença e a importância de uma interação entre a introjeção e a projeção desde o início da vida constituíram, antes de 1946, apenas em declarações de princípio desprovidas de conteúdo efetivo. Mas as identificações encontram-se indistintamente num contexto introjetivo ou projetivo. Amiúde combinam movimentos projetivos e introjetivos, sejam eles sucessivos ou simultâneos. A criança ou o adolescente que se identifica com uma pessoa sobre a qual projetou uma imago ideal tem como benefício incorporar à sua personalidade algumas das qualidades reais do objeto de identificação. A denotação dos conceitos kleinianos de introjeção e de projeção permite, desde 1932, elaborar a teoria deste fenômeno, mas sua conotação impediu Melanie Klein de alcançá-las antes de 1946.

10. A DEFINIÇÃO DA IDENTIFICAÇÃO PROJETIVA

Quando Melanie Klein empreende a apresentação, nas "Notas Sobre Alguns Mecanismos Esquizoides", de uma "forma particular de identificação" fundada sobre a projeção, não se trata apenas de um enriquecimento da teoria da posição mais arcaica ou de um prolongamento da lista dos mecanismos de defesa, mas do início da clarificação do conceito de identificação, que poderá adquirir enfim um estatuto mais preciso, graças à determinação de suas relações com a introjeção e a projeção. Descrever uma identificação própria do estágio esquizoide e cujo movimento é projetivo, conduz, a título de complemento, por um lado à descrição de uma identificação introjetiva, e por outro a uma redefinição das relações entre posição paranoide e posição depressiva, já que o estado anterior das concepções kleinianas não concedia, em absoluto, um lugar à noção de uma identificação no estágio dos objetos parciais (1935, *Essais de Psychanalyse,* p. 313). Tal é, de fato, o caminho que tomará o aprofundamento da reflexão de Melanie Klein ao longo dos anos seguintes.

Mas é preciso sublinhar que, em 1946, as conotações "más" da projeção ainda pesam muito, e que o elemento propriamente identificatório da identificação pela projeção permanece secundário em relação ao aspecto projetivo e agressivo na apresentação deste mecanismo definido como uma combinação de clivagem e projeção e abordado sob a rubrica dos ataques sádicos dirigidos contra o corpo da mãe. Estes ataques dão lugar a uma classificação. Alguns deles são introjetivos: consistem em sugar, esvaziar, morder, despedaçar, roubar os conteúdos imaginários do interior do corpo. Os outros são projetivos: expulsão de substâncias perigosas para fora do corpo próprio, introdução destas substâncias no interior do corpo da mãe.

É preciso tomar o cuidado de ver nesta enumeração apenas uma rememoração canônica da lista de "todos os meios do sadismo em seu apogeu" (cf. *Melanie Klein I: Primeiras Descobertas e Primeiro Sistema 1919-1932*, pp. 143-147), tal como já havia sido fixada na *Psicanálise da Criança*. Podem-se ressaltar as três inovações que manifestam o declínio da tendência para opor a "boa" introjeção à "má" projeção. Em primeiro lugar, a própria ideia de que a incorporação possa contribuir, tanto quanto a ejeção anal, para os ataques sádicos, encontra aqui a sua primeira formulação explícita desde 1932. Além disso, os ataques anais, pela introdução das fezes no interior do objeto, são menos destrutivos do que possa parecer numa primeira abordagem. Cumpre distingui-los do mecanismo paranoide de aniquilamento por ejeção dos perseguidores equacionados com as fezes. Têm por objetivo não destruir os elementos fecalizados – que não são, no quadro da identificação projetiva, *objetos* internos persecutórios, mas sim partes do *self* frequentemente (em 1946) descritas como "más" – mas sim introduzi-los no objeto para que possam *controlá-lo,* possuindo-o. É esta irrupção de partes do *self* no objeto que fundamenta a dimensão identificatória do mecanismo, sobre o qual se dirá ser de ordem confusional: "Na medida em que a mãe possa conter, de fato, as partes más do *self,* ela não é sentida como um indivíduo separado, mas como *o* mau *self* (1946, *Développements de la Psychanalyse*, p. 282, trad. ing., p. 300).

Esta nova ideia reorganiza, de uma maneira original, elementos antigos: incremento do meu ódio pelo objeto como consequência da projeção sobre ele – Melanie Klein diz neste momento *no (into)* objeto – de uma parte má do *self* (tratava-se do id na *Psicanálise da Criança*, pp. 166-167); descrição das fantasias de controle onipotente do objeto no quadro da posição maníaca. Mas as tentativas maníacas de domínio não tinham como instrumento a ejeção das fezes. O sadismo que se manifesta nesta ejeção era considerado, até 1946, como invariavelmente máxima e totalmente destrutivo, correspondendo à fórmula do primeiro estágio anal de Karl Abraham. Nas fantasias de identificação projetiva, o que se manifesta é, ao contrário, um fenômeno impensável nas concepções do mestre de Melanie Klein, que consiste na ejeção com conservação tanto das fezes projetadas quanto do objeto sobre e no qual elas são introduzidas; esta fantasia de tomar posse está a serviço do que Freud havia nomeado de *pulsão de dominação*[11]. Ela corresponde à forma atenuada, do sadismo que prevalece no segundo estágio anal.

Assim, o processo anal da projeção não exprime necessariamente o sadismo mais extremo, podendo ser a expressão de uma agressividade mitigada por uma preocupação pelo objeto, e que se acomoda à conservação deste último. Simetricamente, a libido oral de sucção revela-se capaz de incitar ataques sádicos cuja destrutividade equivale à do sadismo oral de mordedura. A convergência destas duas reavaliações levanta o obstáculo epistemológico que acabou por constituir a atribuição sistemática de

---

11. S. FREUD, "Trois essais sur la théorie de la sexualité", trad. fr. Gallimard, col. "Idées", p. 89; "La disposition à la névrose obsessionnelle", trad. fr. in *Névrose, Psychose et Perversion*, Paris, P.U.F., p. 194.

conotações pejorativas ao conceito de projeção e mais favoráveis ao da introjeção. Melanie Klein pode doravante subsumir qualquer oralidade, incluindo o sadismo oral, sob o conceito de introjeção. Ela dissipou suficientemente a auréola do sadismo que envolvia a noção de projeção para reconhecer a natureza projetiva da empatia, sob a rubrica da identificação por projeção de partes "boas" do *self*.

1) Tão surpreendente quanto isto possa parecer, o sadismo oral, raramente mencionado nos textos anteriores a 1945, não foi colocado em relação com a introjeção durante todo o período que começa em 1932 com a evidência que é posta no suporte oral da introjeção e que é da tematização da posição depressiva. De fato, uma grande parte dos processos de oralidade não pôde ser subsumida sob o conceito de introjeção. Havia uma defasagem entre a definição teórica desta noção e seu funcionamento real no sistema kleiniano. A partir de 1946, a introjeção e a oralidade se sobrepõem exatamente.

2) Já que a a projeção não é mais necessariamente associada a tendências sádicas, Melanie Klein pôde definir e descrever, desde 1946, uma identificação por projeção de "boas" partes de *self*. Tomando a contrapartida de sua tendência anterior, ela atribui a este processo projetivo a função de dar lugar às condições de possibilidade de uma relação de amor: "A identificação baseada neste tipo de projeção também influencia vitalmente as relações objetais. A projeção de bons sentimentos e boas partes do *self* na mãe é essencial para a capacidade do lactente de desenvolver boas relações objetais e integrar o seu ego" (*Développements...* p. 283; trad. ing., p. 301).

É, assim, atribuído à identificação projetiva "boa" um poder de integração e de facilitação das relações objetais comparáveis àquelas que as concepções kleinianas da época anterior conferiam à introjeção do bom objeto. Quais são as relações entre estes dois processos? O novo estágio da teoria permite conceber sua interação recíproca. O lactente pode introjetar o bom objeto na medida em que projeta neste seus bons excrementos e seu amor. Ele pode projetar o bom na medida em que introjeta um bom objeto ao longo de experiências de satisfação. Os dois processos são exatamente contemporâneos e se determinam reciprocamente. Eles são os dois componentes do elo de identificação com a mãe que é a primeira das relações de objeto. Decorrerão, no sistema kleiniano, múltiplas consequências da introdução desta noção da presença, na relação de objeto mais arcaica, de uma dimensão identificatória e projetiva: possibilidade de pôr em evidência melhor a harmonia profunda das ideias de Melanie Klein com a tese freudiana que faz derivar a relação de objeto da identificação, possibilidade de reintroduzir no sistema a noção de narcisismo, a respeito da qual a criadora da técnica do brincar havia se desinteressado desde 1926, possibilidade de dar conta da maneira pela qual a relação com a mãe é um princípio de organização e, até certo ponto, de formação do ego, cujo bom objeto é o *núcleo* (*core*).

É preciso todavia ressaltar que a identificação projetiva "boa" pode ter consequências indesejáveis, e que podem ser contrárias ao desenvolvimento do ego, bem como das capacidades de amor. Melanie Klein adquire assim, em 1946, os meios de perceber a causa, no quadro de seu próprio aparelho nocional, do fenômeno frequentemente ressaltado e entendido, a partir de Freud, como resultado do empobrecimento do ego no que se refere ao investimento libidinal na escolha de um objeto de amor:

Contudo, se esse processo projetivo for realizado (*carried out*) de modo excessivo, as boas partes da personalidade são sentidas como perdidas e, nesse sentido, a mãe se converte em ideal do ego; também esse processo resulta num enfraquecimento e empobrecimento do "ego" (1946, *Développements...*, p. 283; trad. ing., p. 301).

Parece claro que nos encontramos aqui no registro da posição depressiva, precisamente no quadro de uma estratégia de perlaboração desta posição, que comporta elementos esquizoides. Esta mistura original é considerada muito arcaica, na medida em que as partes do *self* estão perdidas no objeto. Ela conduz a uma situação ansiógena de um tipo absolutamente novo no pensamento kleiniano: não é persecutória, já que nenhuma retaliação é temida por parte de um objeto que não sofreu nenhum estrago. Não se harmoniza no quadro clássico da posição depressiva: trata-se de uma situação de perda, porém o que é perdido não é um objeto, mas uma parte do *self*. Esta realidade clínica levanta inúmeras questões. Melanie Klein não tem ainda condições de abordá-la em 1946.

11. A IDENTIFICAÇÃO PROJETIVA E A AMEAÇA À IDENTIDADE PESSOAL

Entre 1946 e 1957, o registro dos pontos de referência, na clínica, dos mecanismos de identificação projetiva, se apuram e se enriquecem. Mas é a análise de um romance de Julien Green que fornece a Melanie Klein a oportunidade de adiantar as considerações mais inovadoras no seu artigo "Sobre a Identificação" (in *Inveja e Gratidão*). O argumento desta obra[12] é uma variação sobre o tema do pacto com o diabo: um rapaz, Fabien, pobre, doentio e infeliz no amor, recebe o poder de introduzir sua personalidade no corpo de qualquer vítima de sua escolha. Ele se aproveita deste fato para se encarnar nas diferentes pessoas que suscitam sua inveja. Mas não é somente a aparência física destes hospedeiros involuntários que ele adquire, mas também seu temperamento, sua memória e seus pensamentos. Em breve nem mesmo se recorda de ter sido Fabien e, é sem saber exatamente o que faz, que ele, no final do romance, se reintroduz num corpo moribundo que não é outro senão o seu, abandonado alguns dias antes.

É possível medir o proveito que Melanie Klein poderia tirar de semelhante relato. De fato, ela jamais sentiu a necessidade de ilustrar sua concepção de identificação projetiva de outra forma a não ser estudando esta estória. Seus reparos salientam os seguintes pontos:

1) *A identificação projetiva tem como efeito secundário afetos de natureza depressiva.* A segunda parte do romance descreve os esforços de Fabien para reencontrar seu ser inicial. Absorvido pela personalidade de suas vítimas, o herói se sente "irremediavelmente cortado de seu bom *self* perdido, que representa o núcleo de sua personalidade". Melanie Klein explica a "nostalgia que o reconduz irresistivelmente de volta a si no final do romance", atribuindo-lhe a "culpa por ter negligenciado e abandonado um componente precioso de sua personalidade" (1955, in *Inveja e Gratidão*, p. 175). Eis aqui, portanto, a afirmação categórica de que uma situa-

---

12. J. GREEN, *Si j'étais vous*, Paris, Plon, 1947. O texto atualmente disponível é o de uma edição revista e aumentada em 1970.

ção ansiógena depressiva (nostalgia, culpa) pode derivar do acionamento de um mecanismo esquizoide.

Mas quem se preocupa com o quê? No romance é Fabien "metaforseado" que se preocupa com sua personalidade original e procura obscuramente recuperá-la, isto é, segundo a interpretação kleiniana, a parte invejosa destacada pela clivagem e projetada no objeto que sente a nostalgia do núcleo central do ego. Seria preciso entender que as partes clivadas são capazes de experimentar sentimentos – que são de ordem depressiva – frente ao resto da personalidade? Este fato implicaria que Melanie Klein lhes reconhecesse um verdadeiro estatuto de sujeito, e não somente de objeto, da identificação projetiva. Se ocorre desta forma – fato que nenhum outro texto vem a confirmar –, cumpre admitir que a identificação por projeção é acompanhada de uma regressão a um estado psíquico anterior à aparição do sentimento da unidade do ego. Portanto, as concepções kleinianas, inversamente às de Federn, englobam a ideia de que o sentimento do ego deve ser formado.

2) *A identificação projetiva gera o temor de ser absorvido pelo objeto.* Desde suas primeiras transformações, Fabien apercebe-se, com pavor, que sua personalidade se apaga diante da de suas vítimas. Este fato é indício, segundo Melanie Klein, de que "as partes clivadas de Fabien submergiram" nos objetos e "perdem as recordações e características pertencentes ao Fabien original" (*Idem*, p. 174). Ainda que ela não enuncie explicitamente, a absorção da parte clivada no e pelo objeto é, sem nenhuma dúvida, um conteúdo ansiógeno baseado no temor do talião. A projeção no objeto das partes clivadas do ego é motivada pelo desejo de controlá-lo: ela dá, portanto, origem ao temor de que o objeto, em represália, controle as partes projetadas nele. Daí o sentimento de certos pacientes de que partes inteiras de sua personalidade escapam a seu controle, são inacessíveis a eles ou desapareceram por completo.

Mas é preciso sublinhar uma vez mais que esta situação ansiógena não tem outro fundamento exceto a rejeição pelo ego da parte clivada. Ela supõe uma ambivalência profunda do ego frente às partes que ele não pode assumir como suas, mas às quais não consegue renunciar. É o que mostra, *a contrario,* o exemplo da identificação por projeção de boas partes do *self*: ela possui a propriedade de facilitar a reintrojeção do amor e da benevolência projetados sobre o objeto e de abrir um ciclo ininterrupto de reprojeções e reintrojeções "boas" que enriquecem o ego e concorrem para a extensão de suas relações de objeto (*Idem,* p. 145). A parte clivada e projetada só é indisponível na exata medida em que é inaceitável pelo ego central e por ele rejeitada.

3) *A identificação projetiva é geradora de confusão entre o ego e o não-ego.* O que impressiona nas descrições concretas que Melanie Klein faz do processo de identificação projetiva "má" é que a dimensão identificatória parece aí desvanecer-se em benefício da dimensão da rejeição de qualquer sentimento de ligação com a parte clivada. Neste sentido, a identificação projetiva é mais frequentemente, no plano fenomenológico, a recusa da identificação: ela é acompanhada, de bom grado, de ódio pelo objeto sobre o qual as partes "más" foram projetadas. Permite detestá-las acobertada pela atribuição destas ao outro, segundo uma fórmula que recobra o essencial da concepção freudiana da projeção patológica.

O que justifica, entretanto, a definição deste mecanismo como uma forma de identificação, é o fato de que a rejeição coexiste com uma certa manutenção do sentimento de pertinência da parte clivada e projetada na esfera do ego. Se a identificação projetiva tem por objetivo o controle do objeto, é porque as partes projetadas são ainda reconhecidas como pertencentes ao ego que as encarregou desta missão. Notemos, ademais, que o sentimento de identidade se estende, com frequência, da parte projetada para o objeto suporte de projeção: então, o sentimento do ego se dilata até englobar o não-ego. Reciprocamente, nos estados de despersonalização ou nas ideias de influência, o não-ego irrompe no ego porque o sujeito teme sofrer, conforme a lei do talião, a projeção das partes hostis do objeto.

Daí por que Melanie Klein, quando retoma esta questão em 1957 em *Inveja e Gratidão*, insiste no fato de que a identificação projetiva é um fator de confusão entre o ego e o não-ego: quando é "excessiva", o objeto passa a "valer pelo *self*, o que "conduz a uma grande confusão entre o *self* e o objeto" geradora do enfraquecimento do ego e de graves perturbações da relação objetal (*op. cit.*, p. 25), até mesmo da relação com a realidade.

Assim, o elemento identificatório da identificação projetiva "má" provém essencialmente da confusão que ela institui entre o ego e o outro. É preciso, sem dúvida, procurar a razão deste fato na natureza particularmente arcaica deste mecanismo, a respeito do qual Melanie Klein precisa, em 1957, que sua presença só é verdadeiramente normal no lactente e que desaparece no início do segundo ano (*Idem*, p. 73). A natureza confusional da identificação projetiva deriva, portanto, da indistinção primitiva entre o ego e o outro. Se ela produz estados de confusão na criança ou no adulto, é porque constitui essencialmente uma tentativa de conferir alteridade a conteúdos psíquicos inaceitáveis, e isto no quadro de um funcionamento mental – o do lactente normal ou do adulto psicótico – que ignora total ou parcialmente a oposição entre o fora e o dentro. Reciprocamente, as formas "boas" da identificação projetiva criam uma união fusional com o objeto mais do que uma verdadeira relação objetal que implique no reconhecimento da alteridade do objeto. Passada toda a primeira infância, elas só podem surgir de forma eminentemente regressiva.

Neste sentido, a identificação projetiva aparece como um precursor da identificação mais do que como uma identificação verdadeira. Sua relação com a identificação mais tardia parece ter exatamente a mesma natureza da existente, num registro vizinho, entre a equivalência simbólica e o simbolismo propriamente dito[13].

---

13. HANNA SEGAL, "Remarque sur la formation du symbole", 1957, tr. fr., *Revue française de psychanalyse*, 34, nº 4, 1970, cf., também, nosso *Melanie Klein I: Primeiras Descobertas e Primeiro Sistema*, pp. 159-167.

10. A Natureza das Situações Ansiógenas e dos Afetos Disfóricos da Posição Esquizo-Paranoide

Parecia-nos claro, quando começamos o exame da noção de posição esquizoparanoide, que ela não devia comportar outras situações ansiógenas além das que, persecutórias por definição, decorrem do temor do talião. É seguramente este tipo de ansiedade que constitui o aspecto mais central da afetividade paranoide.

Mas o exame da evolução das concepções kleinianas relativas às defesas esquizoides colocou-nos em presença de um resultado inesperado. Além dos temores persecutórios que fazem parte de sua definição, a posição esquizoparanoide comporta numerosas situações ansiógenas que são efeitos secundários do acionamento dos mecanismos esquizoides. Ora, estas situações ansiógenas secundárias não são todas de natureza paranoide. Algumas parecem francamente depressivas, outras parecem escapar à distinção kleiniana das duas formas de ansiedade. Elas combinam de uma maneira original, por um lado, os sentimentos de perda e de culpa ("se perdi alguma coisa foi por minha culpa") e, por outro, a centralização narcísica da ansiedade paranoide (é uma parte do *self* que está em perigo). A conceitualização kleiniana deve, após a descoberta e a descrição das modalidades das defesas esquizoides, se perguntar sobre a natureza destas formas mistas e produzir uma teoria da ansiedade que possa dar conta disto.

Não é de espantar, pois, constatar que a evolução das concepções de Melanie Klein de 1946 a 1960 encontra-se, de alguma forma, a reboque do aprofundamento da teoria da projeção e da introjeção. É a descoberta da identificação projetiva que impõe aquela do significado narcísico da relação com o bom objeto e do valor quase objetal da relação com as boas partes do *self*. Uma vez conquistados estes dois pontos, o próprio princípio da distinção entre ansiedade persecutória – que é uma ansiedade com respeito ao ego – e ansiedade depressiva – que é um temor para com objeto –

é, de novo, posto em discussão. Em consequência das identificações introjetivas e projetivas, o bom *self* se constitui pela introjeção do bom objeto, no qual são projetadas as boas partes do *self*: o cuidado com o bom objeto se torna difícil de distinguir do cuidado com o bom *self* a cujo respeito os textos dedicados à identificação projetiva nos forneceram mais de um exemplo. É por isso que estimamos existir uma relação direta entre a instalação da teoria da interação entre a projeção e a introjeção e a revisão final da teoria da ansiedade, ainda que o intervalo cronológico entre as duas seja de aproximadamente quinze anos.

Quanto à defasagem entre estas duas mudanças, ela revela sem dúvida a dificuldade em escolher entre duas exigências contraditórias. Por difícil que seja compatibilizá-la com os fatos subsumidos sob a rubrica da identificação projetiva, a distinção entre ansiedade persecutória e ansiedade depressiva nada perdeu de seu imenso valor clínico. Daí por que o primeiro movimento de Melanie Klein consiste em reafirmá-la energicamente, a despeito de uma importante restrição de ordem teórica: trata-se de um "conceito limite", cuja fecundidade é amplamente provada pela experiência, declara ela em 1948, dois anos após ter descrito pela primeira vez a identificação projetiva (*Développements de la Psychanalyse*, p. 268). Este compromisso lhe permitirá diferir por longo tempo ainda a discussão quanto à existência de formas puramente depressivas ou puramente persecutórias da ansiedade.

Ocorre que, em 1948, a noção de ansiedade depressiva possui ainda, além de sua verdade clínica, uma importância heurística. A grande novidade do artigo "Sobre a Teoria da Ansiedade e da Culpa" é a afirmação da tese segundo a qual o lactente experimenta de maneira transitória afetos depressivos ao longo do primeiro trimestre de vida e, portanto, no auge da fase paranoide. Este fato implica que a nostalgia e até mesmo os sentimentos de culpa podem ser vividos na relação com objetos que são duplamente parciais: na medida em que são órgãos separados e não pessoas, e enquanto aspectos clivados do objeto tomados como objetos diferentes. Já examinamos os efeitos desta mudança sobre a evolução da noção de posição depressiva (*supra*, pp. 44-47). Quanto à posição paranoide, esta mudança resulta em uma redução da duração de sua presença exclusiva (um ou dois meses no máximo) e uma certa progressividade de seu retraimento ante a posição depressiva. Trata-se, portanto, como já assinalamos, de uma importante modificação da teoria das posições e de uma reavaliação que interessa à posição paranoide mais ainda do que à posição depressiva. Pois se a ansiedade depressiva surge no curso da posição paranoide – o que transforma seu conceito – este fato em nada afeta a definição da posição depressiva, da qual o estabelecimento da relação com o objeto completo permanece a condição. A ideia que ressalta do texto de 1948 é que a posição paranoide comporta momentos depressivos, com ansiedade de perda do bom objeto parcial e um esboço de reparação. Ela é, nisto, simétrica à posição depressiva, que comporta elementos persecutórios residuais, embora por vezes intensos.

Mas cumpre sublinhar que esta transformação da teoria das posições não significa refazer inteiramente a teoria da ansiedade. A ansiedade depressiva pode, de fato, sobrevir algumas semanas mais cedo do que se pensava e num tipo de relação de objeto completamente diferente; não se trata, portanto, de modificar sua definição. Quanto à distinção entre a ansiedade depressiva e ansiedade persecutória, ela parece ser mais reforçada do que atenuada por esta inovação: se as duas podem ser experimentadas num mesmo estágio e em relação a objetos parciais, sem no entanto se confundirem, é porque são intrinsecamente diferentes. Todo o movimento que conduz Melanie Klein a insistir cada vez mais enfaticamente na presença de "bons" sentimentos, de amor pelo objeto e de tendência para a reparação no jovem lactente muito pequeno, pressupõe e exige a manutenção da distinção das duas formas de ansiedade. É por esta razão, pensamos nós que a discussão do valor teórico desta distinção foi durante tanto tempo adiada e que a instalação dos elementos clínicos e conceituais que tornaram-na possível efetuou-se com certa discrição, como que à margem da corrente mais manifesta da evolução das ideias kleinianas.

1. A DIMENSÃO DEPRESSIVA DA PREOCUPAÇÃO COM O *SELF* E A RAIZ EGOÍSTA DA PREOCUPAÇÃO COM O OBJETO

O texto de 1946 ("Notas Sobre Alguns Mecanismos Esquizoides") não comporta a mínima afirmação de conotação geral que modifique, por menos que seja, a teoria da ansiedade. Não admite tampouco – o que vai de encontro às declarações anteriores de Melanie Klein – que é possível poder encontrar formas particulares do sentimento de culpa, que são experimentadas, de certa forma narcisicamente, frente às partes do *self*.

É especificamente a identificação projetiva "boa" que suscita afetos de teor depressivo, porém de orientação egocêntrica. Ressaltar-se-á notadamente o temor de perder ou de ter perdido sua própria bondade e sua capacidade de amar por tê-las situado no objeto. Este temor possui a particularidade – sem precedente no pensamento kleiniano – de não resultar diretamente nem do medo de uma destruição do *self* pelo objeto, nem do medo de uma destruição do objeto pelo sujeito. Este temor escapa, assim, à dicotomia entre as formas persecutórias e depressivas da ansiedade, já que combina o caráter narcísico de uma com a tonalidade afetiva da outra, de uma maneira que contradiz a teoria. Mais estranhamente ainda, não está em relação direta com um risco qualquer de destruição, já que as partes situadas no bom objeto não estão aí em perigo. Certamente, o temor de não poder reintrojetar as partes projetadas tem por condição a existência no sujeito de temíveis pulsões de destruição. Mas a impossibilidade de conservar as boas partes ou de fazê-las entrar no *self* – que é propriamente o conteúdo da preocupação a seu respeito – é o resultado de uma escolha estratégica do ego, destinada a protegê-las de sua própria agressividade. Trata-se aqui, uma vez mais, da aplicação de um mecanismo de defesa derivado da situação ansiógena. À ansiedade primária de uma destruição das boas partes do *self* pela agressividade própria e pelos perseguidores internos – medo do qual se pode admitir, e eventualmente verificar, a natureza persecutória, e que motiva o recurso à projeção das boas partes – vem se acrescentar a ansiedade secundária de perder estas partes das quais eu me separei para protegê-las (1946, *Développements...*, p. 283).

É notável que o artigo de 1948 ("Sobre a Teoria da Ansiedade e da Culpa"), cuja tese central é inseparável de uma reafirmação da oposição entre perseguição e depressão, constitui no entanto um passo a mais na atenuação do valor teórico desta distinção. Este artigo adianta, com efeito, o enunciado que permite explicar tanto a existência de uma preocupação quase depressiva com o *self,* quanto a significação fundamentalmente narcísica da preocupação com o bom objeto: "O temor de ser aniquilado inclui a ansiedade de que o bom seio interno seja destruído, pois este objeto é sentido como indispensável para a conservação da vida" (*Idem,* p. 260; trad. ing., p. 277). O temor para como o objeto interno, cuja natureza depressiva Melanie Klein já afirmara em 1935, é agora vinculado ao temor paranoide da destruição do *self* ao invés de se lhe opor.

O surgimento de uma teoria kleiniana do ego, em 1948, vem abalar a distinção entre as duas formas de ansiedade. A ideia de que o ego, enquanto instância, se constrói, ao menos parcialmente (embora se trate de uma "parte essencial"), pela introjeção do bom seio, impede de opor, tão radicalmente quanto pelo passado, o medo depressivo para com o objeto e o medo paranoide relativo ao ego. A preocupação com o bom objeto é egoísta já que este objeto é uma parte do ego. Daí resulta que a posição paranoide comporta afetos depressivos, ao menos rudimentares e transitórios, conclusão que Melanie Klein enuncia explicitamente. Porém, resulta igualmente deste fato que a ansiedade a respeito do ego assume o valor de uma ansiedade relativa ao bom objeto tão logo a introjeção a converta numa parte do ego, ou seja, numa boa lógica kleiniana, desde o nascimento. O bom seio interiorizado que é sentido como a fonte da vida forma uma parte essencial do ego e sua preservação torna-se uma necessidade imperiosa. Pode-se deduzir disto a noção da convergência e do reforço recíproco, no quadro do *círculo bom,* da preocupação com o ego e da preocupação com o objeto, e não a noção de sua oposição, em princípio.

Estas considerações deixam entrever a possibilidade de construir uma psicogênese da ansiedade depressiva autêntica a partir de um precursor que seria esta preocupação por um objeto que é uma parte do ego. Ela se tornaria um afeto verdadeiramente depressivo quando o limite entre o *self* e o objeto fosse adquirido. Este passo seria perfeitamente coerente com a ideia de que a identificação projetiva tem como efeito secundário o fortalecimento ou a reativação da confusão primitiva entre o ego e o não-ego. No entanto, Melanie Klein jamais se embrenhou neste caminho, talvez porque, nesta perspectiva, a forma pura da própria ansiedade paranoide poderia diferenciar-se desta ansiedade arcaica, que mesclaria inextricavelmente elementos depressivos e persecutórios, apenas no momento da aquisição do limite entre o interior e o exterior – o que tornaria simultâneas a emergência da ansiedade paranoide e da ansiedade depressiva. Ora, a ideia de uma prioridade da ansiedade paranoide permanece essencial para Melanie Klein, ao menos até 1959. É por isso, na prática, que a noção da inclusão do objeto no *self* será quase invocada, salvo para atrair a atenção sobre o valor depressivo que vem a se *acrescentar* – ainda que muito precocemente – às situações ansiógenas fundamentalmente paranoides.

É notável que os dois textos especialmente redigidos para a coletânea *Développements de la Psychanalyse* (1952), cujo objetivo é o de fornecer uma exposição clara e sintética das concepções kleinianas, não contenham a mínima menção dos fatos que militam a favor da noção de uma certa interpenetração entre formas persecutórias e depressivas da ansiedade. É preciso esperar 1955 para que este tema seja retomado a partir do comentário do romance de Julien Green, que traz uma ilustração completa e detalhada do intrincamento, nas ansiedades que decorrem da identificação projetiva, da tonalidade afetiva depressiva (preocupação, perda, desespero, nostalgia e necessidade de reparar) e de uma relação narcísica com as partes do *self.* Nada de novo neste texto no plano puramente teórico, mas ele constitui a prova de que as indicações elípticas dos textos de 1946 e 1948 tornaram-se instrumentos essenciais de compreensão na prática psicanalítica kleiniana. Sem que nada na teoria possa dar conta adequadamente – ao menos se nos ativermos ao que está explicitamente formulado –, a interpretação das ansiedades *depressivas* que decorrem da utilização dos mecanismos *esquizoides* parece ter se tornado uma característica kleiniana corrente[1].

2. ALCANCE E LIMITES DA REAVALIAÇÃO FINAL DA DISTINÇÃO ENTRE ANSIEDADE PARANOIDE E DEPRESSIVA

É num texto fundamental, mas completamente desconhecido, que a reflexão kleiniana a respeito da ansiedade encontra sua forma definitiva. Intitulado "Nota Sobre a Depressão em um Esquizofrênico", este artigo, um dos últimos escritos de Melanie Klein, foi redigido para um simpósio sobre a "doença depressiva" organizado no quadro do XXI Congresso Internacional de Psicanálise (Copenhague, 1959). O tema deste encontro incitava a refletir sobre os estados pertencentes a diferentes registros psicopatológicos, levando a um interesse particular pelos estados depressivos dos esquizofrênicos. É, pois, em consequência de uma escolha deliberada que Melanie Klein consagra sua comunicação aos fatos que têm valor polêmico em relação à sua concepção, até então obstinadamente mantida, da distinção entre as formas paranoide e depressiva da ansiedade.

Pode-se enunciar assim a tese que Melanie Klein expõe: a distinção entre uma dimensão depressiva e uma dimensão paranoide da ansiedade deve ser firmemente mantida. Porém *não há mais ansiedade puramente depressiva do que ansiedade puramente paranoide.* Toda ansiedade combina, em diferentes graus, estes dois aspectos. Como a criança interioriza objetos desde seu nascimento, "a ansiedade relativa ao ego – ou seja, a ansiedade paranoide – deve incluir igualmente uma certa preocupação pelo objeto". Reciprocamente, "a ansiedade depressiva, tal como é experimentada ao longo da posição esquizoparanoide, não se refere apenas ao bom objeto, mas também à parte do ego que o contém e que, consequentemente, é sentida como uma boa parte"[2].

É preciso insistir ao mesmo tempo no valor inovador de tal texto e em sua perfeita coerência com as concepções mais centrais de Melanie Klein. Inovação, pois se já lhe ocorreu afirmar a existência de uma culpa relativa ao *self*, é a primeira vez que afirma a presença de uma preocupação depressiva em toda ansiedade paranoide, por mais arcaica que seja.

Esta nova tese insere-se sem a menor dificuldade no sistema kleiniano tardio, já que é uma consequência direta da teoria da introjeção do bom objeto, que é um dos elementos mais centrais do sistema kleiniano. A ideia de que a identificação passa pelo jogo de alternância entre os movimentos da introjeção e da projeção conduziu já há muito tempo ao reconhecimento de que o objeto só é bom para ser introjetado se projetei sobre ele as boas partes do meu *"self"* (*Développements...*, p. 196), de tal forma que o objeto é o representante do que existe de melhor no *self*, notadamente a pulsão de vida. É por isso que a noção de narcisismo, que havia desaparecido

---

1. "Sur l'identification", in *Envie et Gratitude*, p. 174-175, 178, 181-185.

2. "A Note on the Depression on the Schizophrenic", *I. J.P.A.*, 1959, 30, p. 510 (Em espanhol na *Revista Argentina de Psicoanálisis*, v. VIII, no 1, 1961) (N. da T.).

do vocabulário e do pensamento kleiniano há mais de vinte anos, ressurge a partir da tematização da identificação projetiva. Mas a partir do momento em que o bom objeto introjetado é o núcleo do ego e que a primeira relação objetal é uma relação de si para si (do ego para as boas partes do *self* projetadas sobre e no objeto), o temor pelo ego e a preocupação pelo objeto se equivalem. Esta consequência se impõe desde 1946, ainda que tenham sido necessários quinze anos para que Melanie Klein se resolva a formulá-la.

Tão logo é enunciada, a tese da identidade radical das duas formas da ansiedade permite reinterpretar numerosos fenômenos já reconhecidos e que moldavam-se mal ao quadro clássico da teoria das posições, notadamente as relações entre as defesas esquizoides e situações ansiógenas depressivas. É assim que a "Nota Sobre a Depressão em um Esquizofrênico" constitui o primeiro texto onde a estreita conexão entre a clivagem e a culpa, descrita em cada exemplo clínico de *Inveja e Gratidão*, impõe a ideia de que as defesas *esquizoides* podem ser acionadas para lutar contra a ansiedade *depressiva:*

Enquanto a ansiedade persecutória é experimentada na maioria das partes do ego clivado, sendo portanto predominante, a culpabilidade e a depressão são experimentadas apenas em algumas partes, que são sentidas pelo esquizofrênico como estando fora do alcance, até que a análise as conduza à consciência (*I.J.P.A.*, 41, p. 510).

A ideia de que o esquizofrênico não é incapaz de vivenciar sentimentos de culpa é um *leitmotiv* da obra kleiniana desde a análise de Dick, mas até então havia prevalecido a interpretação segundo a qual esta culpabilidade não pode ser vivida como tal e deve ser de alguma forma reduzida à ansiedade persecutória. A nova teoria admite a conservação da culpabilidade enquanto tal em certas partes do *self* as quais se aplicam as formas mais extremas da clivagem fragmentadora. Se bem que Melanie Klein não empregue esta expressão, defrontamo-nos aqui com fenômenos *depressivos-esquizoides.*

Um outro exemplo destes processos é fornecido pela tentativa de projetar os sentimentos de culpa sobre e no outro:

Uma terceira razão pela qual a depressão é tão difícil de ser detectada no esquizofrênico é que a identificação projetiva, que é muito intensa nele, é utilizada para projetar a depressão e a culpabilidade no interior de um objeto – durante o processo analítico trata-se principalmente do analista (*I.J.P.A.*, 41, p. 510).

Se a noção de uma utilização antidepressiva dos mecanismos esquizoides mais violentos constitui, em 1959, uma novidade, o fato clínico da existência de situações ansiógenas depressivas, que são os efeitos secundários dos mecanismos esquizoides, impôs-se a partir de 1946. Porém é citado na teoria apenas no texto "Nota Sobre a Depressão em um Esquizofrênico". A hipótese adiantada para relatar este fato permite compreender simultaneamente a tonalidade depressiva que os textos anteriores haviam atribuído aos afetos ligados à confusão: "os sentimentos de desespero que o esquizofrênico vivência" são devidos "ao fato de ser dominado pelas pulsões de destruição e de ter destruído a si mesmo e a seus bons objetos pelo processo de clivagem" (*Idem,* p. 510). Aqui depressão e persecução não são mais do que as duas nuanças fundamentais e indissociáveis do temor mais arcaico, o do sujeito frente às suas próprias pulsões de autodestruição que ameaçam tudo o que é "bom", tanto ao *self* como ao objeto.

Assim, no término da evolução das concepções de Melanie Klein, a distinção radical entre ansiedade depressiva e ansiedade persecutória, que estava no próprio centro das teorias de 1935, é negada num plano *teórico*. Esta negação surge como a consequência inevitável, ainda que por muito tempo diferida, da teoria da identificação e da clínica dos estados esquizoides. Mas qual seria o alcance exato deste fato?

Com o objetivo de evitar qualquer mal-entendido, cumpre assinalar que *a diferença entre os temores paranoides e os afetos depressivos permanece como a coordenada principal da psicanálise kleiniana na prática da interpretação*. Melanie Klein não voltou jamais ao interesse anterior pela distinção entre os estados afetivos onde domina a preocupação com o objeto e aqueles onde domina o temor a respeito do ego. Em sentido contrário, *Inveja e Gratidão* faz da passagem de um a outro desses estados o instrumento essencial da compreensão do processo psicanalítico. Em 1959 é recolocado em causa não o interesse semiológico, nosológico e técnico desta distinção, mas sim seu estatuto metapsicológico. O modelo teórico que funciona até 1952, e que o texto de 1959 repudia explicitamente, é o da confluência de duas correntes cujas fontes são diferentes: distintas por natureza, a ansiedade persecutória e a ansiedade depressiva podem produzir formas mistas, mas que podem ser sempre remetidas a seus constituintes. O modelo que se impõe em 1959 é completamente diferente. Ansiedade paranoide e ansiedade depressiva são apenas duas dimensões sempre presentes em qualquer estado de ansiedade. Variam apenas as dosagens. Após ter tomado durante longo tempo a preocupação pelo *self* e a preocupação pelo objeto como ansiedades distintas e opostas, Melanie Klein descobre que se trata de dois aspectos diferentes da mesma ansiedade e que acompanham um ao outro necessariamente, ainda que em proporções diferentes.

Mas que fatores presidiriam a dosagem da preocupação pelo objeto e pelo temor paranoide numa determinada situação ansiógena? Na perspectiva genética da teoria das posições esta dosagem, que revela a predominância de uma ou outra das posições, testemunha a intensidade das fixações na fase correspondente, na relação de objeto e nas estratégias defensivas típicas desta. O peso dos fatores pulsionais primários, na verdade, da constituição, ainda que seja reconhecido desde 1935, constitui o objeto de afirmações mais rituais do que fervorosas. Segundo as palavras de Willy Baranger (1971), a aproximação situacional e objetal domina amplamente a especulação instintivista. Mas a partir do momento em que as duas dimensões, persecutória e depressiva, estão necessariamente presentes em qualquer estado de ansiedade, por mais arcaico que ele seja, qualquer hipótese genética deve ser abandonada. É nos primórdios da posição esquizoide – que já é parcialmente depressiva ao mesmo tempo que é essencialmente paranoide – que devem agir os fatores responsáveis pela dosagem destes elementos. Neste estágio, trata-se apenas de pulsões primárias. O aprofundamento final da teoria da ansiedade remete-nos, pois, à teoria das pulsões como determinantes fundamentais da vida psíquica, da dosagem do temor pelo *self* e da preocupação pelo objeto e, se nos for possível afirmar, da *escolha da posição,* no sentido em que Freud e Melanie Klein falaram da *escolha da neurose.*

Consequentemente, é possível se indagar se a posição paranoide e esquizoide dos últimos escritos é ainda uma posição no mesmo sentido que o da posição depressiva. Cumpre aqui distinguir cuidadosamente a aplicação clínica deste conceito, que permanece fecunda e esclarecedora na medida em que a oscilação de uma para a outra das posições constitui uma verdadeira estrutura elementar da afetividade, e de sua definição teórica. O mais importante é seguramente o fato de que existe uma associação regular entre os temores persecutórios, sob o império dos quais o sujeito só se preocupa consigo mesmo, e mecanismos de defesa fundamentados na destruição ou expulsão de uma parte do *self*. Neste sentido, a noção de uma posição esquizoparanoide é insubstituível. Mas na medida em que progredimos, seguindo Melanie Klein, no conhecimento dos fenômenos que provêm desta posição, percebemos sua explosão por todos os lados. Entre a clivagem binária reguladora da relação com o objeto e a fragmentação destrutiva, existem mais diferenças que semelhanças. Em contrapartida, discerne-se mal aquilo que distingue a clivagem binária ou a identificação por projeção das boas partes do *self dos* mecanismos autenticamente depressivos. Tal como é descrita a partir de 1955, a posição dita esquizoparanoide pode também subsumir a nostalgia de reencontrar o bom *self* projetado sobre e no objeto e não apenas a utilização dos mecanismos mais violentos contra os sentimentos de culpa. Esta posição contém em si quase todos os fenômenos que as concepções kleinianas anteriores haviam repartido entre as diferentes posições: é simultaneamente paranoide e depressiva, esquizoide e reparadora.

A partir de então, é inevitável que as escolhas decisivas que comprometem a evolução ulterior da personalidade sejam doravante remetidas à fase esquizoparanoide. Daí por que a tese, segundo a qual a posição depressiva é o estágio "crucial" do desenvolvimento, não é mais reafirmada após 1952. Ainda é necessário sublinhar que esta última afirmação é acompanhada de notas que limitam consideravelmente seu alcance: as regras do jogo já estão estabelecidas, a maneira pela qual a posição esquizoparanoide se desenvolve predetermina a escolha do estágio "crucial" (*Développements...*, p. 204). A partir desta época, Melanie Klein supõe que a posição esquizoparanoide é, no mínimo, tão determinante quanto a posição depressiva. Esta tendência só poderia ser acentuada com a evolução ulterior deste sistema. Se bem que jamais o tenha declarado explicitamente, tudo conduz a pensar que, em suas concepções tardias, é a posição esquizoparanoide que se tornou o estágio crucial.

Mas pode-se compreender também por que não foi necessário que Melanie Klein explicitasse tal ideia: ocorre que, levando-se em conta a transformação profunda que sofre o próprio conceito de posição quando aplicado à fase mais arcaica tal como é descrita a partir de 1955, tal declaração não teria mais nenhum interesse. O que continua a levar o nome de posição é, em realidade, uma fase ao longo da qual o ego pode oscilar entre várias atitudes que comportam, segundo a maneira pela qual se apresentam nas situações ansiógenas os elementos paranoides e depressivos, segundo a natureza dos mecanismos de defesa utilizados, tudo o que era atribuído às posições tais como eram definidas de 1935 a 1945. A escolha decisiva é a de uma "posição" adaptativa ao longo da posição esquizoparanoide.

Esta escolha articula a possibilidade de uma relação com o bom objeto e de uma introjeção deste, que se torna o núcleo do ego. Tal identificação-

-introjeção, cujo conceito permaneceria confuso entre 1935 e 1945, mas que surgiu nesta época como o progresso mais fundamental na superação da posição depressiva – e como seu principal benefício – é agora concebida como um processo que se produz desde o início da vida, que se refere ao objeto parcial e cuja intensidade e grau de sucesso condicionam o êxito desta introjeção do objeto *completo,* que permanece atribuída à posição depressiva. A partir deste fato, o fenômeno fundamental que determina todo o destino individual e cujo êxito ou malogro era considerado nas concepções kleinianas anteriores como a pedra de toque da predominância de uma ou de outra posição, se produz no decorrer da fase esquizoparanoide. Não é mais possível dar conta deste fato em termos genéticos, através da importância das fixações em uma ou outra posição. Assim, a confusão, até mesmo o estouro, da noção de posição que tivemos que constatar seguindo a evolução das concepções kleinianas relativas à posição esquizoparanoide, é o resultado dos progressos no conhecimento clínico dos fenômenos esquizoides. Mas se o conceito desta posição não foi reformulado para fornecer um melhor instrumento de compreensão dos fenômenos da fase mais arcaica, é que sua função mudou radicalmente desde a época da posição paranoide: seu valor clínico permanece inestimável, seu valor genético precioso, posto que, no todo, as manifestações paranoides e esquizoides precedem as manifestações depressivas e reparadoras, mas seu valor explicativo se desvaneceu. Passou, doravante, aos fatores pulsionais primários.

11. A Inveja e a Gratidão, Determinantes Internos da Frustração e da Gratificação

Toda a vida psíquica é determinada, em última análise, pelo conflito entre as pulsões de vida e as pulsões de morte. O fato de que a teoria das posições constituiu, durante cerca de vinte anos, o instrumento privilegiado da descrição dos processos que resultam na escolha do círculo bom ou do círculo mau, não deve dissimular a permanência, no pensamento de Melanie Klein, daquilo que Willy Baranger denominou orientação instintivista. A partir de 1932, a *Psicanálise da Criança* remete qualquer evolução psicológica dos dois primeiros anos ao fenômeno de incremento, apogeu e decréscimo do sadismo, no quadro de uma concepção genética cujo esquema de conjunto é tomado de Karl Abraham.

É verdade que a partir de 1935, e ainda durante aproximadamente dez anos, a ênfase está antes na determinação da predominância do círculo bom ou do círculo mau pela escolha da posição do que nos fatores pulsionais desta escolha. Mas a teoria pulsional volta com força dado o aprofundamento dos fenômenos esquizoides e paranoides. O interesse irá encaminhar-se cada vez mais para as manifestações mais imediatas das pulsões, de seu conflito e de sua mescla: amor, ódio, avidez, inveja, gratidão.

Este arrolamento conduz a dois reparos:

1. Nas concepções freudianas, as pulsões regem o acontecimento psíquico sem estarem elas próprias diretamente presentes no aparelho psíquico, onde são representadas, num sentido quase diplomático do termo, através de representações (das quais as fantasias fazem parte) e dos afetos. Qual é concepção kleiniana das modalidades de representação das pulsões no aparelho psíquico? Melanie Klein jamais dedicou sequer um parágrafo a esta questão, mas deu sua aprovação às teses desenvolvidas por sua discípula e amiga Susan Isaacs em "Natureza e Função da Fantasia". Portanto,

é a este texto, convertido em 1952 num capítulo de *Développements de la Psychanalyse,* que comumente se referem os críticos desejosos de discutir a teoria kleiniana das "phantasias" e de suas relações com as pulsões, as relações de objeto, os mecanismos de defesa etc. Conhece-se a seu respeito as teses principais: as "phantasias"[1] são o conteúdo primário dos processos psíquicos inconscientes, têm uma relação fundamental com as vivências corporais e se expressam apenas de forma secundária nas imagens mentais e, mais tardiamente ainda, em representações verbais. São elas que dirigem as pulsões rumo aos objetos. Constituem igualmente o estofo mental daquilo que é descrito, na teoria, como mecanismo.

Todas estas ideias são efetivamente subjacentes às teorias kleinianas, e isto desde ao menos 1932, mesmo que não sejam nelas expressamente formuladas. Temos, pois, o direito de indagar sobre a legitimidade de nosso procedimento, que consiste em apresentar como fatores pulsionais primários realidades tais como a avidez, a inveja ou a gratidão. Seriam estas "phantasias" expressões das pulsões de vida e de morte? É demasiado cedo para responder a tais questões. Contentar-nos-emos, no momento, com a seguinte indicação: Susan Isaacs, que por certo não ignorava que os conteúdos psíquicos primários entremesclam-se de maneira inextricável com elementos que se diferenciam ulteriormente sob a forma daquilo que a velha psicologia filosófica teria chamado de estados representativos e estados afetivos, optou, entretanto, por nomear os conteúdos primários utilizando um termo que designa comumente um estado representativo. Quanto a própria Melanie Klein, embora aprovando as ideias de sua colaboradora, também ressaltou e descreveu certas manifestações diretas das pulsões fundamentais no psiquismo, que preferiu qualificar utilizando termos que remetem de preferência ao registro da afetividade. Quanto às modalidades concretas de seu entrelaçamento com as "phantasias" primárias, estas surgirão mais claramente quando estudarmos a evolução dos conceitos de avidez, inveja e gratidão.

2. A avidez e sobretudo a inveja têm como efeito aumentar o sofrimento psíquico, pois que, sob seu império, a simples privação é vivida como frustração – no sentido em que este termo designa, segundo Littré, "a ação de privar alguém daquilo que lhe é devido, daquilo que lhe deve caber, daquilo que espera". Esta maneira de sentir a privação é, no sentido de Susan Isaacs, uma "phantasia" que conduz ao fortalecimento da desconfiança e do ódio pelo objeto que priva ou falta, o que desencadeia o círculo mau e, portanto, o reforço recíproco da ansiedade paranoide e dos ataques sádicos imaginários. Melanie Klein teve sempre o cuidado de evidenciar o que se poderia denominar como sobrecarga ansiosa da privação, sempre vivida como uma agressão externa (ansiedade depressiva). Nesta perspectiva, todo afeto disfórico só pode ser um precursor, uma forma rudimentar ou um equivalente da ansiedade.

---

1. Susan Isaacs foi quem propôs esta grafia com o objetivo de distinguir as fantasias primárias do inconsciente profundo, expressão direta das pulsões, das fantasias pré-conscientes ou conscientes superficiais que constituem apenas seus derivados. Os textos kleinianos posteriores a 1952 adotam a ortografia de Susan Isaacs, assim como as reedições de artigos anteriores, porém abandonando totalmente a forma *fantasy* inclusive quando se tratam de fantasias conscientes, de modo que o uso da grafia *phantasy* perde todo valor diacrítico. Pareceu-nos portanto inútil sacrificar, no quadro deste trabalho, aquilo que nada mais é do que um rito.

A tendência mais central da inspiração kleiniana consiste em minimizar o impacto atual da separação, da falta ou da privação reais em proveito do temor e da espera ansiosa da perpetuação ou do agravamento da situação penosa vivida como atualidade. Primazia da ansiedade sobre a dor, da antecipação do futuro sobre a reação no presente, do imaginário sobre o real e, para empregar a linguagem de Melanie Klein, da realidade psíquica sobre a realidade exterior.

A partir de então, os fatos reais de satisfação ou de privação não são suficientes para dar conta das experiências vividas de gratificação ou de frustração. A privação só se desenvolve em frustração sob a influência de fantasias que expressam a avidez ou a inveja. A satisfação dá lugar ao gozo completo apenas sob a influência da gratidão. Se quisermos avaliar exatamente o significado destes fatores pulsionais primários que são a avidez, a inveja e a gratidão, deveremos, primeiro, tentar compreender como estes tornam possíveis as experiências afetivas mais fundamentais, ou seja, as do prazer e as do desprazer. Cumpre-nos, portanto, nos debruçarmos agora sobre a evolução da teoria kleiniana da gratificação e da frustração.

1. PRIVAÇÃO E FRUSTRAÇÃO

Para compreender verdadeiramente a psicologia kleiniana do sentimento de frustração, é preciso levar em conta o fato de que toda frustração ou toda gratificação é vivida na relação com um objeto. Como assinalaram J. Laplanche e J.-B.Pontalis, o termo alemão *Versagung,* comumente traduzido por *frustração,* designa exatamente a recusa da satisfação, seja a recusa por parte do objeto em relação ao sujeito, seja por parte do sujeito em relação a si mesmo. Sabe-se que tal era o sentido do termo francês *frustration* antes que, sob a influência do inglês, ele se torna-se insípido ao longo do século XX. De fato, enquanto o alemão só usa correntemente uma única palavra para designar aquilo que o francês atual, infiltrado pelo inglês, nomeia de frustração, o inglês dispõe de dois termos. Um deles, que comporta uma conotação de fracasso e eventualmente uma implicação intersubjetiva, é o termo *frustration,* que o dicionário *Harrap's* define assim: "aniquilamento dos projetos de alguém, frustração (de uma esperança)". O outro vocábulo é *deprivation:* "privação, perda (de direitos); desapossamento, esbulho". É, portanto, *deprivation* que comporta as conotações jurídicas que o *Littré* reconhece na palavra francesa *frustration.*

Os psicanalistas *britânicos,* e acima de tudo Ernest Jones, ao contrário de seus colegas americanos, habituaram Melanie Klein a considerar que a *deprivation* é algo mais que a simples *frustration,* notadamente na medida em que comporta uma dimensão intersubjetiva de recusa por parte do objeto. Este fato é revelado no texto em que a criadora da técnica do brincar atribui a Jones uma ideia que ela parece de fato lhe ter sugerida e que se nos afigura de molde a impor a tradução de *frustration* para o francês *privation* (privação) e de *deprivation* por *frustration* (frustração): "O Dr. Ernest Jones descobriu que a privação (*frustration*) é sempre sentida como frustração (*deprivation*); se a criança não pode obter a coisa desejada, tem a impressão de que esta lhe foi retirada pela mãe má que tem poder sobre ela"[2]. O texto data de 1936, mas a tese que enuncia já estava presente nos primeiros escritos verdadeiramente kleinianos de Melanie Klein.

Ocorre que a descoberta da intensidade das frustrações experimentadas pela criança pequena se articula de pronto com a descoberta da amplitude do sadismo arcaico. É o princípio do talião, enunciado já em 1927 (*Essais de Psychanalyse,* p.221), que permite compreender o fato de que a criança sinta as privações como punições infligidas pelos pais:

[...] as frustrações orais e anais, prefigurações de todas as frustrações ulteriores, têm, igualmente, o valor de punições e são causa de ansiedade. Esta circunstância aumenta (*steigert*) a aspereza (*die Schärfe*) da frustração e contribui em grande parte para o acabrunhamento (*Belastung*) produzido pelas frustrações em geral (1928, *Idem,* p.231; trad. al., *I.Z.P.,* XIV, p.66).

O tema central da teoria kleiniana da frustração é, portanto, formulado, com nitidez, bem antes da publicação da *Psicanálise da Criança:* a privação real produz um sentimento de dor áspero e acabrunhante. Mas a *intensificação* desta dor é decorrente da ansiedade do talião e, portanto, do sadismo da criança.

Nesta época, Melanie Klein não tem nenhuma necessidade de formular a noção de um fator pulsional especial desta intensificação, já que este fenômeno de aumento quantitativo e qualitativo do sadismo, concebido numa perspectiva tomada à teoria genética de Karl Abraham, é precisamente o que serve para definir a fase de apogeu do sadismo. Notemos, além do mais, que Melanie Klein, pensando e escrevendo sobretudo em alemão até 1932, não tinha, quando falava de *Versagung,* de escolher entre *frustration* e *deprivation.* Será preciso, pois, esperar que ela tenha adotado o inglês e abandonado o modelo genético de Abraham para que sinta a necessidade de evocar um fator especial de transformação da privação em frustração: a *avidez.*

2. AVIDEZ

É apenas em 1952 que a avidez se torna um verdadeiro conceito teórico. Será necessário, para tanto, que se juntem dois itinerários independentes. Um deles, puramente conceitual, é a busca de um fator de intensificação da reação à privação. O outro é a observação direta do lactente, praticada pela própria Melanie Klein, ao se interessar pelos trabalhos da psicóloga e psicanalista britânica Merell Middlemore. Nesta perspectiva, a avidez é uma noção que serve para subsumir condutas observáveis do exterior. Tal metodologia permite responder às críticas que, nesta época, acusam a criadora da técnica do brincar de ter adiantado teses inverificáveis, de natureza mais especulativa do que científica (E. Glover, 1945). No ensejo destas observações, empreendidas à luz de sua teoria da posição depressiva, Melanie Klein salienta a oposição nítida de dois tipos de reação do lactente aos cuidados maternos e ao aleitamento. Certas crianças estão centradas no alimento, não se interessam em absoluto pelo seio ou pela mãe, e não são sensíveis às reações desta. Outras apresentam a reação contrária, o que parece de um excelente prognóstico no que concerne a seu desenvolvimento afetivo futuro. À *avidez* dos primeiros – assim defi-

2. "Weaning" (O Desmame), in *Love, Guilt and Reparation,* Hogarth Press, p. 295.

nida pela predominância da procura da satisfação pulsional oral sobre a de uma comunicação com a mãe – opõe-se o *amor pelo objeto:*

Algumas crianças que, embora não tenham problema para comer, não são muito ávidas, denotam inequívocos sinais de amor e de interesse crescente pela mãe em estágio muito arcaico (*early*). Vi bebês de três semanas interromperem a mamada por um breve momento para brincarem com o seio da mãe ou olharem para seu rosto. Também observei que lactentes – e isto a partir do segundo mês – que permaneciam no regaço da mãe após a mamada, durante um período em que estavam despertos, olhavam-na, escutavam sua voz e lhe respondiam através de expressões faciais. Era como uma conversa amorosa (*loving conversation*) entre mãe e bebê. Tal comportamento implica que a gratificação se prende tanto ao objeto que dá o alimento quanto ao próprio alimento (1952, *Développements de la Psychanalyse*, pp. 225-226; trad. ing., pp. 239-240).

Assinalando estes fenômenos de troca corporal mais ampla do que a simples relação da alimentação[3], Melanie Klein figura como precursora da corrente que, com Winnicott e Bowlby, insistirá na importância, na maternagem, das trocas interpessoais precoces que ultrapassa, de muito, a simples relação centrada no alimento. Assim como Bowlby fará mais tarde, Melanie Klein opõe a nutrição (*feeding*) ao amor (*love*) como duas pulsões cujo entrelaçamento não impede que sejam relativamente independentes. Ela vê, na precocidade e na intensidade desta comunicação corporal não alimentar com a mãe, uma das manifestações desta capacidade de amor que facilitará o acesso à posição depressiva e à introjeção do bom objeto (*Idem*, p. 226)

Cumpre especificar, além disso, que esta orientação precoce no sentido do objeto reveste-se, amiúde, do valor de uma defesa bem-sucedida contra a ansiedade persecutória. No lactente "dormente e satisfeito" – segundo uma tipologia que Melanie Klein empresta de Merell Middlemore (1941) – o domínio da ansiedade passa pelo da avidez através da subordinação da relação alimentar a um início de relação de objeto (*Développements...*, p. 227).

Por mais favorável que seja uma tal orientação em direção à mãe, nem por isso se encontra isenta de certos riscos. Melanie Klein menciona particularmente dois:

1. Envolve o risco de conduzir a um estado de dependência excessiva em relação à mãe, a uma falta ulterior de autonomia. Ausências, oscilações de humor, quaisquer inabilidades por parte da mãe, correm o perigo de ter um efeito importante e de repercutir na qualidade do investimento da mãe assim como no apetite. Mas a despeito de certos inconvenientes, esta dependência é fundamentalmente positiva, pois procede do amor. Pode-se considerar, ademais, que ela é na realidade menor do que aquela do lactente ávido: este último pode parecer mais independente das perturbações do meio, mas ocorre que ele já está em vias de deformar seu ego e de se mutilar de maneira irreversível, fechando-se para o objeto a fim de investir apenas em sua própria satisfação oral.

De qualquer forma, a saída final da luta contra a ansiedade depende da quantidade das forças presentes e, portanto, da intensidade da ansiedade, quer seja ela constitucional (neste caso há poucas probabilidades de que o lactente seja capaz de orientação precoce em direção ao objeto), quer

---

3. Notamos de passagem que trabalhos recentes confirmaram as observações de Melanie Klein (Bower, 1977, pp. 47-49)

provenha das privações reais. Devido a este fato, salvo caso excepcional de complicações ulteriores imputáveis ao meio, o lactente que se volta precocemente para o objeto entrou no "círculo bom".

Nesta perspectiva de observação do comportamento, a avidez se apresenta, ao contrário, como centração na satisfação alimentar e se manifesta negativamente pela ausência ou pela pobreza de sinais de um "interesse desinteressado" pelo seio ou pela mãe. Dois fenômenos particulares lhe estão relacionados: 1) A tendência a morder o mamilo, que é tanto mais significativa quanto mais precoce e mais espontaneamente, ou seja, independente de uma reação colérica (*Idem*, p. 227). Esta conduta não acompanha, *pari passu,* necessariamente uma avidez sem freio e sem lágrimas. Pode-se observar, em tais crianças, inibições alimentares – ora, para Melanie Klein, a inibição alimentar é o sinal inequívoco da ansiedade – desse modo, paradoxalmente, a intensidade da avidez pode acarretar a ausência de todas as manifestações observáveis da voracidade. Ocorre que a própria avidez é fonte de ansiedade persecutória. Para lutar contra o temor do talião, dois caminhos são possíveis: ou o lactente procura se acalmar absorvendo o leite "bom" para reencontrar, com a sensação interna de repleção, a fantasia de união com o bom objeto onipotente, sendo que neste caso a avidez é patente; ou a ansiedade persecutória o domina, e o lactente, incapaz de combatê-la pela absorção de um bom objeto real, recusa o alimento, desenvolve fobias, volta-se para si mesmo. Neste caso, a avidez latente produz uma aparente ausência de avidez.

2. A impossibilidade de ficar só, que é tanto mais interessante quanto poderia apresentar com a marca de um interesse real pelas pessoas. Ela se associa, entretanto, a uma importante avidez alimentar, da qual parece ser, aos olhos de Melanie Klein, apenas o prolongamento: "Por exemplo, uma necessidade impetuosa da presença de pessoas parece, amiúde, incidir menos na própria pessoa do que na atenção que se deseja". Longe de testemunhar aptidão para a relação de objeto, este conjunto de condutas revela a incapacidade de suportar a frustração: "Essas crianças dificilmente suportam serem deixadas a sós e parecem ter necessidade constante de gratificação sob forma de alimento ou de *atenção"* (*Développements...,* p. 229; trad. ing., p. 243). A dependência provocada por este mecanismo é muito diferente daquela que procede de uma orientação desinteressada em relação ao objeto. A incapacidade de suportar a solidão se deve à ansiedade persecutória e à necessidade de ser constantemente gratificado apresenta tal intensidade apenas porque se trata de receber provas de amor e benevolência que vêm desmentir o medo de ser atacado ou, mais tarde, abandonado. Assim, em 1952, a avidez não é somente um fator pulsional primário, mas também uma defesa contra a ansiedade. É o sinal de que, simetricamente ao reconhecimento crescente do valor de descarga pulsional dos mecanismos "de defesa", as concepções kleinianas tardias põem em destaque o significado defensivo de certas manifestações pulsionais. Mas qual seria o estatuto metapsicológico da avidez nos textos kleinianos de 1952?

3. O ESTATUTO METAPSICOLÓGICO DA AVIDEZ

A definição teórica que Melanie Klein fornece deste estatuto em 1952 é extremamente ampla. Admite que o lactente se encontra, "nos períodos isentos de fome e de tensão", num estado "de equilíbrio ótimo entre as pulsões libidinais e as pulsões agressivas". A avidez é o *estado de desequilíbrio que se produz sob o efeito de privações:*

[...] Cada vez que as pulsões agressivas são reforçadas pelas privações (*privations*) de origem interna ou externa. Minha hipótese é que esta alteração do equilíbrio entre a libido e a agressividade desperta (*gives rise*) o afeto (*emotion*) chamado avidez (*greed*), que é antes e acima de tudo de natureza oral (*Idem,* p. 188; trad. ing., p. 199).

O afeto que manifesta o processo energético lhe fornece igualmente seu nome. O processo pulsional de predominância das pulsões sádico-orais sobre as pulsões libidinais orais têm como conteúdo psíquico primário um afeto. Este afeto é seguramente inseparável de uma série de fantasias, mas parece-nos característico da abordagem própria de Melanie Klein de insistir sobre a dimensão do afeto mais do que a da representação.

Cumpre sublinhar, igualmente, e sobretudo, que a avidez é inseparável da frustração, com a qual mantém uma dupla relação:

Por um lado, ela é a manifestação no psiquismo de uma alteração da dosagem pulsional que resulta de privações entre as quais algumas de *origem interna.* O que se deve entender com isto? O que é que torna o lactente incapaz de desfrutar do seio e dos cuidados maternos quando estes lhes são oferecidos? É a predominância da agressividade na constituição, "o excesso das pulsões agressivas que acentua a avidez e diminui a capacidade de tolerar a frustração" (*Idem,* p. 194). Assim, a predominância das pulsões agressivas está na origem destas privações endógenas, a cujo respeito Melanie Klein nos diz, aliás, que elas reforçam as pulsões agressivas. Poder-se-ia crer que se trata de um círculo lógico nas concepções kleinianas. Parece-nos tratar-se, de fato, da evidência em que posta uma das formas mais características do "círculo mau", na medida em que a avidez e a frustração são apanhadas como numa rede de retroação positiva cerrada, a tal ponto que aparecem como duas faces indissociáveis de um mesmo processo. Como esta variedade do círculo mau é de origem interna, cria um intenso sentimento de frustração frente às mínimas privações. Ela atribui, além disso, proporções catastróficas a carências ou privações realmente importantes.

Por outro lado, a avidez é fonte de novas privações. De fato, mesmo quando as privações que provocaram a ruptura do equilíbrio ótimo entre as pulsões têm seu fundamento na realidade, o surgimento da avidez transporta o lactente da simples privação à frustração acompanhada de amargor, ódio, ressentimento e incapacidade de aceitar a satisfação quando ela finalmente sobrevém. O mecanismo do círculo mau funciona neste caso do seguinte modo: sob o efeito da frustração (ou seja, do sentimento – *feeling* – para o qual a privação é um ataque sádico), o lactente é dominado pelo ódio e pelo temor do objeto. Quando a mãe real vem trazer a satisfação, a percepção confusa e caótica que a criança tem deste fato é facilmente deformada pelo esquema dominante, que é o da defesa contra os perseguidores: a percepção da mãe preenche a espera de um perseguidor, ela é percebida como tal e sua vinda, longe de proporcionar apaziguamento, duplica, num primeiro momento, a ansiedade e o ódio. A avidez e a incapacidade de tolerar a frustração são, pois, particularmente perniciosas, visto que tornam o lactente incapaz de gozar as satisfações que lhe são realmente acessíveis e o impedem de reatar facilmente o contato com o bom objeto, segundo um processo a cujo respeito Melanie Klein multiplica as ilustrações (*Idem*, pp. 230 e ss.)

O significado genético e clínico da avidez deriva imediatamente de sua natureza pulsional. Convém insistir mais particularmente nos seguintes pontos:

A avidez exerce um efeito de agravamento na maneira como são vividas as posições psicóticas da primeira infância. No curso da posição esquizoparanoide ela dá lugar, conforme o princípio do talião, a uma situação ansiógena particular, a de ser avidamente devorado pelo objeto. Não há nada de novo nisto: a noção de avidez vem designar um fenômeno descrito por Melanie Klein há mais de um quarto de século.

No que concerne, em contrapartida, à teoria da posição depressiva, a noção de avidez serve para designar uma forma particular de malogro do mecanismo de introjeção do bom objeto: enquanto movimento introjetivo, a avidez vem, de alguma forma, parasitar este mecanismo, já que a ansiedade de perda irremediável do objeto amado e indispensável tende a aumentar a avidez (*Idem*, p. 200). Assim, o movimento defensivo é desviado de seu alvo. Em vez de proteger o objeto, coloca-o em perigo, o que tem por efeito agravar os sentimentos depressivos em lugar de atenuá-los. Reencontra-se aqui a ideia de que a avidez, a despeito de sua orientação sádica, mantém uma relação estreita com as pulsões libidinais. Neste sentido, ela participa do "bom". Mas esta mesma circunstância a torna apta a infiltrar as manifestações das pulsões de vida e ela é perniciosa na medida em que pode desviá-la de sua meta.

A teoria da avidez é indissociável deste remanejamento da noção de idealização que começou em 1946. Não se exclui que a tematização feita em 1952 dos fundamentos pulsionais da avidez seja uma consequência das novas concepções relativas ao significado libidinal da idealização. Sabe-se que esta nova tese, que aparece em "Notas Sobre Alguns Mecanismos Esquizoides", modifica o estatuto metapsicológico deste mecanismo. A idealização não é mais um simples duble invertido no aniquilamento do mau objeto, "ela igualmente tem por fonte o poder dos desejos pulsionais, que têm por objetivo uma gratificação ilimitada e criam, por consequência, a imagem (*picture*) de um seio inexaurível e sempre pleno de bondade – um seio ideal" (*Idem*, p. 281; trad. ing., p. 299). Embora Melanie Klein não pense ainda, em 1946, em chamar avidez esta aspiração a uma satisfação ilimitada, a identidade entre uma e outra se impõe por si mesma. A necessidade de idealidade corresponde exatamente à dimensão ávida da tendência à introjeção. Os textos kleinianos ulteriores retornarão mais de uma vez à intimidade da conexão entre estes dois fenômenos de importância extrema: é, de fato, a própria idealidade do seio representado nesta *imagem* inspirada pela avidez que torna impossível o encontro no real de um objeto que possa igualar o que é desejado. A idealização surge como o "representante afetivo". Tal pulsão conduz necessariamente à frustração e, portanto, ao fortalecimento da agressividade. Mas apesar disto ela não tem parte ligada, no seu princípio, com as pulsões destrutivas. É, na origem, libidinal. Na avidez, trata-se de uma energia das pulsões de vida que foi desviada de seu alvo e posta a serviço das pulsões de morte.

Na medida em que procede de uma tendência introjetiva escorada num objetivo pulsional, a sucção, cuja valorização positiva permanece, a despeito de tudo, uma constante do pensamento kleiniano, não poderia ser o princípio mais ativo do surgimento dos afetos dolorosos associados à frustração. Ela é suplantada, sob este ponto de vista, pela *inveja,* que, após um eclipse quase completo a partir de 1932, ressurge no sistema de Melanie Klein – e precisamente na esteira de avidez. Desde o momento em que define a avidez e se compromete na tentativa de convertê-la no principal antagonista do amor desinteressado pelo objeto e o desencadeador privilegiado do círculo mau, Melanie Klein reintroduz a noção de inveja, que ela vincula à avidez através de um duplo laço. Assim, em 1952, a inveja é apenas uma das consequências da avidez.

Por um lado, enquanto desejo ilimitado de gratificação, a avidez impele a desejar tudo o que é desejável e, portanto, *tudo o que gratifica o objeto.* Nas situações de privações, o lactente atribui ao seio da mãe, e mais tarde ao pai, a satisfação ilimitada em relação à qual se sente frustrado (*Idem,* p. 207; trad. ing., p. 219). Existe, portanto, entre a avidez e a inveja, uma relação de conteúdo: a primeira fornece à segunda motivação e energia.

Mas há, por outro lado, uma relação genética entre a técnica introjetiva da avidez e a técnica projetiva da inveja. De fato, na medida em que a noção de inveja se precisar, seu liame se tornará cada vez mais patente (*Inveja e Gratidão,* p.19). Ora, sabemos que em 1952 Melanie Klein considera que a forma agressiva da identificação projetiva deriva diretamente dos ataques ávidos que são acompanhados de fantasias nas quais o lactente se transporta para o interior do corpo materno (*Développements de la Psychanalyse,* p. 195). A inveja, enquanto ataque sádico de orientação projetiva, é, portanto, nesta época, apenas uma consequência de avidez.

4. O CONHECIMENTO INATO DO SEIO BOM

A teoria de 1952 opõe a avidez ao interesse desinteressado pelo objeto. As concepções de 1957 assinalam ainda mais enfaticamente uma oposição de mesmo sentido entre a inveja e a gratidão. Contrariamente ao que ocorreu com mais frequência na obra kleiniana, esta mudança não tem como motor o aprofundamento da teoria da agressividade e da ansiedade. Não se passa diretamente da avidez para a inveja. É a conceitualização do interesse pelo objeto como gratidão necessária para a realização da gratificação que constitui o movimento mais decisivo. Ela é inseparável da formação de uma teoria da introjeção do seio bom, que nos parece ser o verdadeiro organizador das últimas concepções de Melanie Klein.

O primeiro ponto desta teoria é que o recém-nascido tem um conhecimento inato do seio. O elo com a mãe não é criado pela experiência da amamentação e dos cuidados maternos, mas existe uma pulsão, para não dizer instinto, que impele a criança em direção à mãe: "Fatores inatos contribuem para este liame. Sob a predominância das pulsões orais, o seio é instintivamente sentido como sendo a fonte da nutrição e, consequentemente, num sentido mais profundo, da própria vida"[4]. Como se formou esta ideia?

A ideia de que um objeto ou até mesmo um acontecimento possa ser antecipado antes de ser encontrado na experiência nada tem de surpreendente na teoria psicanalítica. A problemática freudiana da interação entre

---

4. *Envie et Gratitude,* 1957, N.R.F., p. 15; ed. ing. original, *Envy and Gratitude,* Londres, Tavistock, p. 3.

circunstância e traços filogenéticos revela este fato. Para nos atermos à obra kleiniana, encontramos aí, desde muito cedo, esta ideia. O exemplo mais antigo e mais típico disto é a tese de 1924, segundo a qual o lactente antecipa e deseja o coito como um ato oral (*Essais de Psychanalyse*, p. 167). Ao longo dos anos seguintes Melanie Klein postula a existência de uma *pressuposição* (*Voraussetzung*) da presença do pênis paterno no interior do ventre materno[5], um "conhecimento inconsciente" da vagina na menina (*Psicanálise da Criança*, p. 224) e, nas crianças de ambos os sexos, o conhecimento dos prazeres sexuais compartilhados pelos pais. A partir de 1932 Melanie Klein referia-se à tese freudiana que faz das teorias sexuais uma herança filogenética, para explicar a presença destas fantasias nas crianças de idade pré-verbal (*Idem*, p. 145). Mas nada se acha de semelhante a isto no que se refere ao seio. Melanie Klein adianta a ideia de que, sob o império da cobiça oral, o lactente constrói, a partir de sua experiência da mamada, a fantasia de uma satisfação oral ininterrupta, mas ela não considera que o seio possa ser antecipado antes da primeira mamada.

É, com efeito, o encontro com o seio real que conduz à introjeção do bom e do mau objeto primordial (*Idem*, p. 221, n. 1). Mas é preciso lembrar que durante muitos anos o primeiro movimento da criadora da técnica do brincar a leva a encarar como irreal o objeto mau, representado como tal porque sua vingança é temida, enquanto que o objeto real é um bom objeto.

Em 1932, a teoria da deflexão da pulsão de morte para o exterior impunha a ideia de que o mau objeto é, no essencial, *construído* através da ejeção-projeção, ao passo que o bom seio coincide aproximadamente com aquele que é *encontrado* desde as primeiras mamadas. Durante todo o período em que Melanie Klein se preocupa, antes de mais nada, em definir e ilustrar a posição depressiva, a equivalência entre o bom objeto e o objeto real permanece onipresente. Nesta perspectiva, a imago do seio bom e da boa mãe, mais próxima da realidade do que aquelas que apresentam o objeto como mau, deve se fundamentar nas experiências satisfatórias. Explica-se assim o tom militante da argumentação em favor da amamentação ao seio no texto de 1936 sobre "O Desmame".

Se Melanie Klein infunde tanta paixão em sua argumentação, é porque, segundo suas concepções, o real deve ser bom para se contrapor aos efeitos das imagos más. Mas por que razão este "bom", que deve ser trazido no real, haveria de ser o seio de preferência à mamadeira? No curso da psicanálise dos pacientes que foram aleitados na mamadeira,

> [...] descobrir-se-á sempre [...] uma profunda nostalgia (*longing*) do seio, que nunca foi satisfeita (*fulfilled*) [...] a gratificação fundamental e a mais arcaica foi obtida de um substituto, e não da coisa real que era desejada[6].

Cumpre notar, além disso, que Melanie Klein admite que é possível experimentar o desejo e a nostalgia de alguma coisa que não constituiu objeto de uma experiência. Tal afirmação é impensável se não houver a ideia de uma orientação inata do lactente em direção ao seio.

5. "Les Stades archaiques du conflit oedipien", *Essais de Psychanalyse*, p. 233; trad. al., "Frühstadien des Ödipuskonfliktes", *LZ.P.A.*, 1928, *XIV*, p. 69. As versões inglesa e francesa não traduzem exatamente o termo *vorausgesetzt* (pressuposto).

6. "Weaning" (O Desmame), in *Love, Guilt and Reparation and Other Works*, Londres, Hogarth Press, pp. 302-303.

Mas o peso da equivalência entre o seio bom e o seio real é tal que será preciso esperar 1952 para que os *Développements de la Psychanalyse* enunciem nitidamente que a criança tem um conhecimento inato do seio. Ainda em 1946, e até mesmo em certa passagem de 1952, a representação do seio ideal é o produto de uma deformação operada sob a influência das pulsões orais, do bom seio encontrado nas experiências satisfatórias.

A afirmação do caráter inato da orientação para o seio figura nas "Notas de Capítulo" do texto sobre a observação dos lactentes:

[...] o recém-nascido sente inconscientemente que existe um objeto de bondade única em seu gênero que pode proporcionar a gratificação máxima e que este objeto é o seio materno [...]. O fato de existir, no começo da vida, um conhecimento inconsciente do seio e de afetos serem experimentados com respeito ao seio só pode ser compreendido como uma herança filogenética (*Développements...*, p. 249; trad. ing., p. 265).

Uma vez tendo desenvolvido este postulado, Melanie Klein pode retornar à questão concreta da amamentação natural ou artificial. Mas o emprego que faz deste fenômeno na sua argumentação vai muito além da afirmação de um caráter inato da expectativa do seio, especificando o seu caráter: "Isso implicaria que o bico da mamadeira não pode substituir completamente o desejado mamilo, nem a mamadeira o cheiro, o calor e a maciez desejados do seio materno" (*Idem*, p. 251; trad. ing., p. 265).

Existe algo de paradoxal no procedimento de Melanie Klein: na sua vontade de provar a superioridade incondicional do seio sobre a mamadeira, ela acaba lançando o essencial da diferença à conta dos *stimuli* que, se acompanham de fato, necessariamente, a amamentação natural, não emanam, no entanto, do próprio seio e podem ser reencontrados, em certa medida, na amamentação artificial. Levada a este ponto, a pré-noção revira-se e torna-se o instrumento de uma das descobertas capitais das derradeiras concepções kleinianas: *o seio, antecipado por um conhecimento inato, é muito mais que o objeto da pulsão oral, é o dispensador de satisfações objetais que devem ser entendidas como satisfações sociais* no sentido anglo-saxão do termo, isto é, *interpessoais.* Isto implica uma profunda transformação das noções de oralidade, de pulsão e de objeto.

Assim, contra toda expectativa, se a mamadeira é inferior ao seio é porque só pode satisfazer a fome e o erotismo oral de sucção. O seio, ao contrário, pode satisfazer necessidades que, permanecendo de essência oral aos olhos de Melanie Klein, ultrapassam amplamente a ingestão do leite e o objetivo de sucção, e que são de ordem da relação de objeto: "gratificação e amor", que ajudam a combater a ansiedade persecutória, "intimidade física com a mãe durante a amamentação" que permite "sobrepujar a nostalgia de um estado anterior perdido" (estado pré-natal) e "aumenta a confiança no bom objeto" (*Idem,* p. 190; trad. ing., p. 201). Estas necessidades objetais se exprimem na busca de sensações ligadas ao contato corporal: odor, calor, maciez. Tais notações devem ser sublinhadas com tanto mais força quanto precedem de cinco ou seis anos a publicação, por autores como o etologista Harlow ou o psicanalista Bowlby, dos primeiros textos que dedicaram ao *attachment* (apego). A ideia, sustentada e difundida por estes autores, de que a relação primitiva com a mãe não se reduz à relação de alimentação, mas inclui essencialmente gozos associados a estímulos extra-orais, já fazia parte das concepções kleinianas em 1952 antes de desabrochar em 1957 em *Inveja e Gratidão*.

A insistência de Melanie Klein sobre o caráter *vital* da relação com o seio bom só pode, portanto, ser compreendida com exatidão se for avaliado tudo o que o distingue do objeto parcial da pulsão oral.

O arrolamento das sensações que acompanham a amamentação ao seio e cuja falta dá conta da inferioridade do aleitamento artificial, permite ao mesmo tempo entender o que caracteriza o seio bom enquanto não reduzido ao órgão e, no plano prático, indicar em que condições a amamentação na mamadeira pode se tornar benéfica e se aproximar da amamentação ao seio.

Entre os elementos que exercem um efeito de reafirmação em face das ansiedades persecutórias, Melanie Klein menciona, além do calor e do conforto, o apoio (suporte) (*Développements...*, p. 224). O que se deve entender com isto? A qualidade da maneira pela qual a mãe segura a criança (*holding*) ou a manipula (*handling*) (*Idem*, pp. 228-229; trad. ing., pp. 242-243). Devemos a Josette Zarka o seguinte reparo: no curso da mamada nas condições do aleitamento artificial, a mãe se cansa muito mais do que no decorrer da mamada ao seio. O braço e a mão que seguram a mamadeira devem se manter imobilizados por muito tempo numa posição que acaba por ser penosa. Apenas um braço está disponível para segurar o bebê. A posição é, no todo, mais desconfortável para a mãe, o que não pode deixar de repercutir sobre seu tônus muscular e sobre suas posturas, sobre o estilo de seus movimentos e, finalmente, sobre seu humor e sua disponibilidade afetiva. A criança está, portanto, exposta a ser menos bem segurada e menos bem manipulada no caso da amamentação artificial. E, de uma maneira mais geral, é pelo fato de que este tipo de amamentação propicia em menor grau oportunidade de uma troca corporal íntima com a mãe, que o aleitamento na mamadeira é desaconselhável. Isto implica que ela pode ser benéfica se se tomar o cuidado de facilitar o contato corporal entre a mãe e o lactente:

> Nos bebês alimentados com mamadeira, esta pode ocupar o lugar do seio, se for dada numa situação que se aproxime da amamentação ao seio, isto é, se houver uma estreita intimidade física com a mãe (*close physical nearness*) e se o lactente for manipulado (*handled*) e alimentado com amor. Em tais condições, o lactente pode ser capaz de estabelecer no interior de si (*within himself*) um objeto que sente ser a fonte primária da bondade (*Idem*, p. 229; trad. ing., p. 243).

A relação do lactente com sua mãe, apesar de ser centrada no seio, não se limita, pois, a este órgão. Melanie Klein admite – coisa que os trabalhos experimentais dos psicólogos geneticistas confirmaram depois (T.G.R. Bower, 1977, p. 48) – que a criança se interessa *desde os primeiros dias* pelo rosto, pelas mãos e pela voz da mãe (*Idem*, p. 229). Pode-se medir assim todo o efeito pernicioso da avidez: o lactente ávido conhece apenas as satisfações bucais, não consegue investir o corpo materno através do brincar desinteressado com o seio, que são os primeiros sinais do estabelecimento de uma relação de amor. Ulteriormente o lactente terá a maior dificuldade de passar da relação com o seio para a relação com a mãe enquanto pessoa e, portanto, de atingir, em boas condições, a posição depressiva.

É preciso, portanto, ressaltar que desde os primeiros dias de vida o seio faz parte de uma onda nebulosa em que as diferentes partes do corpo materno são associadas sem serem delimitadas, segundo o princípio sincrético da equivalência entre o todo e a parte e as diferentes partes entre si, já invocada na *Psicanálise da Criança*[7]. A noção de relação libidinal com o seio denota, portanto, o conjunto da relação arcaica com a mãe, na medida em que o seio é, para o lactente, o que certas escolas psicanalíticas francesas chamariam de *significante* e que os linguistas denominariam de *significado primordial*. Na realidade, o elo semiótico de que se trata não é um signo no sentido de Ferdinand de Saussure. Existe uma relação de conteúdo, que não poderia se considerar metonímica, entre o seio e o conjunto das vivências que ele representa e do qual faz parte. Encontra-se, pois, numa relação *simbólica* com elas. É neste sentido, em que o seio é o símbolo de um conjunto confuso de experiências de valor de maternagem, que se deve entender a noção de intimidade primitiva com o seio que irá figurar em *Inveja e Gratidão*, onde esta se confunde com a noção de intimidade com a mãe (*pp. cit.*, pp. 15, 28), ou a afirmação apresentada em 1959 de que a *mãe* (e não mais somente o seio) é o objeto de um reconhecimento inato[8]. A mãe não será reconhecida como uma pessoa antes dos quatro ou cinco meses, mas a relação primitiva com o seio é de imediato uma relação com a mãe na qualidade de um todo sincrético.

5. O SEIO BOM COMO SÍMBOLO DA CRIATIVIDADE

Um ponto no qual Melanie Klein insiste, particularmente, em 1957, é o fato de que o seio não constitui apenas uma fonte de satisfações orais e "sociais" mas tem o valor de *uma fonte de vida:* "(ele) é o representante da pulsão de vida, sendo igualmente sentido como a primeira manifestação da criatividade" (*Idem*, p. 46; trad. ing., p. 39). Trata-se aqui, ainda, da retomada e da resultante de uma ideia muito antiga: a autora da *Psicanálise da Criança* havia forjado, em alemão, o neologismo *Schaffensfähigkeit* (aptidão de criação, criatividade) para designar este conceito já importante dentre suas concepções da época[9], e que se aplica eletivamente à genitalidade. O que define para Melanie Klein a dimensão propriamente genital dos órgãos e das pulsões não é somente a união no coito, é o alvo criador que se exprime diretamente na procriação e nas tendências reparadoras. A criatividade tem por núcleo e por figura primordial a criação de filhos. Melanie Klein supõe, neste sentido, que a felicidade conjugal é uma das condições do fortalecimento da criatividade masculina bem como da feminina (*Amor e Ódio*, p. 94). Segundo o texto de 1937 (sendo que a ideia já estava presente em 1932, na *Psicanálise da Criança*), é por ser o criador de filhos que a menininha admira o pênis do pai, "que este é, para ela, o símbolo de toda a criatividade, todo o poder e toda a bondade" (*Idem*, p. 99; trad. ing., p. 317). Ressaltar-se-á que Melanie Klein considera como um elo *simbólico* esta relação do pênis com a criatividade, que prefigura a relação que ela afirmará ulteriormente ente o seio bom e o mesmo significado. Na e pela genitalidade, é sempre uma necessidade criadora que procura uma forma de expressão.

Assim, a ideia de que a criatividade é um dado imediato e concreto do imaginário infantil, e que ela é simbolizada por um órgão, é uma das teses

---

7. "[...] nessa etapa de desenvolvimento a parte é ainda considerada como o todo e o pênis representa a pessoa do pai" (*pp. cit.*. p. 146).

8. "Our Adult World" ("Nosso Mundo Adulto"), trad. fr., *Envie et Gratitude*, p. 98.

9. Este uso permaneceu, segundo nos consta, um hápax, sendo que o alemão preferiu o termo *Kreativität*, criado a partir do modelo francês.

mais antigas da obra kleiniana. O que é novo em 1957 é que este valor criador e propriamente *fálico* é destacado dos órgãos genitais para ser primariamente remetido ao seio materno. No mais, este fato não tem nada de surpreendente vindo de Melanie Klein, e seria antes de espantar que ela tenha levado tanto tempo para dar este passo, tão evidente se afigura que, para ela, segundo uma fórmula que devemos a Didier Anzieu, *o falo é o seio*.

Cabe entender, também, que é do seio bom que os órgãos genitais retiram seu valor psicológico de órgãos fálicos, ou seja, de órgãos da criatividade, já que este valor é de início conferido ao seio antes de lhes ser atribuído. Daí resulta que as formas sublimadas da criatividade repousam, em última análise, na identificação com o seio bom: "a identificação com um bom objeto interiorizado e doador de vida dá um impulso à criatividade" (*Inveja e Gratidão*, p. 46; trad. ing., p. 39). Pois, é verdade que, à primeira vista, "o sujeito parece cobiçar (*coveting*) o prestígio, a riqueza ou o poder que outros alcançaram, sua meta real é a criatividade" (*Idem*, p. 46).

Esta afirmação do valor fálico do seio acarreta um reexame radical das concepções kleinianas da sublimação e da reparação. Antes de 1957, Melanie Klein afirmava que toda criatividade tem por alvo a restauração do que foi destruído por um sadismo sempre entendido como primário. Ela desenvolveu uma teoria que se pode, segundo as preferências ideológicas, considerar como dialética ou como trágica, que inclui o negativo no positivo, a dor e o luto na criação. Embora tenha admitido por muito tempo, seguindo Karl Abraham, a existência de uma fase oral pré-ambivalente, não sádica, Melanie Klein sempre a representou como puramente passiva e receptiva, de uma tal natureza que nenhuma tendência criadora pudesse dela emanar. Nenhuma atividade é atribuída ao lactente pré-ambivalente. O elemento motor de toda a dinâmica psicológica é a pulsão destrutiva. A criatividade é necessariamente um momento segundo e reativo.

Ora, em 1957, Melanie Klein afirma a tese de uma continuidade genética entre a oralidade feliz e o conjunto formado pela criatividade e pelas sublimações (*Idem*, p. 17). Os momentos do processo que conduz da gratificação oral à criatividade são os seguintes: o gozo confirma a fantasia de uma bondade perfeita do seio, fonte de vida; a gratidão que se desenvolve então reforça o amor ao seio e a tendência à identificação introjetiva; a identificação com um seio generoso e fonte de vida torna o sujeito capaz de criatividade. O mecanismo central é, doravante, a introjeção do seio bom. A reparação não ocupa mais lugar no processo pelo qual as condições mais fundamentais da criatividade e da capacidade de sublimar são postas em seu lugar. Em vez de basear-se na compaixão e na identificação empática com o objeto estragado – o que supõe uma redução da clivagem e a unificação do objeto – a introjeção do bom objeto depende doravante da gratidão, fator pulsional primário do reconhecimento do seio bom como "bom".

6. A GRATIDÃO

A gratidão é *desencadeada* pelo gozo (*enjoyment*), mas a *aptidão* para experimentar a gratidão é uma disposição *inata* e *variável segundo os indivíduos*. Existe uma relação circular entre gozo e gratidão: a gratidão surge apenas quando há satisfação e esta, por sua vez, só pode ser completa se a gratidão é experimentada, o que marca a passagem da simples satisfação de uma zona pulsional para a gratificação vivida no quadro de uma relação de objeto. Na realidade, ainda que existam interações causais entre gozo e gratidão, estas têm uma importância secundária. O elo principal é aquele que une estes dois fatores a seu determinante comum: "a capacidade de gozo e de gratidão" (*Inveja e Gratidão*, p. 58) é um derivado da capacidade de amor (*Idem*, p. 17), que é, por sua vez, a expressão de uma dosagem constitucional da intensidade das pulsões de vida e das pulsões de morte. Não há nada de espantoso, portanto, se a gratidão, "derivado principal da capacidade de amor", for o fator de transformação da satisfação oral em amor de objeto gratificador.

Com efeito, é preciso que a concepção de *Inveja e Gratidão* interponha, entre a satisfação pulsional e a introjeção do seio bom, uma etapa intermediária de constituição do seio como bom objeto. Enquanto que os textos anteriores haviam encarado a *estabilidade* e a *permanência* apenas como aspectos do *estabelecimento* do bom objeto *no ego*, estas são agora descritas como atributos do seio *exterior*. Melanie Klein julga, em 1957, que a edificação do bom objeto interno só faz suceder ao bom objeto externo.

É preciso aproximar deste processo de construção da relação com o bom objeto real invocado em 1957, a tese de 1952, segundo a qual a projeção sobre o objeto das boas partes do *self é a*. própria condição para encontrar um bom objeto (*Développements...*, p. 196). Em ambos os casos a ideia central é a de que a descoberta do bom objeto supõe uma participação ativa do lactente, quer seja sob a forma de identificação projetiva "boa", quer seja de sentimento de gratidão. Não basta que o seio seja oferecido, cumpre ainda que ele seja *aceito:* a confiança (*trust*) no objeto deriva da "capacidade do lactente de investir de libido o primeiro objeto externo" (*Inveja e Gratidão*, pp. 28-29).

Nesta perspectiva, o processo de constituição do bom objeto como tal efetua-se essencialmente na relação com o objeto exterior e a introjeção do bom objeto confunde-se pura e simplesmente com a interiorização do seio provido de todas as suas qualidades. Doravante, não é mais a introjeção que é estável, segura etc: estas propriedades surgem, neste momento, como os atributos da relação com o bom objeto real, que se forma no ponto de encontro da antecipação inata do seio ideal e das experiências satisfatórias que vêm preencher esta espera. O que é introjetado é uma relação confiante, serena e satisfatória, ao mesmo tempo que objeto desta relação.

Este bom objeto introjetado garante a força e a segurança do ego. No mais, trata-se aqui de uma causalidade lateral e complementar mais do que central e determinante, pois o princípio mais profundo da força do ego é inato. No entanto, a introjeção do bom objeto é o meio privilegiado da atualização das disposições constitucionais num processo que depende do círculo bom: "... se o objeto bom está bem estabelecido, a identificação com ele fortalece a capacidade de amor, as pulsões construtivas e a gratidão [...] os alicerces da saúde mental, da formação do caráter e de um desenvolvimento bem-sucedido do ego são estabelecidos (*laid*)" (*Idem*, pp. 87-88; trad. ing., p. 85).

Consequentemente, os mecanismos de reparação passam ao segundo plano. Não têm um lugar essencial no processo que conduz da gratidão à criatividade. São doravante determinados pela criatividade mais do que a determinam (*Idem*, p. 29). Nas últimas concepções kleinianas, tudo concorre para dar a impressão de que a corrente principal da evolução que conduz da oralidade satisfeita às sublimações e às manifestações individuais de criatividade não encontra, em nenhum momento, a agressividade ou a ansiedade persecutória. A reparação, que nasce precisamente deste encontro e deste confronto entre o amor e o ódio, surge, agora, apenas como um fator secundário da criatividade. A ideia de uma gratidão e de um amor fundados nos sentimentos de culpa, que era uma das mais centrais do pensamento kleiniano desde 1929 e que dera origem à teoria da posição depressiva, foi então abandonada?

Poder-se-ia crer que sim lendo certas passagens. Com mais frequência que no passado, Melanie Klein sublinha, na exposição de casos clínicos, o aspecto compulsivo e neurótico da necessidade de reparação (cf. por exemplo *Inveja e Gratidão*, p. 62). E ocorre que a identificação empática com o objeto atacado, tão valorizada anteriormente, seja considerada como um processo puramente reativo e, por este fato, inautêntico (*Idem*, p. 30; trad. ing., p. 20).

O destino da noção de reparação, nas últimas concepções de Melanie Klein, é o mesmo dos elementos depressivos em geral. Esta noção não é abandonada mas passa ao segundo plano. A existência de uma sequência que conduz da agressividade à culpa e desta última à necessidade de reparar é posta de novo em questão. Mas nas ideias kleinianas anteriores, esta sequência, típica da posição depressiva, tinha por função produzir a verdadeira relação de objeto e assegurar a integração e a mitigação do ódio. Em 1957, o acesso à relação de objeto e à integração são remetidos a duas etapas distintas: a relação com o seio bom, objeto parcial, é objetal na plena acepção do termo; a síntese do seio bom e mau e a integração do amor e do ódio na relação com o objeto parcial sobrevêm, apenas, posteriormente; e é numa terceira etapa que se produz, com o reconhecimento do objeto como completo, no sentido pessoal do termo, a posição depressiva sob sua forma clássica, descrita em 1935. As concepções de 1948 haviam inovado afirmando a existência de um período em cujo transcurso o objeto não sendo ainda reconhecido como uma pessoa, o lactente apreende a identidade do seio bom e mau e faz experiência transitoriamente da ansiedade depressiva. A teoria final de 1957 vai muito além: a relação objetal na plena acepção do termo começa sob a forma da relação com o seio bom, objeto parcial e clivado e se desenvolve, se fortalece e se enriquece de alguma forma ao abrigo das manifestações de ódio e ansiedade.

É a clivagem binária que, separando o bom e o mau objeto, o amor e o ódio, prepara a possibilidade de viver, no contexto da oralidade satisfatória, esta relação confiante com o seio bom, da qual depende o desenvolvimento ulterior. A qualidade das sublimações posteriores e a das tendências reparadoras são predeterminadas pela intensidade das gratificações objetais recebidas e aceitas com gratidão no decorrer das primeiras semanas de vida. O sucesso do acionamento da reparação ao longo do segundo semestre de vida depende, portanto, daquela da clivagem binária no curso do primeiro trimestre.

Sabemos em que consiste este êxito: a clivagem deve ser, sobretudo no início, suficientemente estanque para assegurar a bipartição normal e fundamental do bom e do mau. Num segundo momento, que corresponde à aproximação da posição depressiva infantil, a clivagem deve ser assaz porosa para permitir confrontos, inicialmente provisórios, entre o amor e o ódio. Mas o que caracteriza as concepções kleinianas de 1957 é a revalorização da clivagem e o amor na relação com um objeto do qual nunca tem medo e não tem por que odiar. Esta tendência é tal que nos indagamos, por vezes, se Melanie Klein não chegou a pensar que, no fundo, as pulsões de morte e de vida estão inextricavelmente unidas, de tal forma que o recém-nascido só teria chance de ter acesso à possibilidade de viver fazendo ativamente a triagem entre as forças destrutivas e as energias que ela chama de construtivas. É claro, em todo caso, que ela supõe que as forças que tendem para a vida, para o amor objetal e para a integração do ego devam ser inicialmente reunidas formando um conjunto coerente antes de poderem enfrentar a descoberta da unicidade do objeto real nos seus aspectos "bons" e "maus" (*Inveja e Gratidão*, pp. 33-34).

Nestas condições, o fator mais pernicioso da perturbação do desenvolvimento será aquele que virá confundir esta clivagem primária entre o bom e o mau. Ora, tal fator é, precisamente, próprio da inveja.

7. A INVEJA

É de fato em relação à teoria da gratidão imediata (queremos dizer não mediada pela reparação) que o conceito final de inveja assume todo o seu sentido. A inveja é, em 1957, aquilo que vem estragar (*spoil*) o prazer oral primário, impedindo o surgimento da gratidão e suscitando o *ódio pelo bom objeto:* "a inveja é o fator mais poderoso para solapar em sua raiz o amor e a gratidão, na medida em que afeta a relação mais arcaica de todas, a relação com a mãe" (*Inveja e Gratidão*, p. 11). Melanie Klein insiste nos três pontos seguintes: a inveja é "uma expressão sádico-oral e sádico-anal das pulsões destrutivas"; ela opera desde o início da existência; tem uma base constitucional.

Por mais importantes que sejam tais características, o essencial parece, no entanto, consistir no seguinte: é o conhecimento inato do seio bom que está no princípio da inveja. Esta nasce da defasagem entre a espera ávida que acompanha a fantasia de um seio inesgotável e a realidade na proporção em que comporta, inevitavelmente, privações:

...o primeiro objeto a ser invejado é o seio nutridor, pois o lactente sente que o seio possui tudo o que ele (o lactente) deseja e que o seio dispõe de um fluxo ilimitado de leite e de amor que guarda para a sua própria gratificação. Este afeto (*feeling*) acrescenta-se a seu sentimento (*sense*) de mágoa e ódio e daí resulta uma perturbação da relação com a mãe (*Idem*, p. 21; trad. ing., p. 10).

O que importa assinalar é que a frustração procede da adjunção, à experiência da privação, de uma crença que poderia figurar na lista das fantasias originárias, ao lado da cena de sedução ou da cena originária, a título de cena de frustração, se Melanie Klein não houvesse preferido qualificá-la em termos de *sentimento*. Esta crença apresenta o seio como simultaneamente bom e mau: bom enquanto fonte inesgotável de tudo aquilo que é bom e desejado e mau enquanto guarda egoisticamente tudo isto para sua própria satisfação, frustrando assim deliberadamente o sujeito. A característica deste "sentimento" é que ele leva a considerar o objeto tão mais frustrante e malevolente quanto melhor for sentido, ou seja, fonte de tudo o que é bom. É esta crença que constitui a particularidade ou, como diz Melanie Klein, a *especificidade* (*Idem*, p. 11) da inveja no grupo das pulsões destrutivas: enquanto todas estas pulsões se prendem ao seio mau, a inveja ataca eletivamente o seio bom, sendo este ataque tão mais violento quanto melhor for o seio. Neste sentido, se a inveja é, como fator pulsional, antagonista da gratidão, ela constitui, como processo psíquico, o inverso da reparação que torna "bom" o objeto estragado pelas fantasias sádicas e evita que este se transforme em perseguidor.

Esta orientação da inveja direcionada para o ataque do bom objeto pertence a tal ponto à sua definição que se torna necessária uma explicação especial para explicar o fato de que, em certos casos, ela pode visar um objeto que não é totalmente bom: frente a um seio realmente "mau" a inveja só pode se desenvolver pela interposição da fantasia que representa este seio como "bom", mas guardando para si sua "bondade" (*Idem*, p. 22).

A teoria da inveja, tal como aparece em *Inveja e Gratidão*, parece, pois, estar em completa ruptura com as concepções kleinianas anteriores das pulsões destrutivas. A noção de um componente agressivo que se dirige de imediato para o bom objeto, e isto por essência e não acidentalmente ou por um efeito secundário da prematuração característica do recém-nascido humano, parece não ter seu lugar no pensamento de Melanie Klein. Toda a ansiedade deriva sua origem da pulsão de morte e, mais especialmente, do temor do talião, que predomina amplamente no começo da vida[10]. Ora, no caso da inveja, é preciso notar que a fantasia de retenção, por parte do seio, de sua bondade, nada tem de "taliônico": ela transforma o bom objeto em mau sem que nenhum ataque sádico tenha sido efetuado de antemão pelo lactente. A criança sente-se frustrada e atacada sem ter ela própria atacado. Ao passo que no esquema kleiniano clássico o objeto torna-se mau em consequência da projeção, sobre ele, da hostilidade que o visa; a inveja nos oferece o único exemplo de uma sequência inversa: o objeto torna-se mau, sendo somente então atacado nas fantasias.

7.1. *Afetos Invejosos e Ataques Invejosos*

Convém distinguir dois empregos do termo *inveja*. A inveja *stricto sensu* é o afeto muito particular que deriva daquilo que nomeamos cena de frustração e que acrescenta, ao desprazer proveniente da privação, a cólera contra o objeto frustrador. Mas este sentimento é acompanhado imediatamente de elementos representativos que consistem em fantasias de ataque a perseguir simultaneamente dois alvos diferentes: tomar do objeto aquilo que ele tem de bom e estragar (*spoil*) a bondade de que o objeto tem posse. "A inveja é o sentimento irado (*angry feeling*) de que outra pessoa possui e desfruta de algo desejado – sendo a pulsão invejosa a de tirar-lhe esta coisa ou estragá-la" (*Idem*, p. 18; trad. ing., p. 6). Uma das duas linhas de ataques, a que consiste em tomar, é praticamente indiscernível da avidez: é, pois, inevitável que a inveja seja um fator de reforço da avidez. Quanto ao outro aspecto do ataque invejoso, este visa "depositar maldade (*badness*), primordialmente excrementos maus e partes más do *self*, dentro da mãe, acima de tudo dentro do seio dela, com o fito de deteriorá-la e destruí-la". Na acepção mais profunda, isto significa destruir a criatividade da mãe (*Idem*, p. 18). Em suma, o ataque invejoso assume a forma da identificação projetiva "má" (*Idem*, p. 18; trad. ing., p. 7). Po-

---

10. Em 1959 a retomada em questão da distinção absoluta entre ansiedade persecutória e ansiedade depressiva não colocará em causa a noção de uma predominância dos elementos persecutórios ao longo das primeiras semanas de vida.

de-se, além do mais, notar uma certa tendência para a especialização do vocabulário: como a dos ataques invejosos que tomam uma via introjetiva são mais frequentemente considerados como manifestações da avidez; Melanie Klein aplica, na maior parte dos casos, o termo *inveja* ou *ataque invejoso* apenas às formas projetivas destes ataques (*Idem* p. 18).

É claro que os textos impõem a distinção de três sentidos da palavra *inveja* designando: 1) o sentimento irado que é a reação à frustração, 2) o conjunto dos ataques inspirados por esta reação afetiva, 3) principalmente a dos ataques que tomam a via projetiva. O segundo sentido é raramente encontrado, sendo que Melanie Klein prefere geralmente mencionar, neste caso, "a inveja e a avidez", ainda que de fato a inveja seja ora associada à frustração, ora ao ataque, sob forma de projeção, de partes más do *self* no objeto.

Movimento de cólera contra o bom objeto e ataque a este último, a inveja não pode deixar de suscitar o sentimento de culpa (*Idem*, p. 38). Mas uma vez que ela opera desde o início da vida (*Idem*, p. 11), está na origem de uma forma particularmente precoce da culpa, da qual cumpre admitir aliás, levando em conta as concepções que Melanie Klein reafirma em 1957 (*Idem*, p. 37), que ela não pode ser vivida sob forma de culpa autêntica e que se degrada necessariamente em ansiedade persecutória em decorrência da imaturidade do lactente.

Mas o que é que, na inveja, provoca verdadeiramente a culpa? Não podem ser os ataques invejosos, já que estes prendem a um objeto que é representado como frustrador, malevolente e, por conseguinte, mau. A hostilidade contra tal objeto pode bem suscitar o temor do talião e não a verdadeira culpa. Esta só pode surgir do reconhecimento da realidade psíquica da ambivalência afetiva e pulsional. A culpa deve ser, portanto, reportada ao afeto invejoso e ao sentimento de frustração que dirigem a agressividade para o bom objeto, fazendo surgir a ambivalência que a clivagem tem por função decompor em duas relações contrastadas.

Parece, de fato, que Melanie Klein se orienta assim para a distinção, se não de duas formas, ao menos de dois valores do sentimento de culpa. A culpa que procede da unificação do objeto, produzida pela integração do sujeito, é fecunda; aquela que resulta da *confusão* entre o bom e o mau provocada pela inveja é *prematura*. No segundo caso, "o lactente não pode então perlaborar nem a ansiedade depressiva, nem a ansiedade persecutória visto que elas acabam por ser confundidas uma com a outra" (*Idem*, p. 37; trad. ing., p. 28).

Se o afeto invejoso é acompanhado necessariamente de ambivalência e de uma forma tosca e prematura de culpa, parece, de fato, que o ataque invejoso não é apenas motivado pelo ódio mas possui também valor de defesa contra a ambivalência. O ataque invejoso tem por objetivo suprimir nas e através das fantasias onipotentes esta insuportável bondade do seio frustrador. Isto é denotado pelo termo ao qual Melanie Klein recorre mais amiúde para designar, entre os ataques inspirados pela cólera invejosa, aqueles que assumem a forma da identificação projetiva "má" e que consistem em deteriorar o seio ou estragá-lo: *to spoil*.

Parece difícil traduzir por uma única palavra francesa o vocábulo inglês que significa, segundo seus diferentes usos, *gâter* (avariar), *abîmer* (estragar) e *endommager* (danificar) irremediavelmente alguma coisa: desperdiçar um trabalho, arrombar uma fechadura, estragar um molho, cortar o apetite, mas também, estragar uma criança, frustrar um herdeiro, saquear uma cidade etc. Quanto aos substantivos correspondentes *spoil* e *spoilage*, estes designam, o primeiro, o saque (*butin*) e o segundo os restos (*déchets*). Pode-se compreender as razões da escolha deste termo por Melanie Klein. Conjugando as noções de confusão, espoliação e corrupção física e moral, este pode denotar simultaneamente o componente oral e introjetivo da avidez (roubar, saquear, espoliar), o componente anal e projetivo da inveja (desperdiçar, arrombar, estragar irremediavelmente e, no fim das contas, fecalizar) e sua combinação na relação com um objeto que é irremediavelmente danificado porque foi avariado e despojado. Na falta de uma palavra mais satisfatória, propomos traduzir *to spoil* por *gâcher-dépouiller* (desperdiçar-despojar).

Tais considerações limitam o alcance da distinção entre o afeto invejoso e os ataques invejosos. Pois se a inveja *stricto sensu* decorre de um sentimento que apresenta o seio bom como um frustrador malevolente, ela se prolonga imediatamente nas fantasias de ataque que, em certo sentido, nada mais fazem do que realizar, na ilusão da onipotência do pensamento, "Tornar-se mau" do objeto.

Contudo, pode ocorrer que Melanie Klein apresente os ataques invejosos como defesas contra a inveja: "O objeto que foi desvalorizado não tem mais que ser invejado" (*Idem*, p. 68). Visto que o seio inexaurível, correlato ideal da avidez, constitui o protótipo de todos os objetos idealizados ulteriores, não será surpreendente o fato de que a desvalorização do objeto invejado conduza com frequência ao que se poderia nomear de desidealização dos objetos ideais. Pelo fato de ser representado como inesgotável e ideal, o seio é suspeito como conservando para si mesmo sua bondade, e as privações que ele inflige são intoleráveis. A desvalorização do seio e ulteriormente a dos objetos invejados tornam, portanto, a frustração menos amarga.

O fato de que os ataques invejosos possam surgir como defesas contra o afeto invejoso reclama duas notas: inicialmente, ela nos fornece um exemplo a mais da tendência de Melanie Klein de aproximar as noções de mecanismo de defesa e de descarga pulsional. Aqui, existe praticamente uma equivalência entre a defesa contra o afeto invejoso e a descarga do ódio associado a este afeto nas fantasias sádicas: o alvo pulsional e o defensivo formam um único objetivo. Nas concepções kleinianas anteriores, apenas a defesa paranoide, que consiste em aniquilar o objeto temido, havia dado o exemplo de uma identidade, neste mesmo sentido, entre pulsão e defesa. Porém, pode-se indagar sobre o que o conceito de defesa significaria ainda neste caso.

Além do mais, esta defesa que é o ataque invejoso é iniciada contra a inveja enquanto afeto de dor e de cólera. Ora, em todo pensamento kleiniano, as operações defensivas têm sempre por objetivo combater a ansiedade e, além da ansiedade, as pulsões destrutivas que são sempre a causa última desta. Qual seria, portanto, a natureza da relação da inveja com a ansiedade e a pulsão de morte?

Parece evidente que o afeto invejoso tem uma parte associada à pulsão destrutiva. Por um lado, Melanie Klein repete a cada página, embora sem especificar, a natureza exata desta relação; por outro, a crença através da qual as simples privações são vividas como frustrações pressupõe a projeção de uma intenção hostil sobre o seio ou, pelo menos, a atribuição ao seio de uma intenção hostil, o que é difícil de compreender a não ser como um fenômeno de projeção. Ora, numerosos textos afirmam a natureza projetiva da inveja. O que se deveria entender neste sentido? Na quase totalidade dos casos, ao que parece, esta concerne ao ataque invejoso. Mas pode-se indagar se não existe uma dimensão de projeção na própria cólera invejosa, na convicção de que é de maneira ávida e malevolente que o seio priva o lactente do leite e do amor, os quais guarda para si mesmo. Se assim fosse, o sentimento de frustração seria mais compreensível e a inveja não teria mais, no sistema kleiniano, o estatuto particular e desconcertante de ser o único afeto disfórico que não é referido como sendo uma das formas da ansiedade – sem que, no mais, Melanie Klein se preocupe por um só momento em diferenciá-los.

Melanie Klein afirma que o lactente suspeita que o seio guarda para si próprio seu leite e seu amor, sem jamais se preocupar em dar conta da formação desta crença. Parece tratar-se, para ela, de um dado elementar da afetividade que não necessita de explicação. Mas qual a razão deste postulado? Parece inseparável da distinção feita pelas últimas concepções kleinianas entre a relação da criança com o alimento e sua relação com o objeto que fornece o alimento. Nesta perspectiva, o seio é mais que um objeto pulsional, é um parceiro objetal que concede ou recusa a gratificação: é o que implica evidentemente a própria noção de gratidão (*Idem*, p. 17). Na verdade, este fato não foi suficientemente ressaltado, porque a inveja se refere a uma situação dual, enquanto que o ciúme só pode surgir numa relação que se refere a dois objetos (*Idem*, pp. 18-19). A inveja parece ser, portanto, anterior à triangulação, já que esta é a condição da transformação da inveja em ciúme.

Mas a noção kleiniana da inveja é inseparável de uma forma arcaica de triangulação que não se refere à relação entre duas pessoas, mas sim ao conflito com o objeto centrado numa terceira coisa. A teoria da inveja que se inicia em 1952 (*Développements de la Psychanalyse*, p. 207) e assume toda sua amplitude em *Inveja e Gratidão*, sucede, após vinte anos de eclipse parcial desta noção, uma primeira teoria da inveja desenvolvida entre 1928 e 1932 que havia apenas uma importância secundária no primeiro sistema kleiniano, mas nem por isso menos notável pela sua clareza. Um breve retorno a esta teoria parece-nos de natureza a esclarecer o sentido das concepções mais tardias de Melanie Klein.

A autora da *Psicanálise da Criança* operava com uma noção que não necessitava definir, pois esta se situava no quadro da concepção abrahamiana da inveja[11]. Melanie Klein ultrapassou, sem deixar de validá-la parcialmente e de conservá-la, a teoria freudiana da inveja do pênis (*Penisneid*), sublinhando a existência e o caráter mais arcaico de uma inveja da maternidade presente nos dois sexos. Nas concepções de 1932 a inveja não é explicitamente distinta do ciúme. Manifesta-se eletivamente no curso da fase arcaica do Édipo e testemunha a primazia do sadismo oral neste estágio: "A inveja oral (*des orale Neid*) cria uma impulsão para se introduzir à força no corpo-ventre materno..." (*Psicanálise da Criança*, p. 145; trad.

11. KARL ABRAHAM, *Oeuvres Completes*, Paris, Payot, vol. 2. Pode-se resumir desta forma as concepções deste autor: 1) a disposição para a inveja é um traço de caráter neurótico; 2) a inveja é um sentimento doloroso associado a uma falta primária; 3) ela conduz ao desejo de possuir o que os outros possuem; 4) ela é acompanhada de ódio pelo possuidor de objetos ou qualidades cobiçadas; 5) ainda que surgindo frequentemente num contexto clínico anal, ela tem origem oral; 6) enquanto manifestação sádico-oral (mordedura), ela se opõe à generosidade resultante do estágio de sucção; 7) ela perturba a identificação com a mãe generosa, adquirida na etapa de sucção.

al., p. 166) e assume logo a forma edipiana arcaica de uma rivalidade com a mãe em relação ao pênis do pai (que ela incorporou), e das crianças que ela supostamente contém etc. Neste estágio, a inveja se manifesta, portanto, essencialmente pela triangulação da relação com a mãe através de um terceiro objeto, que é um objeto parcial imaginário, um conteúdo do interior do corpo da mãe. O estabelecimento da relação privilegiada entre o afeto invejoso e as fantasias dos pais combinados não muda fundamentalmente esta estrutura relacionai.

A inveja refere-se indistintamente a ambos os pais tomados como um todo enquanto gozando e possuindo conteúdos desejáveis dos quais a criança é privada. Visando apenas a mãe ou os pais combinados, *a inveja é rivalidade com o objeto pela posse de alguma coisa que não tem o estatuto de objeto propriamente dito* mas que é cobiçada pelo sujeito e pelo objeto. A inveja é, pois, desde 1932, uma relação entre um sujeito, seu parceiro objetal, e objetos pulsionais parciais que são o motivo da rivalidade e do conflito, já que o objeto pode gozar desta relação e exclui o sujeito deste gozo.

Ora, a reintrodução da noção de inveja no aparelho conceitual de Melanie Klein em 1952 é exatamente contemporânea ao surgimento do tema de um conhecimento inato do seio bom, que o representa muito mais do que como um objeto pulsional oral; é ainda contemporânea às primeiras descrições do comportamento do lactente, que opõem a centração ávida no alimento à orientação desinteressada em direção ao seio, objeto que alimenta. Reencontram-se assim todos os aspectos que caracterizavam, em 1932, a relação invejosa com a mãe, transpostos ao quadro da relação primitiva com o seio: avidez do sujeito, presença de um parceiro objetal, o seio, que dá ou que não dá alguma coisa que não é objetal no pleno sentido do termo: leite, calor, amor etc. A relação é triangulada exatamente da mesma maneira que o era segundo a *Psicanálise da Criança,* no quadro da relação com a mãe pessoa completa. *Esta noção de uma triangulação arcaica da relação primitiva com o seio e com o alimento parece-nos ser uma das ideias mais importantes do último sistema kleiniano* e uma das mais comumente desconhecidas. É porque a relação com o seio em certo sentido já é triangulada que pode surgir o sentimento de frustração.

Pode-se explicar deste modo o fato de que Melanie Klein não experimenta nenhuma necessidade de justificar o aparecimento de uma convicção de ser frustrado pelo objeto quando o lactente é privado da satisfação pulsional. A relação que se dá como dual resulta inevitavelmente na agressividade: a autora de *Inveja e Gratidão* chega assim a uma conclusão próxima daquilo que enunciou, seguindo outras vias, Jacques Lacan. Ocorre que para ela toda experiência é de imediato objetal, no pleno sentido do termo. A afirmação inúmeras vezes repetida de que as relações de objeto começam desde o nascimento, a recusa das formulações prudentes e conciliatórias propondo o reconhecimento de uma relação precoce com pré-objetos, parece-nos ter como motivação mais profunda a preocupação de manter a diferença entre o objeto pulsional no sentido freudiano e o objeto objetal em relação ao qual podem ser experimentadas a gratidão ou esta forma arcaica da rivalidade que é a inveja. *Toda privação de um objeto pulsional é imediatamente remetida à ação de um parceiro objetal, daí a inveja, assim como todo aporte de alguma coisa satisfatória remete à ação do bom objeto, daí a gratidão.* Parece tratar-se, para Melanie Klein, de uma evidência primeira, indissociável de sua concepção de relação de objeto.

É neste sentido que a inveja é entendida como um fenômeno mais pernicioso do que a avidez. Esta, na medida em que o sentimento de frustração não a transformou em inveja, tem como efeito desviar o lactente da relação com o parceiro objetal e, quando a privação acontece, remetê-la ao mau objeto: mas este mau objeto perseguidor, equacionado com as fezes, certamente não tem, aos olhos de Melanie Klein, o mesmo estatuto objetal que o seio bom e, de qualquer forma, o temor de ser perseguido por um objeto mau abre a possibilidade de se aproximar imaginariamente de um objeto ideal sempre fantasiado como tal. A inveja, ao contrário, enquanto "em seu sentido mais profundo", visa a criatividade guardada pelo seio, serve para conceitualizar esta inevitável dimensão da rivalidade, presente em toda relação objetal verdadeira. A inveja é perniciosa já que transforma o bom objeto em mau, pois que criou uma relação de ódio com o único parceiro objetal e identificatório verdadeiro do recém-nascido e do lactente, o seio bom, que não é "somente um objeto físico" (*Inveja e Gratidão*, p. 17), e, ainda, porque criou assim uma confusão entre amor e ódio, que a clivagem binária tenta separar.

É claro que, em tais condições, todo o desenvolvimento do sujeito dependerá da natureza e da eficácia das defesas que o ego pode opor à inveja.

7.2. *Existiriam Defesas Contra a Inveja?*

O recenseamento completo das condutas que Melanie Klein considera como estratégias visando combater a inveja revela que são todas desprovidas de verdadeira eficácia. Quer se trate do fortalecimento da avidez, da desvalorização do *self*, da tentativa de produzir a inveja no outro etc. (*Inveja e Gratidão*, p. 69), constituem apenas barreiras frágeis através das quais o ego tenta deter o desenvolvimento das consequências afetivas (a ansiedade persecutória ou o sentimento de culpa) da inveja, mas que não podem impedir o desenvolvimento da própria inveja e, amiúde, seu fortalecimento, já que elas aumentam as frustrações. Todas estas defesas conduzem o sujeito a entrar num "círculo vicioso".

A única estratégia do ego que parece ter algumas chances de êxito é fugir da mãe em direção a outros objetos. Nos casos favoráveis, ela contribui para a extensão das relações de objeto do lactente. Ela parece corresponder à posição depressiva. Não consiste num simples deslocamento, mas produz uma diminuição real da inveja, pois os objetos substitutivos são menos invejados do que o seio.

O lactente tem assim "o meio de preservar o seio – o que significa também um meio de preservar a mãe" (*Idem*, p. 63). Reconhece-se aqui o último avatar da noção apresentada, a partir de 1924, de uma conversão oral para o pai, primeiro fenômeno do Édipo arcaico resultante das frustrações orais sofridas na relação com a mãe. Mas sabe-se que tal conversão só pode ser adaptativa se a criança aprendeu a amar ao longo da relação primitiva com a mãe, o que supõe que as gratificações tiveram predomínio sobre as frustrações. Em caso contrário, a conversão fracassa, pois a relação com o pai e com seu pênis é tão ambivalente quanto a relação com a mãe e com o seio. É o que confirma a autora de *Inveja e Gratidão*: quando "a dispersão das emoções é utilizada sobretudo como defesa contra a inveja e o ódio" não pode "servir de base para relações objetais estáveis; é muito influenciada pela hostilidade persistente em relação ao primeiro objeto (*op. cit.*, p. 68).

Chega-se, assim, a este paradoxo: a única defesa que pode ter qualquer eficácia contra a inveja só é verdadeiramente eficaz se a inveja for moderada! Ela constitui então, mais do que uma defesa *stricto sensu*, uma linha do desenvolvimento da criança:

Na medida em que a relação com novos objetos substitua, em certa medida, o amor dirigido à mãe, não representando apenas uma fuga diante dos sentimentos de ódio que ela inspira, esses novos objetos podem vir a compensar o inevitável sentimento de perda do primeiro e único objeto – perda que surge na ocasião da posição depressiva (*Idem*, p. 68).

Aqui a inveja pode ser ultrapassada na proporção em que a ampliação das relações interpessoais seja fonte de novas satisfações. Mas é preciso, sobretudo, sublinhar que o processo que Melanie Klein vislumbra neste momento é relativamente tardio (ele corresponde à posição depressiva), não podendo, em consequência, ser considerado como uma defesa primitiva contra a inveja primária da posição esquizoparanoide.

Em suma, a inveja é dominada quando o desenvolvimento é normal. Não há mecanismo de defesa eficaz contra a inveja, além da clivagem normal e fundamental provocada especificamente pela inveja. Mas a capacidade do ego em manter esta clivagem revela sua força inata. Assim como a inveja traduz também uma certa dosagem das pulsões na qual as de morte predominam, o aniquilamento da clivagem e o aparecimento da inveja são, enfim, apenas duas manifestações psicológicas de uma única e mesma disposição constitucional. A utilização da clivagem contra a inveja só tem sentido se esta é moderada: em caso contrário, as pulsões de morte dominam-na e, consequentemente, a clivagem não pode ser mantida de forma duradoura. Nesta perspectiva, o conflito entre a inveja e a avidez, as manifestações ansiosas e os mecanismos de defesa, é amplamente ilusório. A saída deste é predeterminada por fatores quantitativos: além dos fatores do meio (qualidade ou carência da alimentação e dos cuidados maternos), todos os outros (intensidade da inveja e da avidez, força do ego, capacidade de amar, de tolerar a frustração, a ansiedade etc.) são apenas as manifestações da constituição individual.

Mas, se isto ocorre assim, a teoria do aparelho psíquico reduziu-se completamente à teoria das pulsões e de sua dosagem. Paralelamente, o ponto de vista econômico está subordinado aos pontos de vista dinâmico, tópico e genético. O dualismo das pulsões de vida e das pulsões de morte, a divisão de todos os processos psíquicos segundo provenham do círculo bom ou mau, fornecem um princípio explicativo único, último e total. Nada escapa a este sistema pulsional: o exame da teoria kleiniana do ego nos conduzirá à confirmação definitiva deste fato.

12. A Metapsicologia Kleiniana e os Processos de Mudanças

1. FUNÇÕES INATAS DO EGO E CONSTRUÇÃO DO APARELHO PSÍQUICO

Existiria uma teoria kleiniana do ego? Fez-se, por vezes, esta indagação, fundamentando-se na ambiguidade e em certas contradições aparentes dos textos de Melanie Klein. É verdade que há uma certa zona de superposição entre as funções do termo *ego,* referindo-se à instância psíquica ego, e aquele do termo *ego,* referindo-se à instância psíquica *self.* Além disso, tem-se dificuldade em compreender que a afirmação segundo a qual o *ego* está presente desde o início da vida possa aproximar-se da tese de uma construção (*building up*) do ego por meio de sua identificação com o bom objeto. Todas estas dificuldades, às quais outras poderiam ser acrescentadas, parecem-nos ser facilmente superáveis se quisermos considerar a originalidade da concepção kleiniana da tópica intrapsíquica e de sua relação com as pulsões.

A tópica kleiniana reconhece a existência do *self,* do *ego* e do *superego.* Ela ignora a existência do *id,* cujo nome nunca aparece nos escritos de Melanie Klein, a não ser quando faz comentários a respeito de Freud ou discute os argumentos de outros psicanalistas que são, amiúde, seus opositores. Toda tópica kleiniana é permeada pela oposição entre o "bom" e o "mau" (com ou, frequentemente, sem aspas) concernente tanto ao *self,* ao ego e ao superego, quanto aos objetos, quer sejam eles externos ou internos. Na medida em que se aplica aos objetos externos, esta divisão ultrapassa a tópica. Mas enquanto os objetos são internos, fazem parte, senão do *self,* ao menos do psiquismo (*mind*). Ao conceito de objeto corresponde o conceito de sujeito, com o qual Melanie Klein opera amplamente sem defini-lo. Como poderiam ser articuladas todas estas noções?

Melanie Klein é, segundo nos consta, um dos primeiros autores psicanalíticos a utilizar o conceito *self,* e isto desde 1940, com respeito à noção de mundo interior: a noção de relação de objeto interno (*internal relationship*) implica que o sujeito tenha uma representação de si mesmo enquanto personagem que faz parte de seu próprio mundo interno. É a esta representação do sujeito enquanto localizado em seu mundo interior-interior do corpo que se refere, inicialmente, a utilização do termo inglês *self* (*Essais de Psychanalyse,* p. 362).

Pode ocorrer que os termos *self* e ego funcionem como sinônimos. Observa-se este fenômeno em "Notas Sobre Alguns Mecanismos Esquizoides" (1946), onde Melanie Klein fala indistintamente em clivagem do ego ou do *self* É somente neste caso que a oposição entre o bom e o mau se aplica ao *ego.* Parece que *a oposição entre o bom e o mau não se refere ao ego enquanto instância intrapsíquica.* A partir de 1952, as funções dos termos ego e *self são* cada vez mais nitidamente diferenciadas, sendo que a definição de ambos é encontrada em 1959, em "Nosso Mundo Adulto":

Segundo Freud, o ego é a parte organizada do *self* constantemente influenciada pelas incitações pulsionais, mas guardando-as sob seu controle, graças à repressão; o ego dirige todas as atividades, estabelece e mantém a relação com o mundo exterior. O *self* abarca o conjunto da personalidade, compreendendo não apenas o ego, mas toda a vida pulsional designada por Freud pelo termo *id (Inveja e Gratidão,* p. 100).

Esta definição não é completamente esclarecedora, visto que remete a noções tais como repressão ou id, que não fazem parte do sistema kleiniano: a preocupação com a clareza ("Nosso Mundo Adulto" é uma conferência destinada a antropólogos e não a psicanalistas) conduz a uma certa imprecisão. Pode-se, no entanto, reter desta definição que o ego faz parte do *self* (neste sentido o *self* não é apenas a *representação* da pessoa no psiquismo, mas "o conjunto da personalidade" *em sua realidade*), é organizado e, ainda, é o agente das estratégias defensivas.

O ego está presente e ativo desde o começo da vida. Tal afirmação é ainda tímida em 1946 (*Développements de la Psychanalyse,* p. 278). Torna-se categórica a partir de 1952:

[...] o ego opera (*functions*) desde o início e [...] entre suas primeiras atividades, figuram a defesa contra a ansiedade e a utilização dos processos de introjeção e projeção. [...] Defini a tendência à integração como sendo uma outra das funções primárias (*primal*) do ego[1].

É portanto claro que o ego, segundo Melanie Klein, não se forma: existe uma instância ativa desde o início da vida capaz de reagir tanto às excitações externas quanto às internas (pulsionais). Por mais fraco que seja esse ego não-integrado, ele dispõe de uma força que lhe pertence e que é constitucional, ou seja, inata e repartida de forma desigual segundo os indivíduos.

Como seria possível compreender, a partir desta colocação, que o ego possa se formar e se fortalecer por meio da introjeção do bom objeto? Esta tese figura nos próprios textos em que Melanie Klein afirma o caráter inato

---

1. Intervenção sobre o aporte de HARTMANN, *op. cit.,* p. 51.

do ego (*Développements...*, p. 283). Existe, portanto, uma *construção* (*building up*) do *ego* (*Idem*, p. 275) que não se refere a elementos circunstanciais ou não essenciais, mas àquilo que tem de mais essencial: o bom objeto introjetado forma um *ponto focal* no ego (*a focal point, Developments in Psycho-Analysis,* p. 302), ele é o "instrumental na construção do ego" (*Idem*, p. 279) do qual é "uma parte vital" (*Idem*, p. 204, *a vital part*) e, segundo *Inveja e Gratidão*, o "núcleo" (*op. cit.,* p. 16).

A contradição é apenas aparente. O ego inicial é ativo, mas incoerente. A identificação introjetiva com o bom objeto é um instrumento não de criação, mas de integração do ego; discutindo diferentes teorias do desenvolvimento primitivo, Melanie Klein se une parcialmente àquela que Donald Winnicott expressara um ano antes, em 1945. Ela admite que "ao ego arcaico falta coesão" (1946, *Développements...,* p. 278).

Sua identificação, pela introjeção, com o seio bom inteiro (não estragado), fornece um princípio de unificação a este ego disperso. Ainda que Melanie Klein não se refira explicitamente à concepção freudiana do ego-prazer purificado, é claro que seu processo aparenta-se com o de Freud. A clivagem normal e fundamental posta em ação pelo ego arcaico opõe o bom e o mau. Ela constitui dois polos de unificação: más partes do *self,* que são repelidas, separadas do ego e projetadas nos maus objetos; bom objeto, que é introjetado, e boas partes do *self* projetadas no seio bom que condicionam o encontro com este (1952, *Idem,* p. 196). Sabe-se que *Inveja e Gratidão* logo afirmará a anterior idade da oposição entre o bom e o mau com respeito às outras oposições: *self q* objeto, mundo interior e mundo exterior (*op. cit.,* p. 72). Portanto, tudo leva a pensar, ainda que Melanie Klein não o tenha afirmado explicitamente, que existe um estágio primitivo no curso do qual o limite entre o *self* e o não *self,* entre o interior e o exterior, não é adquirido, embora se agrupem separadamente o conjunto "bom" (seio bom, bom *self*) que constitui o ponto de unificação do ego, e o conjunto "mau" (maus objetos, más partes do *self*), que permanece exterior ao sistema do ego durante todo o período dominado exclusivamente pela posição esquizoparanoide.

Cumpre notar, ademais, que este processo de integração do ego comporta diversas etapas. No curso do primeiro trimestre de vida, o ego se integra eunindo as experiências, de início não associadas entre si, – notadamente por falha de continuidade mnésica – de união com o bom objeto. O ego primitivo confunde-se, assim, com o bom *self,* que passa da dispersão e da descontinuidade completa para a coesão assegurada pela experiência de gratificação. É essencial para a compreensão do pensamento kleiniano final lembrar que o seio bom, objeto de uma espera inata, é imediatamente reconhecido como tal quando da experiência de amamentação. Ele não tem o que ser unificado pelo ego. É de imediato unificado pelo efeito da aplicação de um esquema filogenético: as vivências satisfatórias vêm de imediato "preencher", no sentido da fenomenologia husserliana, uma "intenção" que constitui o objeto como seu correlato. Não é este o caso no que se refere ao ego. Ele só pode assegurar a reunião de suas vivências esparsas sob uma unidade, reconhecendo-se como sendo o mesmo ao longo de suas experiências de união com o seio bom que é único e idêntico (ainda que não permanente). *A unificação do ego se fundamenta na unidade não adquirida do seio bom.* A unidade daquilo que os filósofos chamam da consciência de si é secundária em relação à apreensão da unidade do objeto primário que é dada por um "conhecimento" inato. Neste sentido, a unidade do ego é construída, mas esta construção tem como guia a espera inata – "conhecimento inconsciente", esquema ou "sentimento" – de um objeto *único* e unificado. Esta edificação do ego como bom *self* unificado parece corresponder, se interpretarmos com exatidão o pensamento kleiniano, à integração efetuada ao longo da posição esquizoparanoide.

No curso da posição depressiva infantil, o ego deve reconhecer sua realidade psíquica. Entendemos neste sentido que ele deve reconhecer que o ego-bom *self* não coincide com a totalidade do *self*, que o bom e o mau objeto formam um objeto único, o que conduz à obrigação de integrar no ego as más partes do *self*. Tal processo é difícil, longo e progressivo. Jamais é completamente concluído, ainda que o essencial seja normalmente realizado quando finaliza a posição depressiva infantil com o surgimento do Édipo clássico.

Esta integração do ego com as partes más do *self* que são relativamente aceitáveis pode ser considerada, do ponto de vista da tópica freudiana, como uma admissão no ego de elementos originários do id e do superego. Mas o que o pensamento freudiano descreveu em termos *deformação* do superego, Melanie Klein pensa em termos de assimilação progressiva pelo ego de uma instância intrapsíquica preexistente ou, mais exatamente, de um (ou de dois) objeto interno. Só poderemos compreender completamente as últimas concepções kleinianas relativas ao ego retraçando a última teoria da formação e da evolução do superego.

Willy Baranger (1971) sublinhou que para Melanie Klein não existe, ao longo da posição esquizoparanoide, apenas um, mas sim dois superegos cujas fontes são distintas. O "mau" superego origina-se do objeto persecutório interiorizado, com o qual ele provavelmente se confunde, na medida em que o limite entre o *self* e o não-*self* não está estabelecido. Quanto à outra forma do superego, são levantados problemas delicados: ela deriva, de fato, da introjeção do seio bom que constitui seu "núcleo" (1948, *Développements...*, p. 262). Nestas condições, é pouco perceptível aquilo que pode distinguir, no começo da existência, o ego e o "bom" superego: sendo que o objetivo não é ainda distinto do *self*, o ego e o bom superego só podem ser confundidos assim como o são com o seio bom.

Mas quando, em 1957, Melanie Klein propõe-se a situar suas concepções metapsicológicas com respeito às de Freud, parece abandonar a ideia de uma raiz originariamente boa do bom superego, reencontrando o significado reativo sempre presente nas concepções kleinianas. Se o mau superego do início inclui alguns aspectos "bons", é porque o intrincamento das pulsões constitui, de fato, obstáculo ao êxito completo da clivagem entre o bom e o mau[2]. Graças a esta relativa ambivalência, o superego poderá ulteriormente amenizar-se e ser projetado na mãe que "exerce autoridade" e exige certas condutas, reprimindo outras. Esta figura real será introjetada no superego, contribuindo para amenizar sua crueldade etc. Nesta perspectiva, uma boa parte da "bondade" do superego remete-se à introjeção do objeto real e total e, portanto, a um processo contemporâneo da segunda fase da posição depressiva. A partir da *Inveja e Gratidão*, nenhum texto kleiniano faz alusão à existência de uma dualidade primitiva do superego e quando Melanie Klein quer falar de uma instância intrapsíquica "boa" e primitiva que não se confunde com o ego, ela prefere utilizar os termos *parte ideal do self* (*pp. cit.*, pp.88,210,214). Tem-se, portanto, fundamento para considerar

---

2. "On the Development of Mental Functioning", *I.J.P.A.*, 1958, *39*, pp. 85-91.

que o essencial da última teoria kleiniana do superego e de suas relações com o ego se apoiam no seguinte: o ego e o superego opõem-se inicialmente como o bom *self* e o mau *self* mais tarde, quando o limite entre o *self* e o objeto começa a se definir, algumas partes ideais do *self* são destacadas do ego no quadro de uma estratégia defensiva que consiste em opor, ao superego perseguidor, um superego protetor onipotente.

Nesse estágio, que corresponde à posição depressiva infantil, o ego está se integrando, isto é, reconhecendo a realidade psíquica de sua ambivalência: a unificação dos aspectos clivados do objeto conduz à necessidade de proceder à unificação do bom *self* (o ego) e do mau *self*. Mas o que seria o mau *self*. Ele corresponde ao conjunto das vivências agressivas, ávidas ou invejosas. Sua integração no bom *self* supõe a mitigação do ódio pelo amor e, portanto, a culpa, a identificação com a vítima dos ataques sádicos e a reparação dos estragos infligidos ao objeto. Neste nível do desenvolvimento, a distinção entre sujeito e objeto está em formação: sabemos que a noção de limite corporal parece adquirida ao longo do quarto trimestre. Nestas condições, o objeto interno se diferencia do *self*. A síntese do superego, que é o representante interno do objeto – ou seja, o objeto interno correspondente – ocorrerá no sentido de uma reaproximação entre o superego ameaçador e o superego protetor e de uma amenização do primeiro pelo segundo. Mas na medida em que é um objeto, o superego não será integrado ao ego. As duas instâncias permanecem distintas, o ego integra o superego (seus aspectos bons e maus) sem que este se integre ao ego.

Existem, portanto, três etapas na integração do *self* pelo ego: 1) No curso da posição paranoide, o ego arcaico (*early ego*) forma-se pelo reagrupamento das boas partes do *self* na sua identificação introjetiva com o seio bom que é, desta forma, o guia desta unificação. Este primeiro ego permanece separado pela clivagem das más partes do *self*. 2) Ao longo da posição depressiva, o ego dá um segundo passo decisivo no percurso de sua integração: reconhece suas partes sádicas, ávidas ou invejosas. Esta extensão conduz a uma complicação e a um aprofundamento do ego capaz, doravante, da gama completa dos sentimentos depressivos. 3) Sem que esse processo seja cronologicamente distinto do precedente, o ego conclui a integração do *self* (*na* medida em que ela não é interminável), ou realiza o principal desta fazendo a síntese do superego.

2. A OPOSIÇÃO ENTRE O BOM E O MAU, PRINCÍPIO DA ARTICULAÇÃO DA TÓPICA E DA TEORIA DAS PULSÕES NO SISTEMA DE MELANIE KLEIN

O id freudiano é simultaneamente reservatório de todas as energias pulsionais e para onde retornam os conteúdos reprimidos. Aparece como uma instância separada apenas quando o ego e o superego são diferenciados. O conceito clássico do id é, portanto, inseparável: 1) de uma certa equivalência, no que concerne a seu lugar no conflito psíquico, de todas as pulsões que podem ser objeto de um processo de defesa, visto que todas podem se tornar perigosas; 2) do conceito de repressão, já que os representantes pulsionais que não são admitidos no ego permanecem ou retornam ao id; 3) de um modelo genético no qual o ego, inicialmente indistinto do id, emerge progressivamente, sendo a diferenciação do superego ainda mais tardia, efetuando-se essencialmente a partir do ego.

O pensamento kleiniano não pode manter nenhuma dessas afirmações. Ego e superego existem e opõem-se de imediato, sendo que a questão é a de sua aproximação e não a de sua diferenciação: não existe lugar para a noção econômica de um reservatório comum que alimentaria, um e outro, de uma energia pulsional de mesma natureza, nem para a noção genética de um estado de indiferenciação inicial. A repressão, para Melanie Klein, é apenas um mecanismo tardio, ordenamento pós-depressivo da clivagem do *self,* e é acompanhado da formação de um inconsciente relativamente estruturado (*Développements de la Psychanalyse,* p. 216 e *supra,* p. 109) que é um produto do desenvolvimento e não poderia ser considerado como o reservatório primário das pulsões. Enfim, e sobretudo, a noção de uma defesa do aparelho psíquico contra as pulsões em geral é completamente estranha ao pensamento kleiniano. *O conflito psíquico não é jamais um conflito do ego contra as pulsões, é sempre um conflito da pulsão de vida contra a pulsão de morte.*

Nenhum perigo para o indivíduo decorre de suas pulsões de vida; todo perigo provém das pulsões de morte. É apenas de forma secundária e, mais frequentemente, em função de sua associação com os derivados das pulsões destrutivas, que as tendências libidinais podem entrar em conflito com o ego. A oposição entre o bom e o mau, sem a qual a tópica kleiniana não tem absolutamente sentido, é apenas a oposição dos valores afetivos e biológicos que se associam respectivamente às pulsões de vida e às pulsões de morte. Para que a noção de id torne-se compatível com as concepções kleinianas, seria preciso opor um bom id, fonte das energias libidinais, e um mau id, fonte das energias destrutivas. Mas tão logo emergem no psiquismo, as pulsões são sentidas como boas ou más. A ansiedade não é, no pensamento de Melanie Klein, uma qualidade psíquica que responde às quantidades de excitação que ultrapassam um limiar – como sempre supôs Freud – mas sim a reação imediata à percepção endopsíquica da pulsão de morte. Quanto à noção de excesso de libido, esta não tem nenhum sentido na metapsicologia kleiniana. Gerando imediatamente prazer, amor e confiança, o aumento das quantidades libidinais só pode ter efeitos benéficos. Como foi amiúde notado, a concepção kleiniana do dualismo pulsional diverge radicalmente da de Freud no ponto em que ela faz da pulsão de morte o princípio energético da tendência e de condutas clinicamente observáveis. A fidelidade a Freud é total no plano do conceito: a pulsão de morte é sempre definida como uma pulsão de autodestruição secundariamente defletida para o exterior e primariamente masoquista; as pulsões de vida são sempre entendidas como forças de união e de ligação, enquanto as pulsões de morte tendem à desunião. Mas, diferentemente de Freud, Melanie Klein faz uma aplicação concreta da segunda teoria das pulsões.

Além disso, o pensamento freudiano, que sempre introduz defasagens ou jogos sutis entre seus pares contrastantes (consciente/inconsciente não coincidindo, na primeira tópica, com ego/inconsciente, pulsões do ego/ pulsões sexuais não coincidindo com pulsões narcísicas/pulsões objetais etc), impede, *a fortiori,* qualquer diminuição direta do dualismo pulsional em relação a um conflito psíquico que envolve sempre *três* instâncias. O pensamento kleiniano, ao contrário, tende a evoluir para uma coincidência exata entre todas as oposições: pulsões de vida, pulsões de morte; amor, ódio; integração, desintegração; ego, superego; gratidão, inveja; bom objeto, mau objeto etc. Poder-se-ia multiplicar os exemplos desta tendência à totalização das dicotomias que é, sem dúvida, bem mais do que a divergência sobre a data do Édipo ou mesmo sobre o conteúdo concreto da pulsão de morte, geradora da dificuldade de articular os aportes kleinianos à teoria psicanalítica clássica.

Quanto à tópica, ela é, em seu ponto de partida, apenas uma reduplicação do dualismo pulsional. O ego arcaico funciona apenas com energias libidinais que tendem à ligação, daí sua tendência à integração e sua procura de um objetivo inteiro, guiada pela espera inata de um seio bom. Quanto à pulsão de morte, ela é defletida para o objeto sob a influência da pulsão de vida, e assim convertida em pulsão destrutiva geradora do temor do talião. Existem, portanto, dois tipos de investimento pulsional dos objetos e das instâncias intrapsíquicas ou de seus protótipos. Um deles é libidinal, univocamente benéfico e gerador do "círculo bom". O outro é sádico, é necessariamente ansiógeno e gerador do "círculo mau". A oposição fundamental entre o bom e o mau é indefinidamente reproduzida, refletida ou multiplicada em todos os estágios e em todas as direções da vida psíquica. A complicação crescente do mundo interior, da tópica e das relações objetais à medida que se avança em direção aos estágios tardios do desenvolvimento, rumo aos níveis superficiais do aparelho psíquico, pode sempre ser remetida à simplicidade deste conflito fundamental: forças de vida contra forças de morte, amor contra ódio, gozo contra ansiedade, gratidão contra frustração.

Mas as pulsões fundamentais podem se opor radicalmente, e não deixam de ser, para Melanie Klein, bem como para Freud, intrincadas, unidas ou misturadas. Ora, diferentemente de Freud, Melanie Klein interessa-se pelo aspecto quantitativo desta mistura: em cada manifestação psíquica, as duas pulsões expressam-se conjuntamente, porém em proporções variáveis. Qual o princípio destas variações? Elas são parcialmente determinadas pelas circunstâncias externas. É preciso ainda especificar que o exterior age apenas na medida em que reforça a pulsão de vida (trazendo a satisfação das demandas biológicas e libidinais) ou a pulsão de morte ("satisfazendo" a necessidade de autodestruição, infligindo privações). Mas os fatores do meio podem modificar apenas parcialmente as forças presentes, cuja relação quantitativa é uma característica individual inata, a *constituição*. Por causa de sua mistura e da atenção que Melanie Klein dedica à proporção desta, ela postula – o que Freud não havia vislumbrado – que *as pulsões primárias são inversamente proporcionais no que se refere à sua intensidade*. A noção de força ou de fraqueza da vida pulsional em geral não tem sentido para Melanie Klein: em seu ponto de vista, é excluído o fato de que um indivíduo seja constitucionalmente provido de fortes exigências libidinais *e* de uma agressividade significativa ou que, ao contrário, as demandas pulsionais, qualquer que seja sua natureza, são fracas em seu conjunto. Toda energia de um dos grupos pulsionais afirma-se em detrimento do outro. Se o ódio e a persecutoriedade são fortalecidos, isso ocorre às custas da capacidade de amor e de gozo.

Nesta perspectiva, a força do ego nada mais é que a medida da predominância de um ou outro dos grupos pulsionais. Se as pulsões de vida dominam as pulsões de morte na dosagem que caracteriza o indivíduo salvo falhas catastróficas daquilo que Winnicott chamou de meio primário, o ego só pode ser forte, e esta força se afirma como a predominância da capacidade de gozar, de experimentar a gratidão, de amar o objeto etc. Esta força é necessariamente acompanhada da fraqueza da agressividade e, portanto, do temor do talião e, assim, do superego arcaico. É o que confirmam as valorizações implícitas veiculadas pelo vocabulário kleiniano: a força verdadeira é a da pulsão de vida; o ego investido de energia libidinal pode ser forte, mas um superego mais forte que o ego nunca é dito forte (*strong*), é dito esmagador (*overwhelming*); reciprocamente, quando o investimento libidinal de que o ego dispõe diminui, este se enfraquece (*weakens*), mas quando a carga sádica do superego diminui ele se ameniza ou *mitiga*. A noção de força remete à de uma relação de forças, de um conflito. A questão da força do ego não se coloca em sua relação com o que é "bom": frente ao bom objeto, à gratificação, ao amor, às tendências reparadoras, o ego em si não tem que ser forte, pois é sua união ou sua inter-relação com tudo isso que faz sua força. Em contrapartida, é frente ao mau objeto, à privação, ao ódio e à ansiedade persecutória que o ego necessita de sua força, que é inversamente proporcional à de seus antagonistas.

Retorna-se sempre a esta questão: tudo depende da dosagem. De início da natureza da pulsão que predomina e, em seguida, da amplitude da predominância desta pulsão. As relações entre as instâncias intrapsíquicas são rigorosamente determinadas por esta forma de distribuição das forças entre dois campos nitidamente separados, a força de um implicando a fraqueza do outro: de um lado o ego (inicialmente unido e sem dúvida confundido com o bom objeto) alimentado de energia pelas pulsões de vida; de outro, tudo o que é alimentado pelas pulsões de morte (o mau *self* "odioso, o temor do talião) ou aquilo que pode reforçá-las (privações). Assim, a tópica kleiniana opõe ao ego tudo o que é sádico: o que compreende o objeto perseguidor, ou ulteriormente o superego, e o conjunto dos sentimentos experimentados em relação aos maus objetos externos ou internos (ódio, medo, desconfiança etc). O conjunto destas vivências define o mau *self em* relação ao mau objeto ou, mais especificamente, às más partes do *self* (*Développements...*, p. 282).

De fato, parece difícil considerar que as más partes do *self* constituam uma instância verdadeira antes que sobrevenham as transformações ligadas ao aparecimento da repressão e à formação de um inconsciente relativamente organizado. Nestas condições, é a própria noção de tópica que desaparece em benefício de uma econômica. O conflito fundamental não interessa somente às instâncias e não pode ser adequadamente descrito em termos tópicos. Desenvolve-se sob forma de luta entre o amor e o ódio, pouco importando se as forças presentes expressam-se ou não nas estruturas intrapsíquicas estáveis e coerentes. Contam apenas os valores (bom ou mau) e as quantidades de energia.

3. MANIFESTAÇÕES E DETERMINANTES DA FORÇA E DA FRAQUEZA DO EGO

Clinicamente, a que se poderia atribuir o fato de o ego de um sujeito ser forte ou fraco? As indicações fornecidas por Melanie Klein podem ser agrupadas desta forma:

1) A força do ego é associada a seu grau de coesão ou de integração. Introjeção do bom objeto e projeção no objeto de boas partes do self, indissociavelmente ligadas, constituem determinantes desta (1955, in *Inveja e Gratidão*, p. 145). Um ego forte é, portanto, um ego coerente não mutilado pelo uso excessivo de mecanismos esquizoides: clivagem e identificação projetiva.

2) A força do ego está associada à qualidade das relações de objeto. Existe uma equivalência total entre ser integrado e ter relações objetais satisfatórias.

3) A força do ego se expressa diretamente na sua capacidade de tolerar a privação e a ansiedade. Trata-se aqui de uma das ideias mais antigas e mais constantes do sistema kleiniano enunciada a partir de 1926 (*Essais de Psychanalyse*, p. 267). Esta capacidade significa que o sujeito é capaz de suportar a privação sem reagir imediatamente através do sentimento de frustração, do ódio, da inveja etc, ou que, se ele se entrega a este sentimento transitoriamente, é capaz de não se fechar no círculo mau. Assim, a capacidade de tolerar suas próprias reações agressivas está intimamente associada à capacidade de tolerar a frustração e à força do ego (*Inveja e Gratidão*, p. 27).

4) A força do ego é acompanhada de todo o tipo de aptidões psicológicas, sociais, e até mesmo morais, que ultrapassam a simples relação de objeto, ainda que procedam em última análise da qualidade da relação com o objeto primário: sentimento de possuir uma bondade que me pertence, que me permite recorrer apenas ligeiramente à identificação projetiva, a qual enfraquece o ego e perturba as relações de objeto (*Idem*, p. 35); estabilidade nas relações de objeto fundamentada na capacidade de suportar as pequenas imperfeições da pessoa amada (*Idem*, p. 36); generosidade fundamentada na gratidão, visto que "graças aos processos de projeção e graças à riqueza interior distribuída a reintrojetada, produz-se um enriquecimento e uma expansão do ego (*Idem*, p. 29); "faculdade de devotar-se ao outro e de se dedicar aos valores humanos e culturais" (*Idem*, p. 27).

Ao término desta enumeração das manifestações diretas e concomitantes à força do ego, devemos confessar a nossa incapacidade de discriminar o que faz a força do ego e o que apenas a acompanha, assim como entre o que a determina e o que ela determina. A maior parte dos textos dedica-se à solidez do enraizamento do bom objeto interno[3]. É deste fator que dependem a maioria dos signos de força do ego que já ressaltamos: integração, qualidade das relações de objeto, tolerância à frustração, caráter provisório das manifestações de ódio, aptidão às sublimações, tudo isso fundando-se, em última análise, no sucesso da introjeção do seio bom, protótipo da criatividade.

Mas a introjeção do seio bom, conduta ativa do ego, não é causa primeira da força de um ego que já deve ser suficientemente forte para conduzi-la a bom termo. Sabemos igualmente que a introjeção deixou de ser, nas últimas concepções kleinianas, valorizada enquanto tal. Para que um bom objeto possa ser introjetado em segurança, é preciso que o objeto real seja inicialmente constituído e reconhecido como um bom objeto (*supra*, pp. 152-154), o que depende, finalmente, de uma capacidade inata de amor (*Inveja e Gratidão*, p. 27). Remetemo-nos novamente à constituição. Mas se tudo conduz incessantemente ao fator constitucional, qual seria a influência dos fatores do meio?

4. QUAL O PAPEL ETIOLÓGICO DOS FATORES DO MEIO NAS ÚLTIMAS CONCEPÇÕES DE MELANIE KLEIN?

Tudo que não é determinado pela constituição o é pelas experiências infantis. É neste sentido que Melanie Klein, que nunca deixa passar uma ocasião de insistir na importância dos fatores inatos, *já que estes são ge-*

---

3. *Développements de la Psychanalyse*, p. 283; *Envie et Gratitude*, pp. 34, 36, 145.

ralmente subestimados[4], associa, no entanto, todo seu peso aos fatores do meio. Neste sentido, há muito mais do que uma simples precaução verbal ou uma pura concessão às inúmeras críticas que acusaram-na de negligenciar as vicissitudes da história individual. Pode-se afirmar, sem paradoxo, como ela própria o fez em 1935, que apenas as concepções kleinianas permitem compreender verdadeiramente as modalidades da ação dos acontecimentos vividos sobre o desenvolvimento da personalidade (*Essais de Psychanalyse*, p. 336).

As descobertas de 1923 tiveram como consequência imediata privilegiar não os fatores constitucionais, mas sim a vivência individual mais arcaica na medida em que ela se pereniza nas camadas mais profundas do inconsciente (1926, *Idem*, p. 230).

É no quadro da teoria da avidez e do interesse precoce pelo objeto que se define a concepção kleiniana a respeito do efeito das experiências das primeiras semanas de vida: as experiências de satisfação favorecem o amor e as de falta e de privação suscitam o ódio. A criança alimentada e cuidada em condições satisfatórias atinge a gratidão, o amor e suas consequências benéficas: força do ego, qualidade das relações de objeto ulteriores etc.; a criança carente, não tendo possibilidade de desenvolver afetos associados à gratificação, seria fadada à ansiedade e ao fortalecimento da avidez e da inveja. Porém, admitir isto significa reconhecer que os fatores do meio podem determinar as quantidades (intensidade, frequência, duração) dos afetos de ódio e de amor. Poder-se-ia entender, neste sentido, que a dosagem inata das pulsões de vida e pulsões de morte pode ser modificada pelas experiências vividas ao longo da história individual?

É incontestável que Melanie Klein tenha sustentado que as experiências de privação têm o poder de facilitar a manifestação da agressividade: "nos estados de privação e da ansiedade, os desejos sádico-orais e canibalescos são fortalecidos" (1946, *Développements...*, p. 279).

Mas tem-se amiúde a impressão de que o efeito das privações limita-se ao desencadeamento de uma reação agressiva cujos aspectos quantitativos (limiar, intensidade, duração) dependem apenas da dosagem constitucional da pulsão de morte. Ora, sendo assim, o peso dos fatores do meio seria, por princípio, nulo: o indivíduo teria apenas uma quantidade limitada de agressividade a gastar, para responder às privações ou aos acontecimentos que sinta como desagradáveis. Quaisquer que sejam a frequência ou a intensidade das privações, a agressividade sentida e expressa deveria ser aquela que corresponde à dosagem inata: posição insustentável, e que Melanie Klein jamais apoiou.

Cumpre, portanto, admitir que as quantidades pulsionais inscritas na constituição individual podem ser modificadas sob o efeito das experiências vividas. É o que parece sugerir a definição de avidez como resultado da ruptura do "equilíbrio ótimo entre as pulsões libidinais e agressivas", ruptura que sobrevém quando, derivadas das privações, as pulsões agressivas são reforçadas (1952, *Développements...*, pp. 189-190). Este fortalecimento limitar-se-ia a facilitar a descarga de quantidades latentes sem modificar o equilíbrio global constitucional entre o amor e o ódio? Tratar-se-ia, ao contrário, da afirmação de uma transformação deste equilíbrio constitucional sob o efeito dos fatores do meio? Precisamos confessar que

---

4. Cf. "Our Adult World", Londres, Heinemann, 1959, p. 5; trad. fr., "Les Racines infantiles de notre monde adulte", in *Envie et Gratitude*, pp. 99-100.

Melanie Klein não destrincha esta questão e que ela tende a sucumbir ao peso de uma verdadeira ideologia constitucionalista, a qual parece não apreender o caráter aporético. Assim, após ter admitido que as privações reais podem modificar um certo equilíbrio pulsional e dar lugar à avidez, ela limita radicalmente o alcance desta afirmação assinalando que a avidez sobrevém tão mais facilmente na medida em que o "componente agressivo inato" é mais "poderoso", e não hesita em concluir: "consequentemente, a força das pulsões destrutivas em sua interação com as pulsões libidinais fornece a base constitucional da intensidade da avidez" (*Idem*, p. 190).

A ideologia do caráter inato funciona, portanto, no pensamento kleiniano, como um verdadeiro obstáculo epistemológico. É raro que Melanie Klein mencione o papel de um fator externo, qualquer que seja, sem logo multiplicar as reservas e as notas limitativas que remetem quase sempre a uma das duas variedades seguintes de considerações:

1) Toda experiência supõe uma aptidão do sujeito para vivê-la e uma contribuição externa. A experiência da satisfação oral primordial supõe o encontro de um lactente capaz de gozar e experimentar a gratidão sem a qual não há satisfação completa, com uma mãe que lhe dá o seio nas condições que Winnicott consideraria "suficientemente boas". Mas tudo indica que estas condições não têm o mesmo peso aos olhos de Melanie Klein: ela sempre se resguarda contra a superestimação dos fatores externos. Assim, até mesmo uma maternagem catastrófica pode não trazer consequências muito graves para o desenvolvimento de uma criança (*Inveja e Gratidão*, pp. 84-85). Inversamente, a melhor maternagem não tem nenhum proveito se a criança é constitucionalmente incapaz de gozo e de amor, já que a gratidão é uma condição de realização da satisfação (*Idem*, p. 18).

2) Tudo indica, além disso, que para Melanie Klein a parte dos fatores internos é mais considerável nas experiências favoráveis do que nas experiências de privação. Ela assinala com mais frequência a inaptidão de certas crianças em tirar proveito de um meio favorável do que a aptidão de outras em atravessar sem estrago situações de carência. Ocorre que, no fundo, o desencadeamento da ansiedade persecutória é, a seus olhos, um fenômeno quase automático nas situações de privação, já que toda criança é portadora de pulsões destrutivas e é apta à projeção. Neste sentido, as diferenças interindividuais, apontadas pelo conceito de uma aptidão mais ou menos grande para suportar a privação, só podem ter um papel importante na rapidez do aparecimento e na intensidade da reação paranoide. A criança insatisfeita, após uma tentativa mais ou menos durável de alucinar a gratificação, acaba sempre, se a privação se prolonga, por sucumbir à ansiedade persecutória (*Idem*, p. 51). Os fatores diferenciais assumem, ao contrário, um papel determinante nas experiências satisfatórias: as contribuições reais no que se refere à alimentação e aos cuidados maternos só podem ser gratificantes se acolhidos com amor e gratidão. Chega-se assim à conclusão paradoxal que Melanie Klein nunca enunciou, mas que parece decorrer inevitavelmente daquilo que existe de mais fundamental em suas concepções: os fatores externos são mais eficazes quando são desfavoráveis do que quando são favoráveis. Tudo se passa como se as quantidades inatas de agressividade pudessem ser aumentadas pelas privações sem que as satisfações reais possam ter um efeito comparável sobre a gratidão e sobre o amor.

Assim, nada permite verdadeiramente assegurar que Melanie Klein tenha admitido a possibilidade de um remanejamento dos dados constitucionais sob o efeito de fatores circunstanciais. Se ela pôde vislumbrá-la, isto ocorreu quase que seguramente num sentido único: a história individual só pode infletir o curso do destino inscrito na dosagem inata das pulsões no sentido de um agravamento. Não há, no pensamento kleiniano, uma teoria explícita e coerente das relações entre as disposições inatas e a vivência pessoal. Mais grave do que isso, este silêncio parece corresponder ao evitamento de uma contradição importante do sistema, já que o desenrolar rigoroso de todas as consequências da teoria constitucionalista conduziria ao absurdo de negar qualquer influência dos fatores do meio na formação da personalidade, embora o fato de se levar em conta a incidência real destes fatores obrigaria a reformular a teoria da dosagem inata das pulsões que está no coração da metapsicologia kleiniana. Quer Melanie Klein tenha admitido ou não a possibilidade de um remanejamento parcial do equilíbrio pulsional inato sob a influência de condições desfavoráveis, parece não ter em absoluto um lugar nestas concepções para a noção de uma mudança favorável que seria determinada por uma experiência vivida. Mas sendo assim, como se poderia explicar a mudança terapêutica que se produz ao longo de uma psicanálise?

5. A QUESTÃO DA POSSIBILIDADE DA MUDANÇA TERAPÊUTICA

É difícil dar conta da mudança no quadro de uma concepção que subordina a totalidade do funcionamento psíquico ao determinismo dos fatores inatos. A questão se coloca com maior acuidade na medida em que Melanie Klein e seus discípulos particularizaram-se, no movimento psicanalítico, pelo ardor de seu otimismo terapêutico. Mas o que se poderia esperar da psicanálise de um esquizofrênico quando se pensa que o prevalecimento dos mecanismos esquizoides na gama defensiva de um sujeito revela uma dosagem constitucional das pulsões de vida e das pulsões de morte que o condena irremediavelmente ao "círculo mau"?

Melanie Klein não se colocou tal questão. Mais preocupada em avançar sua prática do que fundamentá-la em teoria, ela pôde, simultaneamente, formular as premissas de um raciocínio que, levado à sua conclusão, afirmaria a imutabilidade da constituição psíquica, e provar o movimento, conduzindo, empreendendo psicanálises cujas chances de sucesso teriam sido estimadas como nulas numa perspectiva constitucionalista coerente. Notemos, no entanto, que as declarações otimistas rareiam a partir de 1946, a despeito do aprofundamento do conhecimento dos fenômenos que caracterizam a esquizofrenia e da multiplicação do encargo, por psicanalistas formados por Melanie Klein ou por ela influenciados, de pacientes dissociados. Sem incorrer num discurso francamente pessimista, a autora de *Inveja e Gratidão* admite, no entanto, que "a existência dos fatores inatos assinala os limites da terapia psicanalítica" (*Idem*, p. 85). Particularmente, a teoria da inveja primária permite compreender a natureza insuperável da *reação terapêutica negativa*.

Existe reação terapêutica negativa quando o tratamento produz um agravamento do estado do paciente. J. Laplanche e J.-B. Pontalis assinalam que a utilização freudiana desta noção é reservada à noção de resistência: 1) onde se manifesta "uma reação *invertida*, o doente preferindo, a cada etapa da análise, a manutenção do sofrimento à cura"; 2) cujo determinismo é "irredutível ao jogo – tão complexo quanto se supõe – do princípio do prazer" (*Vocabulaire de Psychanalyse*, p. 389).

Melanie Klein detém-se estritamente na definição freudiana da reação terapêutica negativa, que reinterpreta à luz de sua teoria da inveja primária: reage pelo agravamento de seu estado o paciente que desenvolve na transferência uma tendência a invejar a criatividade do psicanalista, assim como invejou a criatividade do seio materno. Nesta forma de transferência, o terapeuta é odiado na medida exata em que é percebido como "bom", normal; ajudando e ele mesmo desprovido de inveja. É porque elas são boas e porque emanam de uma pessoa "boa", que as interpretações são inaceitáveis para o paciente, que só pode recusá-las (*Inveja e Gratidão*, p. 22).

Esta atitude reproduz a relação primária com o seio que, estragado pelos ataques invejosos, não pode ser incorporado. No paciente menos invejoso, "uma convicção real implica a gratidão pela doação recebida". A eficácia da interpretação tem, portanto, como condição de possibilidade, a existência no paciente de uma certa capacidade de gratidão que é, simultaneamente, o fundamento, o concomitante e o efeito – e portanto igualmente um indício – de uma relação com o bom objeto introjetado. Poder-se-ia dizer que, para Melanie Klein, a existência de uma certa força do ego, definida pela posse de um bom objeto interno, seja a condição *sine qua non* da analisabilidade?

Pode-se ressaltar duas tendências opostas em *Inveja e Gratidão* e nos escritos ulteriores. Por um lado, a tematização da inveja abre novas perspectivas terapêuticas. O aprofundamento dos conhecimentos permite um recuo dos limites do analisável (*Idem*, p. 63, n. 1). Nesta perspectiva, Melanie Klein não hesita em admitir a possibilidade de analisar pacientes gravemente doentes (*Idem*, p. 71, n. 1, p. 85).

Mas, por outro lado, e pela primeira vez em sua obra publicada, ela admite a existência de contraindicações da psicanálise quando os elementos esquizoides e paranoides predominam. Existem doentes que não têm "a capacidade de aceitar o que o analista pode oferecer" (*Idem*, p. 71) e com os quais, é preciso admitir, "nossos resultados terapêuticos são limitados e até mesmo nulos" (*Idem*, p. 90). A existência no paciente de uma certa capacidade de amor e, portanto, de uma certa força do ego, é um *requisito* para o êxito de uma psicanálise (*Idem*, p. 71).

Qual seria o objetivo de uma psicanálise, segundo Melanie Klein? Ela o define raramente em termos de fortalecimento do ego e, mais frequentemente, em termos de redução da clivagem e de progresso da integração. A clivagem é avaliada de forma muito diferente segundo se trate da psicologia do desenvolvimento ou da técnica psicanalítica. Enquanto as passagens *teóricas* das últimas obras sempre insistem mais intensamente no papel benéfico e até mesmo insubstituível da clivagem normal e fundamental ao longo da posição esquizoparanoide, estágio do desenvolvimento da criança, as passagens *técnicas* negligenciam a distinção entre clivagem binária e clivagem fragmentadora e definem o trabalho do psicanalista como uma luta permanente contra a tendência do paciente em reproduzir indefinidamente novas clivagens. A posição esquizoparanoide tornou-se fundamental para a teoria, mas a posição depressiva permanece central para a técnica. É claro que a manutenção da clivagem binária além da primeira infância é patológica. No curso normal do desenvolvimento ela é substituída, a partir do segundo ano de vida, pela repressão (*Inveja e Gratidão*, p. 88). O trabalho psicanalítico, tal como aparece nos exemplos clínicos dados por Melanie Klein, consiste sempre em facilitar a integração no ego de uma parte invejosa, até então destacada pela clivagem. Esta integração efetua-se na e pela depressão e pela tendência de reparar (*Idem*, p. 92). Dirigida principalmente aos pacientes que foram capazes de colocar em ação a clivagem normal e fundamental, mas substituindo-a imperfeitamente pela repressão, ou então substituindo-a por uma repressão que mantém da clivagem a impermeabilidade da barreira entre o inconsciente e o pré-consciente, a psicanálise apoia-se sobre a força do ego para ajudá-lo a se integrar.

Pode-se dizer que a psicanálise ajuda o paciente a passar da posição esquizoparanoide para a posição depressiva. Neste sentido, ela produz um fortalecimento do ego. Mas há dois níveis da força do ego. O primeiro, adquirido ao longo da posição inicial, funda-se na introjeção do bom objeto clivado no bom ego igualmente separado pela clivagem das más partes do *self*: o ego é então reduzido a seu núcleo (*core*) constituído pela identificação com o seio bom, é ainda não integrado e empobrecido pela rejeição desta força e desta vitalidade que se ligam aos componentes agressivos clivados. O segundo nível da força do ego é adquirido ao longo da perlaboração da posição depressiva. Ele supõe a integração dos componentes agressivos através da experiência do luto, da dor e da culpa. O fortalecimento do ego manifesta-se então por sua *expansão em profundidade e em riqueza*. O que se poderia entender neste sentido? A profundidade é uma noção que faz parte do campo semântico da posição depressiva. Enquanto que recorrer às defesas maníacas conduz ao *endurecimento* das relações de objeto internas, a aceitação da experiência da dor permite seu *aprofundamento* (supra, pp. 52-55).

Cumpre, portanto, distinguir a força do núcleo do ego compatível com a dureza e a superficialidade das relações de objeto e da vida afetiva e de fantasia, da força do ego integrado capaz de admitir e superar os componentes destrutivos. *A psicanálise que supõe a força do núcleo do ego tem por objetivo o fortalecimento do ego global fundado na integração dos componentes agressivos e ansiosos*. O êxito terapêutico

...resulta num enriquecimento da personalidade. O ódio, a inveja e a destrutividade, assim como partes importantes do *self* que tinham sido perdidas, são recuperadas ao longo da análise. O sujeito experimenta um alívio considerável quando se apreende como uma pessoa global, sentindo-se dono de si, vivendo sua relação com o mundo exterior com sentimento crescente de segurança (*Inveja e Gratidão*, P. 91).

Harmonia, riqueza e profundidade do ego são os critérios essenciais da saúde mental, cujo fator fundamental é, portanto, a integração, processo que se prolonga no decorrer da vida e que nunca é concluído[5].

Assim, a contradição que ressaltamos entre a tendência a explicar tudo através do peso dos fatores constitucionais entendidos como realidades pouco modificáveis pelos acontecimentos da história individual e o otimismo terapêutico próprio à abordagem kleiniana não é resolvida teoricamente. Estes dois elementos incompatíveis circundam as últimas concepções de Melanie Klein sem que ela possa articulá-los. Não que ela

---

5. Cf. *Envie et Gratitude*, p. 91 e "On Mental Health", *British Journal of Medical Psychology*, 1960, *33*, p. 238.

tenha sido insensível a esta dificuldade. Constatamos que Melanie Klein concedeu, contra a sua vontade, que os fatores do meio – sobretudo quando são desfavoráveis! – podem produzir efeitos que não são inscritos no caráter inato da constituição pulsional. Ela admitiu igualmente – esperando manifestamente que seus discípulos não lhe dessem razão a este respeito – que nem tudo é curável. Mas se contentou com os arranjos da formulação de concessões e precauções verbais que atenuam a evidência da contradição sem fazê-la desaparecer.

Seria pouco fecundo argumentar, a partir desta contradição, no sentido de rejeitar o pensamento de Melanie Klein. A perspectiva histórica crítica que adotamos neste trabalho permitiu-nos constatar que a obra kleiniana, assim como toda grande obra de reflexão, é de uma riqueza e de uma complexidade que lhe impedem de se fechar na coerência de um sistema. Assim como Freud, Melanie Klein se contradiz a cada vez que quer manter reunidas exigências contraditórias, reflexo, na teoria, da complexidade do real. Por mais sumária que seja a conceitualização relativa à constituição, ela está a serviço de uma exigência fundamental que não é própria de um "sistema" kleiniano mas sim inerente a todo pensamento psicanalítico: a exigência de levar em conta o peso dos fatores internos no determinismo psicológico. A função primeira da noção de constituição no pensamento kleiniano é a de explicar a defasagem entre o mundo interior e o mundo exterior, entre a experiência vivida e a conduta observável e, finalmente, entre a psicanálise e a psicologia do comportamento.

13. A Atualidade das Últimas Concepções Kleinianas

A originalidade das últimas concepções kleinianas está na afirmação de que as relações de objeto começam desde o nascimento. Melanie Klein sempre considerou que a criança efetua uma escolha de objeto mais precocemente do que comumente pensam os psicanalistas. Mas para compreender exatamente sua posição é preciso dissipar a ambiguidade do conceito de relação de objeto, que decorre da própria ambiguidade da noção de objeto. A ideia de que o lactente tenha desde muito cedo uma certa relação com objetos pulsionais, fontes de satisfações ou de privações, objetos parciais confusamente percebidos ou deformados por suas fantasias, é encontrada na *Psicanálise da Criança* em 1932. A partir de 1935, Melanie Klein afirma que esta relação se institui desde o início da vida. Mas esta relação não se confunde com o que Karl Abraham chamou de amor objetal, tomado "em sentido restrito"[1], que implica preocupação pelo objeto e empatia. Segundo as concepções kleinianas de 1935 ou 1940, este tipo de elo com o objeto só pode aparecer com a posição depressiva infantil: ao longo da posição paranoide, a criança experimenta o ódio no encontro dos maus objetos persecutórios, mas nada indica que ela possa *amar* os bons objetos que lhe trazem satisfação. Nesse sentido, a verdadeira relação de objeto surge apenas com a proximidade da metade do primeiro ano de vida: não há nada neste sentido que seja contrário aos ensinamentos da psicologia da criança ou – por menos que se queira afastar-se de uma atitude polêmica – às observações dos "psicanalistas geneticistas".

Mas de 1946 a 1960 Melanie Klein sustentou com uma insistência crescente que o verdadeiro amor objetal começa nos primeiros dias da exis-

---

1. KARL ABRAHAM, "Esquisse d'une histoire du développement de la libido", 1984, in *Oeuvres complètes*, II, p. 165, Paris, Payot, 1966.

tência do recém-nascido, que ela não se dirige somente ao seio mas sim à mãe inteira confusamente percebida e, ainda, que esta orientação em direção à mãe é determinada por mecanismos inatos. Tais afirmações parecem incompatíveis com a concepção freudiana do desenvolvimento infantil. Implicam a rejeição da noção de um estágio narcísico primário anobjetal e parecem inconciliáveis com as descobertas de um Spitz ou de uma Margaret Mahler. Estas afirmações dão uma imagem do recém-nascido inconcebível no quadro das concepções dos psicólogos infantis. Admitindo, de acordo com Henri Wallon, que os primeiros meses de vida correspondem a um período de subjetivismo radical, ou preferindo recorrer, com Jean Piaget, à noção de um período de egocentrismo absoluto ao longo do qual o ego se confunde com o não-ego, não se poderia admitir que o lactente possa estabelecer uma relação verdadeira com a mãe que ele distinguiria de si mesmo ao longo do primeiro semestre de sua existência.

Poderia parecer, portanto, ousado fazer, em relação às últimas concepções kleinianas, o que se tentou em relação à teoria da posição depressiva: mostrar que sua integração no corpo geral dos conhecimentos psicológicos e psicanalíticos não apresenta maiores dificuldades. Mas como tentar encontrar justificativas comparáveis para a tese de uma orientação precocíssima, baseada num determinismo instintual mais do que pulsional, e direcionada a um objeto libidinal que seria, de imediato, um parceiro interpessoal no seu papel mais completo?

Cremos, portanto, poder sustentar que o essencial das últimas concepções de Melanie Klein era contraditório apenas em relação às teses psicanalíticas e psicológicas hoje ultrapassadas. Os progressos recentes da psicologia experimental da primeira infância, assim como os do conhecimento psicanalítico do narcisismo, permitem-nos lançar as seguintes proposições:

Proposição 1: EXISTE DESDE O NASCIMENTO UMA RELAÇÃO OBJETAL COM A MÃE

Corolário 1: *O objeto primário não se reduz ao seio materno, é a mãe enquanto agente da maternagem e não somente de alimentação*
Corolário 2: *A importância dos elementos extraorais é confirmada pela observação direta do lactente e pela experimentação*

É preciso terminar com o mal-entendido que procede da insistência de Melanie Klein na importância da relação oral com o seio bom. Ser-nos-á suficiente lembrar que esta valorização da oralidade é acompanhada, a cada vez, da preocupação em distinguir a relação com o alimento da relação com o objeto que dá o alimento. O objeto pulsional que visa a libido oral é o leite, libido e necessidade alimentar confundidas, no pensamento kleiniano, sob a rubrica das pulsões de vida. Mas o seio é objeto de amor. A ausência de interesse não alimentar em relação a ele é precisamente o que revela a influência da avidez sobre o lactente e de sua pouca inclinação para a relação objetal. Se o aleitamento natural é, segundo Melanie Klein, preferível ao aleitamento artificial, é porque ele permite uma maior intimidade entre a criança e a mãe e porque estabelece entre elas uma comunicação que não se limita à satisfação da necessidade alimentar. O seio bom, visado pelos cuidados objetais da criança, não se confunde com o seio enquanto órgão. Desde cedo, a criança percebe as outras partes do corpo da mãe e outras manifestações de sua *presença corporal* (*bodily presence, Développements de la Psychanalyse*, p. 189). O seio se funde, segundo uma *relação mal definida* (*Inveja e Gratidão*, p. 16), com o rosto, os braços e com o colo da mãe, mas também com sua voz, o barulho de seus passos, seu odor, seu calor, a maneira como segura a criança (*holding*) ou a manipula (*handling*) (*Développements de la Psychanalyse*, pp. 218-219, 228-229). Por mais importante que seja o papel da alimentação, na medida em que satisfaz a necessidade alimentar e a oralidade de sucção, a confiança no bom objeto só pode se fundar na experiência repetida da intimidade física (*physical nearness, Idem*, p. 229) com a mãe.

Lembremo-nos que em 1952 tais afirmações iam contra a corrente dominante da psicanálise genética. Os trabalhos de René Spitz sobre o sorriso vinham dar crédito à ideia de que o lactente só é capaz, na idade de três meses, de uma reação pré-moldada a uma simples *Gestalt*, podendo conduzir a um engano se tomado como sinal destacável de qualquer relação interpessoal. As concepções do mesmo autor relativas à chamada ansiedade dos oito meses impõem a necessidade de admitir que a criança não diferencia sua mãe das outras pessoas antes do segundo semestre de vida. Tudo parece confirmar que a criança emerge muito lentamente de um estágio inicial rigorosamente anobjetal.

No entanto, trabalhos recentes vêm confirmar o essencial das teses kleinianas de 1952. Segundo as concepções piagetianas, a mãe só pode ser percebida enquanto um quadro intersensorial unificado a partir do quinto mês. Mas sabe-se agora que o lactente forma, bem mais cedo, um "esquema polissensorial" que reúne de maneira sincrética as diferentes percepções relativas à presença materna (E. Vurpillot, 1972, p.180).

A formação de uma imagem da mãe é extremamente precoce. G.C. Carpenter mostrou, em 1975, que o lactente associa desde a idade de duas semanas as diferentes partes do corpo da mãe em uma percepção visual única, e que esta imagem visual já é associada aos elementos auditivos. Este experimentador utilizou um dispositivo engenhoso que permite mostrar às crianças o rosto de sua mãe através de uma espécie de escotilha colocada acima do berço: os lactentes veem o rosto sem ver o resto do corpo. Suas reações frente a este espetáculo são reveladoras de sua surpresa e tensão. Estas contrastam com a satisfação que eles expressam quando podem ver sua mãe em sua totalidade. Comentando estes resultados, T.G.R. Bower (1977) supõe, seguindo Carpenter, que

> [...] os bebês estavam surpresos e perturbados de ver a cabeça de sua mãe assim isolada, apresentada de tal forma que o corpo não aparecia. Talvez eles estivessem igualmente surpresos ao ver sua mãe limitando-se a olhá-los, mais do que lhes falar ou de estabelecer com eles qualquer outro tipo de relação social.

Os trabalhos de Carpenter, de fato, não estabelecem apenas a completitude de imagem visual da mãe: provam que a voz da mãe está associada à sua imagem e que esta associação é discriminativa. A criança com duas semanas de idade diferencia sua mãe de todas as outras pessoas no registro visual, no registro auditivo e no registro intersensorial audiovisual. Discriminação visual: quando se faz aparecer, alternadamente, na escotilha experimental, o rosto de sua mãe e o de uma estranha, as crianças olham mais frequentemente e fixam seu olhar por mais tempo quando é sua mãe que lhes é apresentada. Diferenciação da mãe enquanto composto audiovisual: o dispositivo de Carpenter permite que o bebê ouça, através de um alto-falante, uma voz acompanhada do aparecimento de um rosto na escotilha. Esta voz pode ser a da mãe ou a de uma estranha e pode ser apresentada quando é exposto o rosto da mãe ou da estranha. Constata-se uma reação sistemática de virar os olhos quando o rosto da mãe é acompanhado da voz da estranha ou a voz da mãe acompanhada do rosto da estranha. Tudo se passa como se o recém-nascido fosse capaz de revelar a estranheza da situação instituída pelo experimentador (G.C. Carpenter, 1975). Estes resultados confirmam os de Louis W. Sanders (1969), que estabeleceu que as crianças submetidas, durante os dez primeiros dias de sua vida, a uma puericultora única, sistematicamente substituída por outra a partir do décimo-primeiro dia, reagiam à mudança do agente da maternagem através de um aumento da frequência e da duração de seu choro e através das perturbações do sono. O recém-nascido é, portanto, desde muito cedo, capaz de reconhecer e de diferenciar sua mãe ou aquela que assume o papel desta.

O investimento oral do seio é, sem dúvida, acompanhado de uma ligação libidinal com a mãe enquanto objeto extra oral. Esta ligação é tão precoce que parece impossível que seja derivada da relação primitiva com o seio.

Proposição 2: A ORIENTAÇÃO EM DIREÇÃO À MÃE É INATA

Melanie Klein admitia desde 1952 o caráter inato do desejo e do "conhecimento inconsciente" do *seio*. Vai ainda mais além em 1959, afirmando que "o lactente tem um conhecimento inato e inconsciente da existência de sua mãe" e associando este fenômeno a um *instinto,* no sentido etiológico deste termo ("Nosso Mundo Adulto", em *Inveja e Gratidão,* p. 98). No que se refere a este ponto, diversas pesquisas posteriores ao desaparecimento de Melanie Klein confirmaram a exatidão destas hipóteses:

1) Ela ressaltou em 1952 a reação de lactentes muito jovens à voz de sua mãe (*Développements de la Psychanalyse,* pp. 225-226). Um trabalho experimental de William S. Condon e Louis W. Sander estabeleceu, em 1974, a extrema precocidade do caráter inato da reação do recém-nascido não apenas em relação à voz, mas também à *fala* humana. Os psicolinguistas e os etnolinguistas sabem, desde há muito, que a comunicação verbal é acompanhada de todo um conjunto de movimentos expressivos no conjunto do corpo, não apenas no que se refere ao locutor, mas também ao ouvinte, que apresenta movimentos cujo ritmo se ajusta à entonação do discurso entendido enquanto ritmo dos movimentos expressivos do locutor. Condon e Sander mostraram que este fenômeno é observável nas crianças de doze horas de vida. Graças às gravações em fitas de vídeo, puderam analisar detalhadamente a reação motora de um grupo de recém-nascidos americanos a diferentes estímulos sonoros: ruídos ritmados, leitura monótona de uma lista de vogais, frases pronunciadas em inglês ou chinês. As crianças não reagem aos dois primeiros tipos de sons, mas apresentam movimentos perfeitamente sincrônicos (em um décimo de segundo aproximadamente) com a entonação da palavra, quer seja na língua inglesa ou na chinesa. Trata-se, portanto, provavelmente de uma reação inata, cujo desencadeamento não é atribuível às qualidades físicas de emissão vocal humana e instantânea, mas sim à palavra viva no seu ritmo e na sua musicalidade expressiva (W.S. Condon, L.W. Sander, 1974).

2) Trabalhos já considerados clássicos vieram modificar nossos conhecimentos relativos ao sorriso que os psicólogos anglo-saxões nomearam de *social:* o sorriso não surge, como Spitz acreditava, por volta dos três meses de vida, como resposta a um estímulo visual. P.H. Wolf (1963) mostrou que os primeiros sorrisos verdadeiros (envolvendo o conjunto do rosto, incluindo os olhos e a fronte) surgem ao longo da terceira semana de vida[2]. Neste momento e durante cerca de dez dias, seu desencadeador mais eficaz é a voz feminina. É ao longo da quinta semana que a visão do rosto começa a produzir sorriso, prevalecendo sobre a voz na sexta semana. A psicóloga tcheca Jaroslava Dittrichovà (1969) afirmou desde então que o momento do aparecimento do sorriso como resposta à visão do rosto humano não depende do tempo decorrido desde o nascimento, mas sim da idade de concepção da criança. Os prematuros, assim como as crianças nascidas a termo, apresentariam invariavelmente esta reação 45 semanas após sua concepção, o que pleitearia em favor do caráter inato do "sorriso social".

3) A extrema precocidade e a alta probabilidade de um determinismo inato caracterizam, igualmente, as condutas de imitação do adulto que se evidenciam no recém-nascido. Andrew N. Meltzoff e M. Keith Moore (1977) puderam provocar, nas condições de uma experimentação particularmente rigorosa, imitações diversas (com a duração de algumas dezenas de segundos) de movimentos faciais e manuais de adultos em crianças cuja idade variava de doze e vinte e um dias. Comentando estes resultados, Bower – do qual os autores acima citados emprestaram uma hipótese explicativa – assinala particularmente os seguintes fatos:

a) Esta atividade de imitação parece ser a produtora de um prazer específico que seria associado à comunicação interpessoal:

Mãe e criança, supõe Bower, interagem pelo prazer de interagir. É por esta razão que vejo aqui um comportamento social [...] a alegria que a criança retira desta conduta parece não ter relação com as gratificações que seriam as mais fundamentais, tais como a alegria que manifesta ao comer e ao beber. Trata-se de uma conduta que encontra em si mesma seu prazer e sua recompensa [...]. O recém-nascido imita os gestos faciais dos adultos pelo simples prazer de entrar em interação com eles (Bower, 1977, p. 43).

b) O aparecimento tão precoce de um comportamento tão complexo exclui qualquer possibilidade de dar conta deste em termos de aprendizagem. Ninguém pode pretender que o recém-nascido tenha formado uma imagem de seu próprio corpo e colocado suas partes em correspondência biunívoca com as do corpo materno. A aptidão para a imitação precoce é provavelmente inata (Bower, *Idem*, p. 42).

Assim, os resultados da psicologia experimental da criança permitem, atualmente, resolver o debate entre os kleinianos e os discípulos de Anna Freud, de Hartmann ou de Spitz. Sabemos agora que o partido tomado por prudência pelos psicanalistas geneticistas assumiu o papel de um verdadeiro obstáculo epistemológico. Uma vez mais as especulações aparentemente ousadas de Melanie Klein encontram-se confirmadas: existe desde o nascimento uma autêntica relação objetal, que visa a mãe enquanto par-

---

2. P.H. Wolff é distinto de Keith M. Wolff, colaboradora de Spitz e coautora de *The Smiling Response* (1946).

ceira "social" e não simplesmente enquanto provedora de alimento e de calor e, ainda, esta relação é acompanhada da capacidade de diferenciá-la das outras pessoas. Tudo parece, além disso, indicar que esta orientação em direção à mãe é inata.

Mas sendo assim, não é apenas a ideologia da psicanálise genética que deve ser recolocada em causa, mas também a noção freudiana de um estágio narcísico primário rigorosamente anobjetal. Parece-nos, no entanto, possível sustentar que as teses kleinianas, assim como os resultados experimentais, só podem ser plenamente compreensíveis à luz do conceito de um estágio narcísico que é anobjetal na exata medida em que seja a-subjetivo.

Proposição 3: AS PRIMEIRAS RELAÇÕES DE OBJETO DO LACTENTE SÃO FUNDAMENTALMENTE NARCÍSICAS

Melanie Klein recorreu apenas raramente ao conceito de narcisismo, porém sempre assinalou o fato de que a primeira relação de objeto verdadeira é uma identificação. De 1929 a 1946, pensou que o verdadeiro amor objetal funda-se na culpa e na necessidade de reparar. Mas é a identificação empática com o objeto que é o princípio dos sentimentos depressivos e o motor das tentativas de reparação. Consequentemente, a preservação do bom objeto é sinônimo da do ego (*Essais de Psychanalyse*, p. 313). A ansiedade depressiva é narcísica já que é a preocupação pela proteção dos bons objetos interiorizados *com os quais o ego se identifica*. Temendo que o bom objeto e, juntamente com ele o ego, sejam despedaçados, os elementos narcísicos entrelaçam-se com os elementos objetais. A mãe, objeto primário e "fonte de toda bondade da vida" é, para as fantasias inconscientes, "uma parte inseparável de si mesmo (*an inseparable part of one self*)". Se sua perda é temida, é porque ela envolve "a morte de si mesmo (*one's own death*)"[3]. Na época em que a conceitualização kleiniana evidencia a posição depressiva, a primeira relação de objeto autêntica confunde-se com a primeira identificação.

Neste ponto, especificamente, Melanie Klein jamais variou. Quando afirma, em 1957, que a relação mais arcaica com o "seio bom" e com a boa mãe é plenamente objetal, nunca deixa de especificar que esta relação de objeto é uma identificação que ela declara como constitutiva do núcleo do ego. Amor e identificação são indiscerníveis no plano da introjeção oral do bom objeto.

Poder-se-ia contrapor, neste sentido, que nas últimas concepções kleinianas existe um lugar para as formas de identificação que visam os maus objetos. Mas enquanto que a identificação projetiva "má" que atribui as "más" partes do *self* ao objeto institui uma relação de objeto hostil, na qual a dimensão identificatória é recusada, a identificação projetiva "boa" constitui o bom objeto como tal e torna possível, através de um círculo ininterrupto de reintrojeções e reprojeções, uma união fusional com ele: é assim que o bom objeto se torna o núcleo do ego. A esta fusão com o bom objeto opõe-se a alteridade hostil e ameaçadora conferida ao mau objeto.

Nesta perspectiva, tudo parece justificar a aproximação, tornada clássica desde o texto de Paula Heimann (1952) sobre a introjeção e a projeção, entre a concepção kleiniana do primeiro funcionamento psíquico e as aná-

---

3. MELANIE KLEIN, *Love, Guilt and Reparation*, 1937, p. 322; trad. fr., "L'Amour, la culpabilité et la réparation", in *L'Amour et la Haine, op. cit.*, p. 107.

lises freudianas relativas ao *Ego – prazer purificado*[4]: "O ego-prazer originário [...] deseja introjetar tudo o que é bom e rejeitar para fora de si tudo que é mau. Para ele, o mau, o estranho ao ego, o que se acha fora, são antes de mais nada idênticos"[5]. Neste estágio, o ego se constitui pela introjeção de tudo o que é bom, a começar pela presença corporal da mãe. Tudo o que é mau é projetado no objeto. A oposição entre o dentro e o fora não tem o estatuto de uma noção espacial, mas de uma divisão do campo psicológico entre um polo de identidade fusional fundado na aceitação do que é bom e um polo de alteridade ameaçadora constituído pela recusa do que é mau. Para falar a "linguagem das moções pulsionais orais mais antigas", comer constitui simultaneamente o reconhecimento e a criação de uma intimidade ou interioridade à qual se opõe, mais do que uma exterioridade no sentido local, a alteridade do que só merece ser cuspido.

Faz-se necessário, antes de prosseguir, levantar uma dificuldade. Como se sabe, Freud admitiu, por vezes, que o ego – prazer purificado é precedido de um "ego – realidade do início", ao qual reconhece o poder de distinguir o dentro do fora "segundo um bom critério objetivo". Da mesma forma não ocorreria também à Melanie Klein atribuir implicitamente ao recém-nascido o conhecimento da distinção entre o ego e o não-ego? Para que se possa falar de introjeção precoce de maus objetos e de projeção sobre e no objeto de boas partes do ego, é necessário que o limite entre o interior e o exterior não se confunda completamente com a oposição dos valores da boa intimidade e da má alteridade. Mas *é para nós*, observadores adultos que tentamos compreender o psiquismo primitivo, que um movimento de aproximação afetiva e de fusão com a presença materna (que aos nossos olhos é um objeto, mas não o é para a própria criança) pode aparecer, segundo o caso e segundo o ponto de vista que adotamos, como uma introjeção ou como uma projeção. Para o recém-nascido, não há nem introjeção do bom objeto, nem identificação projetiva "boa", mas sim união fusional com a presença materna que não tem o estatuto de um objeto exterior.

Não podemos afirmar que tal era a posição de Melanie Klein. Mas a importância crescente que ela reconheceu à não integração e à confusão primitiva permite-nos pensar que ela não estava muito distante desta posição. Afirmou em 1957 que toda confusão entre o ego e o não-ego, entre o interior e o exterior, provém, em última análise, do fracasso da clivagem normal e fundamental entre o bom e o mau: é admitir que a distinção entre o dentro e o fora funda-se na clivagem binária (*Inveja e Gratidão*, p. 72). A ideia de que a clivagem precede a aptidão para distinguir o interior do exterior "segundo um bom critério objetivo" pode, portanto, ser tida como kleiniana, ainda que Melanie Klein não a tenha enunciado explicitamente. Apoiando-se nesta interpretação, pode-se ressaltar, ainda, o fato de que a introjeção e a projeção, longe de pressupor a distinção entre o ego e o não-ego, são frequentemente descritas como princípios de confusão. Assim, é graças à *diminuição* da identificação projetiva, que se produz ao longo da posição depressiva, que a percepção do mundo objetivo pode se fazer mais realística (*Idem*, p. 73). Tudo parece indicar que as noções

4. S. FREUD, "Pulsions et destins de pulsions", 1915, in *Metapsychologie*, p. 37; "La Dénégation", 1925, texto e trad., in *Le Coq-Héron, 52*.

5. Utilizamos aqui a tradução de J. LAPLANCHE e J.-B. FONTALIS, *Vocabulaire de la Psychanalyse*, p. 258.

de introjeção e de projeção são apenas, quando se trata do jovem lactente, uma maneira de expressar o fato de que o objeto não tem para ele outra exterioridade que não esta alteridade conferida por sua rejeição, quando é vivido como "mau".

Assim, o bom objeto confunde-se com o ego, do qual pode formar o núcleo. É o mesmo que dizer que a formação do ego é indissociável da construção do objeto. É à luz desta ideia kleiniana que podemos retornar aos fatos evidenciados pelos psicólogos experimentalistas da primeira infância. A imitação precoce da mãe, descrita por Meltzoff e Moore, deve, sem dúvida, ser atribuída às montagens pré-formadas, cujo suporte é provavelmente subcortical. Mas o exercício deste programa não pode deixar de ter efeitos decisivos sobre o desenvolvimento do ego. Quando o recém-nascido pisca os olhos respondendo ao piscar de olhos da mãe ou do experimentador, quando mostra a língua em resposta a um movimento semelhante etc, este fato cria associações mentais entre sensações quinestésicas e a representação visual do rosto e do corpo humano. A criança desprovida de qualquer consciência de si e de seu corpo pode utilizar, na indistinção primitiva entre o ego e o não-ego, a imagem ainda confusa, mas já completa, do corpo materno como um instrumento de representação de sua própria vivência corporal. A imagem do corpo próprio seria assim um código cuja nomenclatura seria fornecida pela lista dos elementos parciais da "presença corporal da mãe", permitindo classificar e simbolizar, no registro visual, as vivências quinestésicas do lactente.

Se nossa hipótese for correta, a mãe é exatamente como Winnicott a entendeu, mas é, de forma ainda mais fundamental do que ele havia pensado, o primeiro espelho da criança. A partir das primeiras horas, a estrutura relacionai descrita por J. Lacan em "Le Stade du Miroir" (remetida, no seu ponto de vista, a uma idade bem mais tardia) está em ação. A relação objetal mais arcaica já inclui a alienação, fundadora do ego, do sujeito na e através da imagem do outro. O próprio júbilo da criança frente à sua imagem especular, que Henri Wallon descreveu, encontra seu protótipo nas manifestações de prazer que os psicólogos observaram no recém-nascido que imita os movimentos faciais de sua mãe. Neste sentido, não existe lugar para a oposição entre a tese da precocidade das relações de objeto e a de um estágio narcísico primário: o narcisismo primário confunde-se com a primeira relação de objeto, uma vez que o objeto primário não é distinto do ego, do qual forma o núcleo (*Inveja e Gratidão*, pp. 33-34).

A aparente contradição da teoria kleiniana do ego revela-se própria para dar conta das observações dos psicólogos geneticistas. Pode haver dificuldade, neste sentido, em admitir, *in abstracto*, que o ego está presente e ativo desde o nascimento, que sua força é constitucional e que ele se constrói através de sua identificação com o bom objeto. A aptidão do recém-nascido para imitar o adulto pode ser considerada como um dos aparelhos inatos do ego, cuja noção foi desenvolvida por Heinz Hartmann (1939). Mas este ego ativo só pode atingir a representação de si pela formação de uma imagem do corpo que deve ser calcada na do objeto libidinal. Existem, na ocasião do nascimento, diferentes aparelhos do ego, mas que funcionam desarmonicamente. São descoordenados e não integrados. O ego só se integra e, portanto, só se constitui como tal através de sua identificação introjetiva com o bom objeto intacto.

É preciso admitir que esta concepção nos conduz a fornecer uma definição do narcisismo primário que se distancia do que foi exposto pela teoria freudiana. A noção de um estágio inicial completamente anobjetal não pode ser mantida. Seu abandono não é exclusivo da escola kleiniana e, desde 1937, muitos psicanalistas aderiram aos argumentos do autor Michael Balint (1937), que afirma a existência de uma relação de objeto primário. Mesmo aqueles que, assim como Margareth Mahler, mantêm a afirmação da existência de um estágio narcísico primário, não podem evitar deduzir a duração deste e dividi-lo em duas etapas, sendo que a segunda inclui "uma consciência difusa do fato de que o sujeito ele mesmo pode satisfazer suas necessidades, mas que esta satisfação vem de algum lugar do exterior do *self* (M. Mahler, F. Pine, A. Bergman, 1975, p. 60). A estas considerações acrescentam-se argumentos de ordem nacional. J. Laplanche e J.-B. Pontalis, assinalando que a noção de narcisismo só tem sentido enquanto referindo-se a uma imagem de si mesmo, supõem que o termo narcisismo primário "é inadequado para designar um estágio descrito como anobjetal" (1967, pp. 264-265).

Se é correto que a utilização mais fundamentada do conceito de narcisismo primário aplica-se a uma fase caracterizada pelo "aparecimento simultâneo de um primeiro esboço do ego e (de) seu investimento pela libido" (*Idem*, pp. 264-265), podemos afirmar, com convicção, que o *narcisismo primário é a posição esquizoparanoide*. Mas é preciso assinalar a originalidade irredutível das concepções de Melanie Klein: enquanto traço típico das relações de objeto esquizoides, o narcisismo "deriva dos processos introjetivos e projetivos do lactente" (1946, *Développements de la Psychanalyse*, p. 287) e, portanto, se for correta nossa interpretação, da confusão primitiva entre o ego e o objeto de amor. Uma vez mais, a convergência para Piaget torna-se esclarecedora: o estágio narcísico primário não é anobjetal, ou melhor, não é mais anobjetal do que a-subjetivo; é *a-dualista,* não inclui distinção entre o ego e o não-ego. Da mesma forma que o egocentrismo cognitivo dos primeiros estágios sensório-motores é um egocentrismo sem ego, o narcisismo primário deve ser entendido como um narcisismo sem Narciso (J. Piaget, B. Inhelder, 1966, pp. 21-22).

Assim, contra qualquer expectativa, o que parecia mais ousado naquilo que costumamos nomear de especulações kleinianas revela-se perfeitamente compatível com os resultados da evolução recente da psicanálise assim como da psicologia genética. Foi-nos necessário, certamente, conceder que certas formulações de Melanie Klein são dificilmente sustentáveis e tivemos, por vezes, que interpretar mais do que comentar. Ocorre que pareceu-nos desejável, após ter tentado mostrar como as exigências mais fundamentais do pensamento kleiniano comandam a evolução dos conceitos, assinalar que estes conceitos não formam um sistema fechado e congelado, mas conservam seu pleno valor heurístico de instrumentos de compreensão aptos a funcionar além de seu campo de origem. A psicanálise kleiniana parece-nos apta a renovar o universo conceitual da psicologia da primeira infância. Os psicanalistas geneticistas submeteram-se durante muito tempo, segundo Spitz, a uma verdadeira regra de inibição da imaginação científica, que os conduziu a alinharem-se na pobreza das ideias relativas à afetividade que prevalecia na psicologia genética há duas ou três décadas. Os progressos da observação e da experimentação mostraram tudo que esta prudência tinha de restritivo. Melanie Klein, ao contrário, sempre considerou que os psicanalistas só podem contribuir para a psicologia da criança preservando a especificidade de seus métodos e de suas concepções. O conhecimento do inconsciente só é útil, para quem observa lactentes, se este permitir sua utilização e a interpretação dos comportamentos à luz das reconstruções conduzidas pelos psicanalistas de crianças e de adultos – e notadamente adultos narcísicos e até mesmo psicóticos. A evolução dos conhecimentos parece permitir a afirmação de que esta maneira de conceber a unidade da psicologia é a mais fecunda. Por muito tempo, sempre mais rica de hipóteses do que de provas, o pensamento kleiniano parece, atualmente, o mais apto para esclarecer uma psicologia da primeira infância muito mais rica de fatos bem estabelecidos do que de explicações.

UMA DISCUSSÃO BRASILEIRA SOBRE MELANIE KLEIN

O a-Historicismo Deformante na Difusão do Pensamento Kleiniano*

ELIZABETH LIMA DA ROCHA BARROS**
ELIAS MALLET DA ROCHA BARROS***

Haber (1987), referindo-se à obra de Petot (1979, 1981), no que tange à contribuição que presta ao entendimento do pensamento de Melanie Klein e mencionando como suas, ideias que circulam em nosso meio diz:

Parece-nos que uma grande contribuição da obra que agora temos em mão é a de nos indicar que o pensamento kleiniano tem uma história. Temos acesso a esse pensamento, em geral, de maneira fragmentada, dispersa e atemporal. Ela circula entre nós como em bloco, e na maioria das vezes não sabemos do processo de constituição de suas ideias e que em seu percurso certas noções e práticas são superadas, integradas ou abandonadas.

Jean-Michel Petot, professor de epistemologia da psicanálise, empreende um trabalho de grande significado do ponto de vista de como pode ser apreendido o pensamento de Melanie Klein ao examiná-lo de um ponto de vista ao mesmo tempo histórico e epistemológico. Desta forma Petot procura corrigir o viés deformador de uma apreensão do sistema kleiniano de um modo a-histórico, que resulta numa visão deste como bloco fechado.

Esta abordagem é distinta das exposições sistemáticas do pensamento de Klein do tipo realizado por Hanna Segal em 1964 e 1979. As duas obras de Segal são consideradas clássicas e de leitura indispensável para quem quiser introduzir-se no conhecimento da psicanálise kleiniana. Entretanto,

* Parte deste trabalho foi apresentada por Elisabeth Lima da Rocha Barros, em reunião científica da Sociedade Brasileira de Psicanálise de São Paulo sob o título "A Interpretação como Expressão da Função Continente das Identificações Projetivas: Algumas Ilustrações Clínicas". Uma versão ampliada e modificada deste texto foi igualmente apresentada em Paris, em janeiro de 1988, em reunião da Association Freudienne.
** Membro efetivo da Sociedade Britânica de Psicanálise e membro associado da SBP de São Paulo.
*** Membro efetivo da Sociedade Britânica de Psicanálise e membro associado da SBP de São Paulo.

como toda apresentação sistemática de uma teoria assume, para fins de exposição, a existência de um pensamento unitário e o apresenta em sua versão mais desenvolvida, queremos deixar claro que esta não é uma limitação de Hanna Segal, mas de qualquer apresentação sistemática e para certos propósitos este tipo de trabalho pode parecer simplificador. A perda da perspectiva histórica torna mais difícil perceber que todo sistema de pensamento consiste em partes de diferentes estágios de desenvolvimento e contém elementos aparentemente contraditórios e inconsistentes.

Os textos de Segal são uma excelente introdução ao pensamento de Melanie Klein, como aliás é seu objetivo, sem contudo dar ao leitor uma ideia de como o seu sistema conceitual se desenvolveu e nem como este se articulava internamente, no decorrer de suas diversas reformulações.

A nosso ver, muitas das resistências às ideias de Melanie Klein provêm de uma leitura marcada por um viés a-histórico que cria a impressão, em quem lê, de estar diante de um sistema contraditório e fechado. O leitor, nestas circunstâncias, dificilmente pode dar-se conta da existência de um pensamento em constante evolução que resulta em práticas clínicas que também sofreram e sofrem grandes transformações no decorrer do tempo. Estas transformações não cessam com a morte de Melanie Klein. Em artigo recente, Elizabeth Spillius (1988) mostra em que áreas as principais modificações ocorreram.

Esta circulação de ideias kleinianas apresentadas como se constituíssem um bloco uniforme é, em parte, consequência de como foram organizadas as edições de suas obras até 1975, nas quais os textos de seus artigos são apresentados sem qualquer referência histórica que pudesse dar ao leitor uma noção de como suas ideias se articulavam a cada momento no sistema global.

As traduções brasileiras dos trabalhos de Melanie Klein foram feitas a partir da primeira edição de suas *Obras Completas* publicada em 1948, com exceção do livro *Narrativas da Análise de uma Criança,* como procuraremos indicar a seguir. Para tanto, gostaríamos de apresentar um breve histórico das edições em inglês para posteriormente indicar que edições serviram de base para as traduções brasileiras, sugerindo a seguir que a escolha do texto inglês a partir do qual as traduções foram realizadas introduziu um viés a-histórico deformante nas concepções de Melanie Klein.

Melanie Klein tinha consciência de dificuldades de leitura suscitadas por seus textos e frequentemente solicitava a colegas que os revissem e em seguida os alterava em função das sugestões, embora tenha sempre se mostrado ciosa de manter uma marca pessoal em sua produção. Gamil (1985) conta que certa vez Ernest Jones, na década de trinta, ofereceu-se para reescrever um de seus trabalhos com o objetivo de torná-lo mais claro. Klein agradeceu-lhe e respondeu com o bom humor que a caracterizava: "certamente seria mais claro, mas seria menos eu".

Por ocasião de sua morte em 1960, Klein havia alterado, em maior ou menor grau, muitos de seus textos. E no conjunto, por esta altura, devido às inúmeras reformulações teóricas, sua obra apresentada sem notas históricas introdutórias poderia tornar-se incompreensível para um leitor desavisado.

Seu primeiro livro publicado em inglês foi *Psychoanalysis of Children,* traduzido do alemão por Alix Strachey. A partir de 1932 Klein escreve continuamente. A primeira edição de uma coletânea de suas obras foi publicada em 1948, na Inglaterra.

A reedição de 1948 do livro *Psychoanalysis of Children* inclui uma série de alterações importantes. Em 1948 Klein já havia introduzido os conceitos de posições paranoide e depressiva. (Em 1952 a posição paranoide passa a ser referida como esquizoparanoide.) Em 1948 Klein também havia abandonado a ideia de uma fase de sadismo máximo por ocasião dos primeiros estágios do complexo de Édipo e coloca uma ênfase diferente nas características das primeiras relações emocionais com os pais.

Este livro revisto é incluído na edição de 1948 de suas *Obras Completas* escritas até então, mas esta edição ainda não é precedida de notas explicativas. Klein prossegue sua produção intelectual até às vésperas de sua morte, ocasião em que estava trabalhando na revisão da *Narrative of Child Analysis*.

A Escola Kleiniana inglesa, consciente do fato de que Melanie Klein havia alterado seu pensamento em inúmeras ocasiões, promovendo reformulações em seu sistema conceitual de grande envergadura e dando-se conta de que algumas imprecisões terminológicas geravam grande confusão, decidiu constituir uma comissão editorial para preparar uma nova edição de suas *Obras Completas*.

Esta comissão editorial era coordenada por R. Money-Kyrle e tinha como membros Betty Joseph, Edna O'Shaugnessy e Hanna Segal.

Em 1975 é publicada na Inglaterra uma edição de suas *Obras Completas*, revistas por esta comissão. Nesta edição são incorporadas notas explicativas para cada um dos artigos e livros publicados. Estas notas tinham por objetivo orientar o leitor na leitura, dando ideia da evolução do pensamento de Klein, das implicações para seus sistemas dessas alterações, indicando a finalidade com a qual foi escrito o artigo e mencionado as alterações feitas no texto por Melanie Klein.

Em 1969 é publicada, no Brasil, a tradução do livro *Psychoanalysis of Children*, baseada na edição de 1948. E em 1970, é publicada *Contribuições à Psicanálise*, também baseada na coletânea de artigos editada na Inglaterra em 1948. Na edição brasileira desta coletânea são suprimidos, por uma razão misteriosa, três artigos, dentre estes, dois de grande importância teórica. Os artigos suprimidos foram: "Inhibitions and Difficulties at Puberty" (1922); "Weaning" (1936) e "Love, Guilty and Reparation" (1937). A edição brasileira destas obras não incorpora nenhuma das alterações ao texto feitas por Klein depois de 1948 e não são precedidas de qualquer nota explicativa. As reedições mantêm o mesmo texto.

A leitura dos dois volumes do trabalho de Jean-Michel Petot e das notas introdutórias à edição inglesa nos indicam que praticamente todas as formulações teóricas constantes no livro *Psicanálise da Criança* já haviam sido repensadas por Melanie Klein a partir de 1948, especialmente aquelas que diziam respeito ao complexo de Édipo e ao papel do sadismo no desenvolvimento da criança. O artigo de 1946, "Notas Sobre Alguns Mecanismos Esquizoides", altera profundamente todo o sistema kleiniano com a introdução da teoria das posições e da definição do mecanismo de identificação projetiva.

Em 1975 o próprio texto do livro *Psicanálise da Criança* É objeto de várias modificações, algumas delas seguindo alterações sugeridas por Melanie Klein ainda em vida e a tradução do alemão para o inglês de vários termos que davam margens a confusões foi revista. Para dar alguns exemplos ilustrativos: *Wisstrieb*, originalmente traduzido por "instinto epistemofílico" passa a ser traduzido por "desejo de conhecer" ou "instinto de conhecer"; *Phase der Höchsblute des Sadismus;* originalmente traduzido por "fase de sadismo máximo", passa a ser traduzido por "fase na qual o sadismo alcança seu pico"; *Gegenständlich,* traduzido originalmente por "concreto", passa a ser referido em inglês como *presentational* para distinguir de pensamento concreto. Como podemos ver, não se trata de meros preciosismos...

É de conhecimento geral a controvérsia causada, por exemplo, pela ideia da existência de um "instinto" epistemofílico. Poucos sabem, contudo, que a própria Melanie Klein estava em desacordo com o termo, modificando-o a partir da edição de 1948.

Os trabalhos "Notas Sobre Alguns Mecanismos Esquizoides" (1946); "Sobre a Teoria da Ansiedade e Culpa" (1948); "Algumas Conclusões Teóricas Sobre a Vida Emocional do Bebê" (1952) são publicados no Brasil, em 1969, numa tradução de mérito bastante discutível como parte do livro *Os Progressos da Psicanálise.* Este livro também não contém nenhuma nota explicativa.

Os outros trabalhos de Melanie Klein produzidos entre 1948 até sua morte em 1960 são publicados esparsamente como parte de pequenas coletâneas. Nenhuma das traduções destes, contudo, é baseada na versão de 1975, nem é acompanhada de notas introdutórias.

Muitos artigos de grande importância só foram publicados, no Brasil, muito recentemente, como é o caso de "Origens da Transferência" (1952, publicado no Brasil em 1981) e "Sobre a Identificação" (1955, publicado no Brasil em 1981). Alguns artigos permanecem inéditos em português, como é o caso de "On Mental Health" (1960).

O único livro publicado no Brasil que corresponde ao texto incluído nas *Obras Completas* publicadas em Londres em 1975, é *Narrativas da Análise de uma Criança,* publicado aqui em 1976 e traduzido da edição inglesa de 1961. A correspondência com o texto na reedição de 1975 deve-se ao fato deste texto não ter sofrido revisões por ocasião da edição de 1975.

O resultado dessa situação editorial é a divulgação de uma Melanie contraditória, a partir de textos confusos, que dá ideia da existência de um sistema teórico insustentável, devido à perda de uma dimensão histórica no desenvolvimento do pensamento kleiniano.

Ao planejar uma edição das *Obras Completas* de Melanie Klein de caráter crítico (publicada em 1975), a Escola Kleiniana inglesa procurou sanar, através da inclusão de notas introdutórias explicativas da história e do desenvolvimento dos conceitos presentes em cada um de seus artigos, parte do sentimento de contradição que a leitura de Klein produzia.

Esta edição não preencheu a lacuna da falta de um estudo de conjunto da obra de Melanie Klein que desse conta do percurso seguido por seu pensamento. Esta tarefa coube a Petot que procura mostrar de onde vêm os conceitos kleinianos e como estes se articulam em seu sistema.

Acreditamos que o a-historicismo e a quase generalizada má qualidade das traduções, que impregnaram as edições dos trabalhos de Klein em português e em outras línguas, afetaram sobretudo a compreensão do sentido e função que cada conceito-chave de seu pensamento ocupa em seu sistema conceitual. Escolhemos o conceito de *identificação projetiva* para ilustrar a riqueza da abordagem histórico-epistemológica proposta por Jean-Michel Petot. Com isto pretendemos ressaltar a importância do estudo realizado por Petot, publicado neste segundo volume que ora vem a público no Brasil competentemente traduzido por Marise Levy, Noemi Moritz Kon, Belinda Haber e Marina Kon Bilenky.

Ao discutir este conceito, ora descreveremos, ora ampliaremos as ideias de Petot com reflexões pessoais.

Escolhemos o conceito de *identificação projetiva* por se tratar de um conceito central do pensamento kleiniano, para muitos sua "marca registrada". Meltzer (1978) escreve a este respeito:

> [...] talvez, para as pessoas não familiarizadas com o uso dos conceitos de *cisão* e *identificação projetiva*, assim como para aqueles que se tornaram um pouco *blasé* a respeito destes, é difícil darem-se conta do impacto eletrificante que o artigo de Melanie Klein de 1946 "Notas Sobre Alguns Mecanismos Esquizoides" teve sobre os analistas que estavam trabalhando próximos a ela. Com a notável exceção dos últimos trabalhos de Bion, poder-se-ia dizer que a história dos trinta anos seguintes de pesquisa poderia ser escrita em termos da fenomenologia e das implicações destes dois conceitos seminais (p. 20).

O CONCEITO DE IDENTIFICAÇÃO PROJETIVA

O fenômeno clínico englobado pelo termo identificação projetiva já era conhecido e utilizado por Melanie Klein antes de sua introdução formal em 1946.

Em 1921, Klein relata um sonho de Fritz, em que ele está na companhia de um oficial que o aterroriza, mantendo-o preso ao chão, imóvel. Klein, ao invés de interpretar o medo da castração, dentro do contexto da história e das associações, na linha de conhecimento psicanalítico da época, adota uma nova abordagem. Constrói sua interpretação com base na ideia de que o menino frustrado em seus desejos incestuosos em relação à mãe, torna-se hostil ao pai, desejando atacá-lo. Esta hostilidade é, por sua vez, projetada no pai, representado pelo oficial, tornando-o uma figura persecutória; o menino teme que o oficial o aniquile (Klein, 1921, pp. 43,44). Já vemos na interpretação deste sonho a genialidade de Melanie Klein ao abordar o fenômeno clínico de um modo original para a época. Parece-nos também que esta é uma das primeiras interpretações de identificação projetiva na obra kleiniana, embora o fenômeno não esteja ainda nomeado. Exemplos como estes são abundantes nas análises de Rita (1923), Inge (1923) e outros pacientes.

Todos os autores que dele se ocupam, atribuem a definição formal do conceito ao seu artigo de 1946 ("Notas Sobre Alguns Mecanismos Esquizoides"), apresentado na Sociedade Britânica e publicado no *International Journal of Psycho-Analysis* (*I. J. P.*, vol. XXVII, Partes 3 e 4). Este artigo foi posteriormente reeditado e publicado em 1952.

Petot (1982) aponta para o fato de que, em 1946, a definição estava presente, mas não o termo.

A passagem em questão é a seguinte:

> Muito do ódio contra partes do *self* é agora dirigido para a mãe. Isto leva a uma forma particular de identificação que estabelece o protótipo de uma relação de objeto agressiva (*I.J.P.*, 1946, p. 102).
>
> Sugiro para estes processos o termo "identificação projetiva". (Este trecho estava ausente do texto no *International Journal* de 1946 e só foi acrescentado por ocasião da reedição deste artigo em 1952.)

Quando se trata da projeção, principalmente de impulsos do bebê para danificar ou controlar a mãe, ele a sente como perseguidor (*I.J.P.*, 1946, p.102).

Petot (1982) sustenta que o termo não aparece em 1946. Esta afirmação não é correta. Embora Petot tenha razão ao dizer que o termo não aparece na definição, este surge duas páginas adiante como se já fosse conhecido. A ausência do termo na definição, seja lapso ou não, indica a pouca importância que Klein dava à rotulação desta classe de fenômenos na época.

Se não é a nomeação do conceito, nem o fenômeno clínico ao qual se refere, no que consistem as novidades do artigo de 1946?

Na verdade, quando analisamos mais profundamente este artigo de 1946, verificamos que introduz muitas inovações no sistema kleiniano de até então, que irão marcar a psicanálise pelos próximos quarenta anos.

Petot (1982) demonstra que até a produção deste artigo, Melanie Klein não tinha em sua obra uma teoria que desse conta das interações existentes entre a introjeção, projeção e identificação, *sobretudo quando elas se dão simultaneamente em relação a uma mesmo objeto.* A teoria da identificação projetiva permite a conceituação destas interações. Esta é a grande inovação e a ideia é absolutamente nova e revolucionária na psicanálise da época.

Klein, ao introduzir o conceito de identificação projetiva, indica que a projeção se dá para *dentro do objeto* (*into*, em inglês) e não sobre a superfície do objeto. Com esta mudança de preposição, Klein acentua a existência de um mundo interno, isto é, de um espaço no interior do objeto (*claustrum*, na terminologia de Meltzer). Isto modifica a noção de transferência, acentuando o novo significado que o termo "fantasia inconsciente" adquire em sua obra. Os indivíduos são concebidos como vivendo em pelo menos dois mundos: um externo e outro interno, este último tão real quanto o primeiro. As fantasias inconscientes passam a ser vistas como transações ocorrendo entre estes dois universos. Os sonhos, por exemplo, comenta Meltzer (1984), deixam de ser encarados simplesmente como um mecanismo de alívio de tensões destinado a salvaguardar o sono, para tornarem-se retratos da vida onírica, isto é, daquilo que está ocorrendo no mundo interno.

Esta nova abordagem da projeção implica uma extensão do conceito de transferência e de contratransferência. O analista deixa de ser visto como espelho sobre o qual o paciente projeta suas figuras internas com as quais passa a interagir, para ser encarado como um indivíduo que possui uma mente para dentro da qual são projetados sentimentos e/ou funções mentais. Ao projetar para dentro, o paciente está fazendo algo ativamente com a mente do analista, e, ao fazê-lo, está comunicando algo a respeito de sua própria mente. A projeção vista desta maneira reforça a ideia de Klein de que a transferência está enraizada na experiência infantil pré-verbal e origina-se nos mesmos processos que, nos primeiros estágios do desenvolvimento, criam as relações objetais: cisão, projeção e introjeção. Klein vai desenvolver esta tese com maior profundidade em 1952 em seu artigo sobre "As Origens da Transferência".

A teoria da identificação projetiva permite compreender um mecanismo de defesa primitivo, que visa negar a realidade psíquica e que pode também ter uma função de comunicar a experiência emocional. Uma outra decorrência é a utilização da resposta emocional do analista como instrumento de pesquisa sobre a realidade psíquica do paciente. Em função disso, diversos autores a partir de 1949 começam a reconsiderar o papel de contratransferência. Trataremos deste tópico mais adiante.

Ao definir a identificação projetiva, Klein está descrevendo uma forma de identificação própria à posição esquizoparanoide, cujos mecanismos de defesa básicos são cisão (*splitting*) e projeção, e o objeto da relação é parcial. Este tipo de identificação era inconcebível até 1946, pois envolvia uma ejeção (projeção) de sentimentos ou partes do *self* com conservação destes aspectos no objeto, permitindo posterior reintrojeção, como mostra Petot.

A partir deste artigo, a projeção deixa de estar ligada, como em períodos anteriores de sua obra e de outros autores como Abraham, essencialmente a mecanismos sádicos; Klein passa a considerar a existência de projeções de partes boas do *self* com. finalidades defensivas. Esta ideia tem consequências de longo alcance em sua obra e na de seus continuadores. Ela escreve:

A identificação fundada neste tipo de projeção influencia vitalmente as relações de objeto. A projeção de sentimentos bons e de partes boas do *self* dentro da mãe é essencial para que o bebê desenvolva relações objetais e integre seu ego (Klein, 1946, p. 9).

Está implícita aqui uma nova visão do papel desempenhado pela mãe no desenvolvimento do bebê. Esta passa a ser vista como um objeto externo capaz de conter as projeções da criança de modo a permitir a posterior integração do ego. Isto implica um papel de organizadora e moduladora dos sentimentos do bebê.

Neste artigo de 1946, graças ao conceito de identificação projetiva, Klein também avança na compreensão do narcisismo, problema desconsiderado até então em sua obra. Escreve:

Outra característica das relações objetais esquizoides é sua natureza narcísica, resultante dos processos infantis de introjeção e projeção.
Isto porque, como já mostrei antes, quando o ego ideal é projetado em outra pessoa, esta passa a ser amada e admirada principalmente por conter partes boas do *self* (Klein, 1946, p.13).

Aqui está a essência da concepção kleiniana de narcisismo, baseada numa relação de objeto, que será desenvolvida em seus trabalhos de 1952 e posteriormente por Rosenfeld (1964). Klein não acreditava na existência de um período anobjetal no desenvolvimento do bebê. Klein (1952) escreve:

Durante muitos anos, mantive a opinião de que o autoerotismo e o narcisismo são, no bebê, contemporâneos da primeira relação objetal com os objetos externos e internalizados. Reafirmarei brevemente minha hipótese: o autoerotismo e o narcisismo incluem o amor e a relação com o objeto bom internalizado. Concomitantemente, desde o nascimento, uma relação com objetos, primariamente a mãe (seu seio), está presente (p.51).

Em seu artigo de 1946, Klein diferencia entre estados narcísicos e relações de objeto de caráter e estrutura narcísicos. Os estados narcísicos referem-se a uma retirada para uma relação com o objeto interno idealizado. Relações de objeto narcísicas são mais estáveis e são baseadas na utilização de identificações projetivas. Na relação narcísica, o objeto é onipotentemente incorporado e tratado como pertencendo ao sujeito. Rosenfeld (1964) escreve:

> Em identificação projetiva, partes do *self* penetram onipotentemente o objeto, por exemplo a mãe, de modo a apropriarem-se de certas qualidades desejadas reivindicando-as para si próprias, assim identificam-se com este objeto, total ou parcialmente. Identificação por projeção e por introjeção em geral ocorrem simultaneamente.

Rosenfeld (1987) define identificação projetiva:

> Como o termo "identificação projetiva" tem sido usado para designar uma série de processos semelhantes, mas não idênticos, procurarei clarificar e diferenciar alguns dos problemas relativos a este termo. Identificação projetiva refere-se primariamente a um processo de cisão do ego primitivo no qual tanto as partes boas como más do *self* são expelidas do ego e, num passo seguinte, são projetadas, com amor ou ódio, nos objetos externos, o que leva à fusão e identificação das partes projetadas do *self* com tais objetos externos; o indivíduo é idêntico àquele aspecto relevante do objeto externo na medida em que ele é este (p.157).

Inicialmente a identificação projetiva era vista por Klein como um mecanismo de defesa patológico. Posteriormente, a própria Melanie Klein passa a encará-lo como um mecanismo de defesa necessário para que o desenvolvimento ocorra normalmente.

A ideia é de que a identificação projetiva como mecanismo de defesa que visava esvaziar a mente do indivíduo objeto da projeção estava presente em Klein e nos analisas de seu grupo, como já foi dito, mesmo antes da definição formal do termo e era com frequência utilizada clinicamente.

Por volta de 1948, Bion havia acumulado uma extensa experiência de trabalho com grupos e já começara a analisar psicóticos assim como Rosenfeld e Segal, encorajados precisamente pela teoria da identificação projetiva.

Estes três analistas com intervalos de poucos meses escrevem a respeito da função comunicativa da identificação projetiva e sobre sua interferência na capacidade de pensar e simbolizar do paciente.

Bion (1948, reeditado em 1961) escreve:

> [...] no tratamento de grupo, muitas interpretações – e, entre elas, as mais importantes – têm que ser feitas fiando-se nas próprias reações emocionais do analista. Acredito que estas reações dependem do fato de o analista no grupo encontrar-se na extremidade receptora daquilo que Melanie Klein (1946) chamou de identificação projetiva...

Rosenfeld (1947) indica como pacientes psicóticos valem-se da identificação projetiva para se comunicar com outras pessoas. Indica posteriormente que

> [...] este mecanismo projetivo do psicótico parece ser uma distorção ou exacerbação do relacionamento infantil normal, o qual é baseado na comunicação não-verbal entre o bebê e a mãe, e que consiste em que os impulsos, partes do *self* e ansiedades muito difíceis para o bebê suportar são projetados na mãe, e onde a

mãe é capaz de instintivamente responder, contendo a ansiedade do bebê e aliviando-o com seu comportamento (Rosenfeld, 1969).

Rosenfeld assinala que este aspecto foi particularmente explorado e desenvolvido por Bion. Segal (1950), referindo-se à análise de um esquizofrênico realizada durante 1948/1949, assinala que a inabilidade deste em usar símbolos era sua maior dificuldade durante o transcorrer da análise e relaciona isto, de maneira implícita, ao uso excessivo da cisão que produzia uma fragmentação e também ao uso da identificação projetiva.

Gostaríamos, neste ponto, de esclarecer uma confusão conceitual derivada da função comunicativa da identificação projetiva. Nem Bion, nem Rosenfeld, nem Segal, jamais afirmaram que toda comunicação se dá por identificação projetiva. A finalidade do desenvolvimento para todos estes autores é capacitar o indivíduo para se comunicar verbalmente sem que necessite recorrer a um processo defensivo do tipo descrito pela identificação projetiva, que interfere na capacidade de simbolização, por envolver sempre um relativo empobrecimento do ego.

Gostaríamos, por fim, de assinalar que o conceito de identificação projetiva potencializou a importância do conceito de cisão (*splitting*), trazendo consequências para o modelo terapêutico e para a concepção de transferência. Devido às cisões e identificações projetivas que as acompanham, diferentes partes da personalidade e até mesmo funções psíquicas são dissociadas do *self* e passam a viver, na terminologia de Meltzer (1984), em diferentes *claustra*. O objetivo da análise, tendo por instrumento a interpretação, é o de promover a reintegração destas partes perdidas. *A ênfase da terapêutica desloca-se da preocupação com a resolução de conflitos para a promoção de uma maior integração do ego.*

Esperamos ter podido ilustrar como o conceito de identificação projetiva, tão central na teoria e técnica kleiniana, ganha uma nova dimensão quando examinado no seu contexto histórico e do ponto de vista de seu significado no sistema kleiniano global, como propõe J.-M. Petot. Fica claro, por exemplo, que a novidade do artigo de 1946 não está nem na introdução de um novo fenômeno clínico, nem no rótulo proposto para estes fenômenos observados desde 1922, mas na introdução da teoria da identificação projetiva que passa a dar conta de mecanismos impensáveis na psicanálise até então.

BIBLIOGRAFIA

GAMIL, J.(1985)."Quelques souvenirs personels sur Melanie Klein." In: *Melanie Klein Aujourd'hui*. Vários autores. Obra publicada em homenagem ao centenário de Melanie Klein. Lyon, Censura.
GROSSKURT, P. (1986). *Melanie Klein: Her World and Her Work*. London, Hodder & Stoughton.
HABER, B.P. (1987). O Desenvolvimento das Ideias de Melanie Klein de 1919 a 1932 a Partir de uma Leitura de J.M.Petot. Texto de uma conferência não publicada.
KLEIN, M. (1946). "Notes on Some Schizoid Mechanisms". *Int. J. Psychoanal*, 27.99.110.

KLEIN, M. (1946). "Notes on Some Schizoid Mechanisms." In: *The Writtings of Melanie Klein.* London, Hogarth Press, 1975, vol. III. Este artigo é uma reedição da versão publicada em *Developments in Psycho-Analysis,* Ed. by Ernest Jones, London, Hogarth Press.

KLEIN, M. (1969). *Psicanálise da Criança.* São Paulo, Mestre Jou.

KLEIN, M. (1969). *Os Progressos da Psicanálise.* São Paulo, Zahar.

KLEIN, M. (1979). *Contribuições à Psicanálise.* São Paulo, Mestre Jou.

KLEIN, M. (1976). *Narrativa da Análise de uma Criança.* São Paulo, Imago.

KLEIN, M. (1975). *The Writtings of Melanie Klein.* 4 vol. London, Hogarth Press. *Obras Completas* de Melanie Klein. Edição organizada por uma comissão editorial chefiada por Roger Money-Kyrle, com a colaboração de Betty Joseph, Edna O'Shaugnessy e Hanna Segal. (Uma tradução dessa edição está sendo organizada pela Imago).

KLEIN, M. (1981). *Melanie Klein.* Coletânea organizada por Fábio A. Hermann e Amazonas Alves Lima. São Paulo, Ática.

MELTZER, D. (1978). *The Kleinian Development, part III.* Petshire, Clunie Press.

PETOT, J.-M. (1979). *Melanie Klein: Premières découvertes et premier système: 1919-1932.* Paris, Bordas. Publicado em português sob o título *Melanie Klein I: Primeiras Descobertas e Primeiro Sistema: 1919-1932,* São Paulo, Perspectiva, 1987.

PETOT, J.-M. (1982). *Melanie Klein: Le moi et le bon objet: 1932-1960.* Paris, Bordas. *Melanie Klein II: O Eu e o Bom Objeto: 1932-1960,* São Paulo, Perspectiva, 1988.

PETOT, J.-M. (1987). *Melanie Klein I – Primeiras Descobertas e Primeiro Sistema: 1919-1932.* São Paulo, Editora Perspectiva. Tradução de Marise Levy, Noemi Moritz Kon, Belinda Piltcher Haber e Marina Kon Bilenky.

ROSENFELD, H. (1947). "Analysis of a Schizofrenic State with Depersonalization." In: *Psychotic States: a Psycho-Analytical Approach,* (1965), USA, International Universities Press.

ROSENFELD, H. (1964). "On the Psychopathology of Narcisism: A Clinical Approach". In: *Psychotic States...,* New York, International Universities Press.

ROSENFELD, H. (1969). "On Projectie Identification." In *Problems on Psychosis.* Ed. P. Doucet & E. Laurin. The Hague, Excepta Medica, pp. 115-128.

ROSENFELD, H. (1987). *Impasse and Interpretation.* London & New York, Tavistock Publications.

SEGAL, H. (1950). "Some Aspects of the Analysis of a Schizophrenic." *Int. J. Psycho-Anal.,* 31.

SEGAL, H. (1964,1973). *Introduction to the Work of Melanie Klein.* London, Hogarth Press.

SEGAL, H. (1979). *Klein.* Great Britain, The Harvester Press Limited.

SPILLIUS, E. (1988). *Melanie Klein Today: Developments in Theory and Practice.* Vol. I. London & New York, Tavistock Publications. (In Press).

Visitando a Velha Senhora

RENATO MEZAN

Se Freud é indiscutivelmente o pai da Psicanálise, e se a Lacan puder ser atribuído o lugar do Filho, em que posição colocar Melanie Klein? Talvez na do Espírito Santo... ou na da Virgem Maria, que alguns espíritos maldosos quererão reservar para Anna Freud. O fato é que, na galeria dos mestres da psicanálise, a figura da simpática senhora de cabelos brancos e sorriso triste tem um lugar garantido. Costuma-se apresentá-la como a inventora da psicanálise com crianças, mediante a ideia genial de considerar a brincadeira como expressão do inconsciente infantil e portanto passível de interpretação, na medida em que equivale às comunicações verbais do paciente adulto. Isto é verdadeiro, mas está longe de esgotar o alcance da contribuição feita por ela à disciplina freudiana.

Melanie Klein chega à psicanálise relativamente tarde; tem quarenta e poucos anos quando, em meados da década de vinte, começa a esboçar as grandes linhas do seu pensamento. O mérito da obra de J.-M. Petot, *Melanie Klein I* e *II,* consiste a meu ver em traçar minuciosamente a evolução deste pensamento, de forma a mostrar como ele vai se constituindo e como vai se modificando em contato com o trabalho clínico e com o debate teórico. Como todo grande pensamento, o de Melanie Klein se apoia no de seus predecessores – no caso, Freud e seus discípulos Ferenczi e Abraham, com ambos os quais ela se analisou – mas opera um recorte no que recebe deles, formula questões que não eram as de seus contemporâneos, e oferece respostas extremamente originais tanto para estas novas questões quanto, por um efeito de reverberação, para aquelas que já se pensava estarem resolvidas de uma vez por todas.

UM PENSAMENTO ORIGINAL

É importante ressaltar este fato, pois a figura de Klein permaneceu durante muito tempo envolvida por um clima passional, que dificultou a justa apreciação da sua obra. Muito cedo, e já durante a vida de Freud (anos vinte e trinta), percebeu-se que o escândalo kleiniano consistia em que, aplicando rigorosamente os princípios freudianos – isto é, limitando--se a interpretar transferencialmente o que seus pequenos pacientes diziam e faziam – ela chegava a conclusões que discrepavam em pontos importantes das formulações de Freud: é o caso, por exemplo, da importância concedida à relação primordial com a mãe, do momento de estruturação do complexo de Édipo, da origem do superego etc. Isto provocou críticas contundentes da ortodoxia, e tentativas nada sutis de expulsar Klein e seus colaboradores da Associação Psicanalítica Internacional. Atacados com violência, acusados de heresia e de traição, estes se defenderam como podiam: protestando a mais estrita fidelidade à herança freudiana, e apresentando suas hipóteses como se fossem desdobramentos, ampliações e aprofundamentos de certos aspectos do pensamento de Freud. Esta estratégia deu resultados no plano político: não apenas os kleinianos não foram excluídos da Internacional, mas ainda tornaram-se dentro dela um dos pilares do *establishment;* sua influência estendeu-se especialmente para a América Latina, sendo preponderante no pensamento psicanalítico argentino e brasileiro até meados dos anos setenta. Do ponto de vista histórico e epistemológico, porém, o resultado foi uma grande confusão, já que as divergências são de fato grandes e tocam em questões fundamentais da teoria e da técnica psicanalíticas. Daí a vantagem de, através da obra de Petot, poder-se seguir passo a passo a formulação *dos problemas* a que vêm responder as ideias de Melanie Klein, problemas que surgem do seu trabalho clínico e visam elucidar o que nele ocorre, problemas que obviamente evoluem ao longo dos quarenta anos em que praticou e pensou a psicanálise, e que, independentemente do que se possa pensar das soluções a eles trazidas pela reflexão kleiniana, permanecem como questões centrais para todos os psicanalistas: o que é a transferência? como se estrutura um sistema defensivo? o que deve ser a interpretação para alcançar os fulcros do funcionamento psíquico? e outros do mesmo gênero.

ABC DO KLEINISMO

Pode-se dizer que, no referente a estas questões, o eixo do pensamento de Melanie Klein é a ideia de que o ser humano é habitado por angústias extremamente intensas, provenientes da ação interna da pulsão de morte, e que o funcionamento mental é estruturado para afastar ou conter, na medida do possível, estas angústias. Isto é feito por meio de mecanismos de defesa que visam manter a integridade do sujeito e a integridade dos seus objetos internos, protegendo-os de ataques destrutivos fantasiados no inconsciente. Boa parte da obra kleiniana consiste no inventário destas situações angustiantes e na descrição pormenorizada destes três aspectos, para ela intimamente relacionados: as angústias, as fantasias correspondentes a elas e as defesas mobilizadas para ignorá-las ou atuá-las. Deste ponto de vista, a evolução psíquica consiste numa série de passos acidentados no rumo de uma maior integração, integração tanto dos impulsos inconscientes quanto dos aspectos "bom" e "mau" dos objetos internos, isto é, das qualidades imaginariamente atribuídas e eles pela fantasia inconsciente. E esta ideia de *integração* a conduz a operar, nos esquemas conceptuais herdados de Freud, importantes alterações, em particular no que se refere à questão dos "objetos". Este é um dos pontos em que podemos perceber como as *questões* teóricas e clínicas são modificadas pela abordagem kleiniana, de modo que convém expor brevemente do que se trata.

Freud fala de "objetos" num sentido muito preciso: o objeto é objeto de uma pulsão. Isto quer dizer que existem tendências psíquicas, principalmente de natureza sexual, que buscam satisfazer-se através de uma descarga; um objeto é qualquer coisa que torne possível esta descarga. Por exemplo, a pulsão oral nasce na região erógena da boca, e busca descarregar-se "ingerindo" alguma coisa; um objeto oral é qualquer coisa que possa ser imaginariamente ingerida deste modo, digamos um livro para um "devorador de livros", a força do braço do inimigo que o canibal devora para dela se apropriar etc. O interessante nesta noção de objeto é que ela não tem como correlato a ideia de sujeito: a boca não é sujeito da pulsão oral, nem o ânus da pulsão anal. Trata-se de atividades parciais e que visam sua satisfação de maneira mais ou menos anárquica, mesmo depois de obtida a "síntese genital", que é sempre precária e tardia, e não aniquila as tendências anteriores: o beijo, por exemplo, é um ato ligado à pulsão oral que pode conviver com atividades sexuais "genitais".

Para Melanie Klein, o objeto não é objeto de uma pulsão, neste sentido preciso que o termo tem em Freud. O objeto é algo que se encontra preso nas malhas de uma "relação objetal", constituída por ele mesmo, por fantasias que o concernem, por emoções que o acompanham, por defesas características, por angústias específicas; todos estes elementos figuram no que ela denomina "relação de objeto". É bastante claro que estas emoções, fantasias, angústias e defesas são emoções, fantasias, angústias e defesas *de alguém,* de uma pessoa, de um sujeito: o que torna possível falar em "integração" maior ou menor destes diferentes aspectos, e atribuir ao processo psicanalítico a tarefa de promover esta integração através da interpretação exaustiva dos mecanismos de defesa mobilizados para impedi-la. De certo modo, podemos dizer que a óptica kleiniana facilita uma "psicologização" da psicanálise, no sentido de que a psicologia trabalha com a noção de uma *pessoa* que pode ter problemas etc. Pouco importa, neste momento, saber se é Freud ou Melanie Klein quem tem razão, se o ser humano corresponde mais à descrição freudiana ou à descrição kleiniana; o que quero mostrar é que, apesar do uso do mesmo termo ("objeto"), os conceitos recobertos por este termo e os fenômenos que estes conceitos visam são muito diversos. E não creio ser útil fingir que a concepção kleiniana corresponda apenas a uma "ampliação" ou a um "aprofundamento" da concepção de Freud: trata-se de outra coisa, e o primeiro passo para adotar esta ou aquela posição deve consistir em perceber que se trata de outra coisa.

O mesmo ocorre com inúmeros outros pontos da teoria e da prática analíticas. Melanie Klein, como Lacan depois dela, inova profundamente nas quatro vertentes que constituem esta disciplina, a saber: a metapsicologia (teoria do funcionamento mental), a teoria do desenvolvimento psíquico, a psicopatologia e a teoria do processo psicanalítico. E isto não é pouco: muitos analistas contribuíram com ideias e esquemas teórico-interpretativos para um ou outro destes quatro eixos, porém foram muito poucos os que conseguiram a proeza de refundi-los todos de modo coerente, dando origem a uma "escola" de psicanálise reconhecível como tal por adeptos e por adversários. A obra de Melanie Klein recentra a psicanálise em torno do problema da angústia, propõe teorias inteiramente novas sobre a estrutura do psiquismo (as "posições" esquizoparanoide e depressiva), renova de modo impressionante a teoria do desenvolvimento (por exemplo dando ao complexo de Édipo o papel de organizador dos conflitos a partir de uma idade muito precoce), introduz na psicopatologia psicanalítica ideias originais sobre a depressão e sobre a esquizofrenia... a lista seria longa. E, dado isso tudo, é óbvio que suas concepções acerca do processo psicanalítico, das razões pelas quais ele funciona ou emperra, do que é o fim de uma análise, da forma apropriada de comunicar as interpretações, do que em geral deve ser interpretado, não podem ser idênticas às da tradição freudiana. Melanie Klein é uma formidável inventora de conceitos, criadora de um sistema de psicanálise com o qual podemos ou não concordar, que podemos ou não utilizar sistematicamente em nosso trabalho terapêutico, mas de modo algum uma mera "continuadora" de Freud.

O PROBLEMA DA REALIDADE

Há problemas sérios, porém, a serem considerados pelos leitores atuais de Melanie Klein que não querem simplesmente repetir o que ela escreveu. Um destes problemas é o do estatuto da realidade. Em muitas de suas obras, ela concebe a fantasia inconsciente como algo que "deforma" a realidade: por exemplo, a criança pode ter pais relativamente benignos, mas a agressividade dela, ao ser projetada nestes pais, os fará aparecer como seres terríveis, perseguidores e cruéis. Neste caso, a "realidade" seria que os pais são até afáveis, porém as imagos internas destes pais, "deformadas" pela fantasia, serão sumamente aterradoras. A partir de notações como esta, é fácil imaginar que a psicanálise tenha por função adequar as representações inconscientes "deformadas" à "realidade", mostrando por exemplo que os pais não são tão terríveis etc. Em outras palavras, abre-se o caminho para uma normativização da psique e para uma prática ideológica, posto que o porta-voz desta realidade "não-deformada" é o psicanalista; com seu transferidor implacável, ele mediria o "ângulo de deformação" inerente às fantasias de seu paciente e dosaria a interpretação para "retificá-las", isto é, torná-las retilíneas e paralelas a esta realidade ortogônica. Não digo que os analistas kleinianos trabalhem assim; se o fizessem, já não seriam analistas, mas funcionários da repressão. Digo, porém, que é possível ler assim o que Melanie Klein escreve sobre a relação entre a realidade e fantasia, e que esta leitura seria um contrassenso absoluto. Por isso mesmo, é indispensável refletir sobre esta noção de "realidade", de modo a não confundir a integração e maturidade emocionais buscadas pela análise kleiniana com uma "adaptação à realidade" neste sentido tosco e reacionário. Uma via de saída para evitar este risco – que, repito, é muito presente e real nos textos kleinianos – seria prestar atenção a uma de suas ideias mais interessantes, a de que a realidade psíquica e a realidade "exterior" se constituem de modo paralelo e simultâneo para a psique da criança. Isto lembra a tese de Spinoza, segundo a qual a ordem e a conexão das ideias reproduz a ordem e a conexão das coisas;

mas como Melanie Klein não dispõe da noção de Deus, que em Spinoza garante este paralelismo, ela recorre a uma elaborada descrição do modo pelo qual os diferentes aspectos da vida interna se integram ao mesmo tempo e pelos mesmos mecanismos através dos quais a realidade dita "externa" vem a fazer sentido para a psique infantil. Sua teoria do simbolismo repousa sobre este pilar, e eu diria também que sua teoria do processo psicanalítico – acusada tantas vezes de idealismo, por colocar entre parênteses a verdade das comunicações relativas à realidade "exterior" – repousa igualmente sobre este princípio. O mediador entre a realidade psíquica e a realidade "externa" é, segundo Klein, constituído pelas fantasias concernentes ao corpo materno e ao corpo da própria criança, cujas partes, pela via do simbolismo, vêm a se constituir em "pontes" através das quais se processa o investimento libidinal e cognitivo do mundo "externo". Todas estas expressões estão, neste artigo, entre aspas, por que não é possível entrar aqui na discussão aprofundada deste aspecto: pois o "interior" não coincide com o que está "dentro da minha cabeça", nem o "exterior" com o que está "fora da minha pele". Mas isto é um outro problema.

É por abrir caminho para uma leitura deste tipo, que recupera a evolução das ideias dos problemas teóricos e clínicos a que estas ideias visam oferecer resposta, que o livro ora editado em português merece que o leiamos com atenção. Já era tempo de resgatar Melanie Klein do altar em que seus discípulos mais zelosos a haviam colocado, e do limbo ao qual a relegavam os que, repetindo tolamente um gracejo de Lacan ("Ela é uma açougueira, mas uma açougueira genial") achavam ser possível desembaraçar-se da velha senhora com um muxoxo de desprezo: "tudo isto é muito bom, mas fica no plano do imaginário". Petot repõe as coisas em seu devido lugar; e, no caso da obra de Melanie Klein, este lugar é cristalinamente claro: o de um pensamento instigante, o de uma indispensável contribuição para a teoria psicanalítica, o de uma reflexão que tem seus limites e seus impasses, mas sem a qual simplesmente a psicanálise não seria hoje o que ela é.

Psicanálise ou Psicanálises?

MIRIAM CHNAIDERMAN

Esta pergunta nasce de um artigo de Renato Mezan, publicado no Folhetim nº 450[1] que se intitula "Tara Além dos Monólogos Cruzados". Afirma Mezan:

> O analista kleiniano e o analista lacaniano não escutam a mesma coisa, esta é a acaciana verdade. E não escutam a mesma coisa porque partem de teses bastante diferentes sobre a natureza do inconsciente, sobre as finalidades do processo analítico, e sobre o que significa escutar.

No entanto, acentua, "trata-se de teses psicanalíticas sobre objetos psicanalíticos". [...] "Há enormes divergências, mas acordo *sobre as questões das quais existem divergências*".

Klein e Lacan teriam construído montagens destinadas a dar conta do que se passa numa psicanálise, e que, por este motivo, carregam a marca das matrizes clínicas que as geraram. As teorias de cada um tentariam, pois, dar conta de diferentes situações clínicas. Lacan tem como questão inicial a clínica da psicose, e M. Klein tem como questão a clínica de casos graves de neuroses obsessivas.

Haveria, então, não apenas um objeto da psicanálise, mas sim vários objetos da psicanálise – "o que interessa a ambos (M. Klein e Lacan) é o inconsciente", mas, ao que parece, o inconsciente não delimita um campo da psicanálise, pois parece ser um conceito suficientemente amplo para abranger os mais diferentes objetos.

---

1. R. MEZAN, "Para Além dos Monólogos Cruzados", *Folha de S. Paulo*, 8-9-1985, "Folhetim" nº 450.

Concordo quando Mezan frisa que a teorização em psicanálise tem sua origem na clínica psicanalítica, sendo esta entendida como redescoberta permanente da teoria. Mas há uma escuta que é específica da psicanálise e que caracteriza, de antemão, a clínica como sendo psicanalítica e não outra. É preciso tomar cuidado para não cair em outro tipo de fórmula empobrecedora que seria recomendar Lacan para a clínica da psicose, M. Klein para a clínica da neurose obsessiva, e sei lá mais quem para a histeria.

Cumpre resgatar o que é da essência do psicanalítico, e tornar menos importante o nome que se acrescenta adjetivando o que nos faz psicanalistas. É preciso saber que ser psicanalista é necessariamente redescobrir o que Freud descobriu, é reencontrar a cada momento os impasses de Freud. É não abandonar jamais o dilema epistemológico que o entrecruzamento da prática, teoria e pesquisa vem colocar.

Hoje, não é mais possível ser psicanalista sem conhecer seja Lacan seja M. Klein. Pois, eles surgem dos impasses que Freud nos legou.

O artigo de Mezan aparece em um determinado contexto. Em nosso meio são muito frequentes os ares de menosprezo em relação a analistas que se arvoram em seguidores de linhas diferentes daquelas que são tidas como "as verdadeiras psicanálises". Entre os lacanianos, grassa o desprezo pelos kleinianos – seriam os "práticos", os "intuitivos". E, entre os kleinianos, a antipatia pelos lacanianos. Fábio Hermann debruça-se sobre este fenômeno no seu artigo "De um Debate que Não Há", publicado no mesmo Folhetim[2].

Parece que entre esses polemizadores há uma certeza absoluta de que se o trabalho analítico não se dá dentro dos moldes absolutos, estabelecidos por esta ou por aquela escola, não será então psicanálise. É frequente em uma supervisão, ouvir-se: "Se você não interpretar *isso*, você não estará fazendo psicanálise...". Como se fosse possível delimitar com absoluta precisão o que é a psicanálise e o que não é a psicanálise. E, como se existisse uma psicanálise que é mais psicanálise que as outras. E como se a noção de verdade em psicanálise fosse algo muito simples.

Ser psicanalista, antes de mais nada, é colocar em questão todo e qualquer dogmatismo. A descoberta do inconsciente faz com que sempre as certezas sejam enganadoras, nunca estamos onde pensamos estar, somos constituídos por uma linha de fuga onde tudo escapa de nossas mãos. O que não quer dizer que o analítico não se defina muito claramente. Mas ele se define também por uma permanente perda de chão.

Tanto Lacan quanto M. Klein sabiam disso. É de tudo isso que Lacan está nos falando quando propõe que a verdade, em psicanálise, é da ordem da ficção. M. Klein, ao dedicar-se à psicanálise de crianças, explicita de forma aguda o impasse que é colocado em toda a prática analítica: como dar nome às nossas vivências as mais primitivas. Já é esta a questão de Freud nos primórdios da psicanálise: seu trabalho com as histéricas buscava fazer falar o que se transformara em sintoma. Na hipnose, o que Freud chamava de catarse era o relato da situação traumática acompanhado de intensa reação afetiva.

É importante saber que M. Klein e Lacan surgem de impasses que estão colocados em Freud. Não que os resolvam ou fechem – isto seria ir contra o que constitui o psicanalítico: a teoria psicanalítica tem como característica estar unida a um trabalho permanente de pesquisa que faz com

2. F. HERMANN, "De um Debate que Não Há", *Idem*.

que seja reconstruída a cada momento. Jamais a psicanálise poderá se constituir em um sistema fechado. O que vem empobrecendo os seguidores, seja os de M. Klein, seja os de J. Lacan, é a busca de um dogma que nortearia o que constitui a psicanálise, algo que lhes garanta de antemão um certo lugar de analistas.

Daí a importância de uma obra como esta, que nos vai mostrando passo a passo, de quais questões na clínica M. Klein foi construindo sua teoria. Ainda mais em um contexto como o nosso, onde as querelas podem passar a ter mais importância do que as questões que as motivam.

São diferentes os equívocos a que leva uma das duas teorias – ambas são achatadas quando se tornam dogmas, mas os dogmas são de diferentes tipos.

Entre os lacanianos, é frequente um discurso esvaziado, porém pomposo, cheio de jargões que passam pelo "suposto saber", "o discurso do mestre", "semblante", "em transferência" e outros chavões mais. Ou então, muitas vezes, parece que basta saber fazer trocadilhos para se arvorar em analista lacaniano.

Afirma A.M. Souza em seu livro *Uma Leitura Introdutória a Lacan*[3]:

> Creio que acusamos Lacan de hermético, pois o que nos atemoriza é o seu rigor. E trabalhar com rigor não é fácil, pois implica referência, operações etc., e responsabilidade em ato. E mais difícil ainda se torna, quando, pela formação, desejo autorizado do analista, ele tem um estilo, o que, no limite, poderíamos dizer, ele é um estilo (p.40).

Lê-se esta passagem após o relato de um diálogo em uma sessão em que um analista é questionado pelo seu analisando com a seguinte frase:
– O campo de análise está minado!
E o analista interpreta:
– Ah, sim! Você quer dizer mi-nado. Da sua natação.
E Souza prossegue:

> É isto e mais outras coisas que levam o lacanismo ao descrédito e o fazem parecer uma brincadeira perversa e que, se for assim, de fato é, mas creio que em Lacan é *radicalmente* oposto. O que autoriza este proceder – minado em mi-nado, meu nado, nadar, – e que ética o sustenta?

É preciso saber que "se Lacan fosse um amontoado de frases, não seria o teórico que foi". E como teimam em transformar Lacan em um amontoado de frases...

Entre os que se dizem discípulos de M. Klein, o achatamento vem de uma concretização absoluta de sua teoria e uma impossibilidade de lidar com seus conceitos, não como entidades concretas, mas como conceitos que nos ajudam a nomear uma certa realidade psíquica.

No ensaio de "Introdução"[4] ao livro *Melanie Klein,* de F. Hermann, e A. A. Lima, para deixar mais clara "a aguda apreensão do sentido das experiências emocionais, a projeção desses sentidos numa gênese pre-

---

3. A.M. SOUZA, *Uma Leitura Introdutória a Lacan,* Porto Alegre, Ed. Artes Médicas, 1985.
4. F. HERMANN e A. A. LIMA, "Introdução" in *Melanie Klein,* São Paulo, Ática, s.d

sumível e a categorização teórica que busca dar conta de tal psicologia evolutiva", os autores propõem a construção do que denominam "boneco kleiniano". Mas – explicitam a falácia a que pode levar um tal procedimento – "... é possível confundir o processo de estudo com a realidade estudada". E, falácia decorrente dessa primeira: o "boneco kleiniano", ao modelizar a vida psíquica em sua profundidade, pode negar para as produções singulares a cada paciente. O modelo deve ser apenas um instrumento de interpretação e não a realidade a ser interpretada. Entre os analistas kleinianos parece ser frequente a utilização do boneco kleiniano como realidade e não como instrumento de abordagem da vida psíquica, deixando eles de enxergar então seus próprios pacientes. Por exemplo, toma-se o que é denominado por M. Klein de "seio bom" concretamente como peito mesmo e não como o que contém o bom e é provedor, e que, portanto, pode ser várias coisas. Ou então, na escuta de uma sessão, buscam-se apenas os movimentos sádicos ou de ataque, sem ter em conta que eles só podem acontecer no interior de uma intensa relação amorosa.

M. Klein não pode ser reduzida ao achatamento teórico a que alguns de seus seguidores a têm levado. É o que estes dois volumes de Petot demonstram de maneira rigorosa. Há toda uma metapsicologia que embasa sua clínica.

Não é por acaso que M. Klein é admirada não só por Lacan, como tentaremos evidenciar, mas também por Deleuze e Guattari, no seu *Anti--Édipo*[5], obra das mais terríveis na sua crítica à psicanálise. São frases suas:

Melanie Klein fez a descoberta maravilhosa dos objetos parciais, esse mundo de explosões, de rotações, de vibrações (p. 63).

... os objetos parciais são em si mesmos uma carga suficiente para fazer explodir Édipo, e destituí-lo de sua tola pretensão de representar o inconsciente, de triangular o inconsciente, de captar toda a produção desejante (p. 63).

E se escolhemos o exemplo da nemos edipianizante das psicanalistas, é para mostrar que esforço ela teve que fazer para medir a Édipo a produção desejante (p. 64).

Pois, Deleuze e Guattari procuram mostrar como M. Klein não se livrou da ideia de um todo e da busca de um Objeto completo; para eles, os objetos parciais são peças nas máquinas desejantes, "são primeiros em relação ao que se deixa registrar na figura do Édipo".

Lacan, por sua vez em *O Seminário-Livro 1*[6], afirma:

... É então que Melanie Klein, com esse instinto de animal que a fez aliás perfurar uma soma de conhecimentos até então impenetrável, ousa lhe falar – falar a um ser que se deixa, pois, apreender como alguém que, no sentido simbólico do termo, não responde. Ele está lá como se ela não existisse, como se fosse um móvel. E, entretanto, ela lhe fala. Ela dá literalmente nomes ao que, sem dúvida, participa do símbolo, porque pode ser imediatamente nomeado, mas que, para esse sujeito, só era, até então, realidade pura e simples (p. 85).

---

5. G. DELEUZE e F. GUATTARI, *Anti-Édipo*, Rio de Janeiro, Ed. Imago, 1976.
6. J. LACAN, *O Seminário-Livro 1*, Rio de Janeiro, Zahar Editores, 1979.

Não nomear é estar aprisionado no real. M. Klein tem a coragem de nomear e a criança passa a poder simbolizar a realidade em volta dela, "a partir desse núcleo, dessa pequena célula palpitante de simbolismo que lhe deu M. Klein" (p.103).

Melanie Klein enfia o simbolismo com a maior brutalidade no pequeno Dick (P. 83).

E Lacan utiliza-se de seus conceitos de Real, Imaginário, e Simbólico, para compreender o que se passou na análise de Dick. Ecletismo? Mera tradução conceitual e, portanto, inútil?
Não creio.
Pois há algo que perpassa o analítico. Lacan apreende em M. Klein a sua escuta analítica, a escuta analítica na sua especificidade. E sua especificidade é escutar para buscar o que produz a linguagem, ou seja, um estar na linguagem para desvelá-la em sua origem.

Na leitura e estudo da obra de M. Klein esta escuta se explicita a cada momento. Não é raro, entre aqueles que se iniciam no estudo da psicanálise, um estranhamento em relação ao modo como M. Klein nos fala de suas interpretações. Só pode ser estranho ler no início do seu artigo "A Importância da Formação no Desenvolvimento do Ego" as seguintes frases:

... Minha experiência revela que o sadismo atinge o auge nesta fase, que é anunciada pelo desejo oral-sádico de devorar o seio materno (ou a própria mãe), extinguindo-se no início da fase anal. No período a que me refiro, o adjetivo predominante do sujeito é apropriar-se dos conteúdos do corpo da mãe, destruindo-a por intermédio de qualquer arma que o sadismo possa acionar.

Que coisa estranha uma criança querer engolir a mãe! É mesmo uma "genial açougueira", como a denominava Lacan... Mas, uma açougueira... No mínimo, uma delirante... Relacionar, como o faz em outro ensaio, a gagueira, os movimentos da língua de uma criança gagá, ao coito dos pais, só sendo delirante...

No *Seminário-Livro 1* de Lacan, Mme. Lefort relata "O caso Roberto" (pp. 110-121). Transcrevo alguns trechos desse relato:

Nesse momento, precisei desempenhar o papel da sua mãe esfomeadora. Ele me obrigou a sentar sobre uma cadeira em que havia o seu copo de leite, a fim de que eu o virasse privando-o assim da sua comida boa.
[...] Voltou-se contra mim e, com grande violência, fez-me ingurgitar água suja, berrando: "– O lobo! O lobo!" Essa mamadeira representava aqui a má comida e reenviava à separação com sua mãe, que o tinha privado de comida...
Para empregar a dialética que ele próprio tinha sempre empregado, a dos conteúdos-continentes, Roberto devia, para se construir, ser o meu conteúdo, mas devia se assegurar da minha posse, quer dizer, do seu futuro continente.

Lacan encanta-se com o relato e mostra como, através das únicas duas palavras que esta criança – que tem aproximadamente quatro anos – pronuncia ("O lobo, O lobo") é possível introduzir a linguagem. Lacan não se horroriza com a utilização de modelos kleinianos na abordagem do caso.

As estórias das crianças são estórias aterradoras, onde parece se explicitar o que Lévi-Strauss disse da psicanálise em seu lindo ensaio "A Eficácia Simbólica": "... muitos psicanalistas se recusarão a admitir que as constelações psíquicas que reaparecem na consciência do doente possam constituir um mito...". Mas, o trabalho com crianças parece nos comprovar isto a todo momento – seus relatos são verdadeiros relatos míticos, onde uma terrível cosmogonia se instaura a cada momento. A criança deixa mais claro algo que é preciso desvelar no trabalho com adultos.

M. Klein instrumenta-nos na captação do que Isaías Melsohn vem denominando "movimentos intencionais expressivos pré-sígnicos" ou "formas de consciência pré-reflexiva". Melsohn fala-nos em um sistema de articulação-desarticulação primordial[7].

A utilização dos termos "pré-sígnico" ou "pré-reflexivo" é bastante discutível, pois o "pré-sígnico" é signo e o "pré-reflexivo" é reflexão. Mas, é também verdade que em psicanálise vamos sempre em direção ao enraizamento do simbólico no não-simbólico. O conceito kleiniano de identificação projetiva instrumenta-nos exatamente nesse movimento.

A identificação projetiva é definida por M. Klein, no seu artigo "Notas Sobre Alguns Mecanismos Esquizoides", como projeção de partes boas ou más, a partir de cisões no *self*, com consequente identificação com o objeto no qual se projetou. Este processo estaria na base de toda comunicação humana: só posso apreender o outro a partir do que nele é meu ou tem a ver comigo.

Freud, em seu ensaio "Sonho e Ocultismo", conta a história de uma criança que traz à mãe, por duas vezes, uma peça de ouro, no momento em que, em análise, a mãe verbaliza a importância que uma outra peça de ouro tivera em sua infância. Para Freud, estas relações vem colocar a questão da "transmissão de pensamento". Hoje, podemos afirmar que isto é um fato, mas considerando a transmissão como projeção e o comportamento da criança como identificação com a mãe e a mãe vivendo uma identificação projetiva com a criança. A criança não sabe que o que a move é uma projeção da mãe – é agida por algo que é da mãe. Fica difícil manter o "eu-tu": a mãe é a criança e a criança é a mãe. O "eu-tu" é mítico, não há uma separação clara entre o sujeito e o objeto.

É preciso não temer a dissolução da noção de indivíduo, é preciso não temer a perda de uma certa concepção da subjetividade. Que nos dissolvamos em meio às muitas estórias que nos são narradas para poder depois emergir inteiros, instaurando novos elos nos nossos discursos, novos elos nos quais, como analistas, também somos transformados pelo discurso do paciente. Melanie Klein sabia disso.

E Lacan também.

De modos distintos, os dois viveram em sua clínica as questões que a existência do inconsciente vem colocar à linguagem e que estão delineadas nos capítulos "O Recalque" e "O Inconsciente" da *Metapsicologia* de Freud. Haveria afeto inconsciente? O que é um pensamento inconsciente? Lacan busca responder a estas questões pensando o inconsciente como tendo a estrutura da linguagem. O inconsciente seria,

---

7. I. MELSOHN, "La pensée symbolique", in *Géopsychanalyse,* Rencontre franco-latino-américaine, fev. 1981, Confrontation, Paris.

então, a possibilidade da articulação da fala. Melanie Klein responde a estas questões com o seu conceito de fantasia inconsciente, que é amplamente discutido por Petot nesses dois volumes. Mas, a questão é sempre a mesma: como dar conta da linguagem, e como conceituar o que seja a linguagem, dada a existência do inconsciente. E é essa a questão que permeia toda a psicanálise e que faz com que, seja kleiniana, seja lacaniana, ela seja apenas uma.

Aparte das Tradutoras

BELINDA P. HABER
MARINA K. BILENKY
MARISE L. WAHRHAFTIG
NOEMI M. KON

Traduzir tornou-se tema de nossa reflexão a partir da própria prática. Pareceu-nos interessante utilizar a oportunidade que nos foi oferecida para partilhar a complexidade do trabalho de tradução e, mais particularmente, de tradução de psicanálise.

A tradução de psicanálise, em especial a da obra de Freud, tem sido alvo de polêmicas diversas.

Sabemos, e Freud tão bem o sabia, do impacto emocional que cada palavra produz em nós. A palavra é objeto de uma apreensão tanto intelectual quanto emocional. Se isso é válido para todo texto, para o texto psicanalítico esse enunciado ganha especial relevância.

O texto freudiano funda uma nova ciência, revela novos continentes. Ao fazê-lo, em seu próprio desenrolar, ele é persuasão, debate, luta entre ideias contraditórias, um convite para a introspecção e para o sonho. O impacto gerado pelo texto freudiano produz-se não só através de suas palavras, mas de um clima emocional que as transcende. Às vezes somos levados a seguir suas páginas como uma história de detetive, ávidos pelo desenlace de tramas conceituais. Há um diálogo permanente com o leitor, desafio e sedução. Como traduzir este dinamismo do texto que é cerne mesmo deste saber?

Bettelheim, em sua obra *Freud e a Alma Humana,* explicita os pressupostos ideológicos da versão inglesa da obra de Freud realizada por James Strachey. Esta tradução visava, segundo ele, obedecer a critérios médicos e científicos. Com essa intenção, tornou o texto de Freud distante e intelectual para os leitores. O que foi originalmente uma leitura com o propósito de convidar o leitor à introspecção e conhecimento das regiões mais profundas de sua alma, com palavras de uso cotidiano, apresentou-se em inglês como um tratado científico para médicos, repleto de termos técnicos, biologizantes e abstratos.

A questão da tradução da psicanálise para o português foi objeto de profunda reflexão para Marilene Carone, cujo trabalho de tradução do original alemão das *Obras Completas* de Freud foi interrompido por sua morte prematura em 1987. Ao rever Freud em sua versão brasileira feita a partir da versão inglesa, Carone discute as escolhas feitas para a tradução de certos termos, e o que nortearia tais escolhas. Ela situa a questão da tradução dentro do contexto das concepções de psicanálise em voga no Brasil.

Os problemas terminológicos e ideológicos colocados por uma tradução de Freud para o português retornam quando da tradução de todo texto de psicanálise.

Escrever psicanálise já é traduzir. O esforço de Freud, assim como de seus seguidores, é o de pôr em palavras, às vezes pela primeira vez, emoções, sentimentos, associações livres, todo um mundo de fantasias, que não é de fácil acesso à nossa consciência. Daí, talvez, o uso de metáforas em larga escala. O inconsciente fala através de metáforas, e todo analista vê-se frente ao ofício de traduzi-las por outras metáforas. De traduzir a linguagem do inconsciente para outra, apreensível pelo pensamento lógico-racional. Traduções de traduções de traduções.

Faz parte do ofício de psicanalisar a luta com as palavras: encontrar a palavra justa que possa, seguindo as diversas correntes psicanalíticas, romper resistências para uns, conter experiências emocionais para outros.

Se parte do trabalho psicanalítico é traduzir, nossa tarefa foi traduzir psicanálise. Os dois campos, psicanálise e tradução, são atravessados pela questão da escuta – ou da leitura do texto – e, a partir dela, da escolha das palavras que traduzam o que pôde ser escutado – ou lido. Existe ou não o certo e o errado das versões e interpretações? Há a palavra exata a ser dita no exato momento? São uma ou várias palavras que podem traduzir com fidelidade o que está escrito, lido, vivido?

No caso da tradução do texto psicanalítico, essa questão ganha novas proporções. Não estamos mais no consultório fechado, a dois. Estamos em praça pública: os textos circulam, são debatidos em vários meios, devem ser fonte de diálogo e de indagação para muitos. Devem encontrar uma linguagem comum, compartilhada por um grande número de pessoas.

O tradutor deve, se isso não é contradição em termos, ser absolutamente fiel ao texto e a seu autor, e andar de mãos dadas com sua própria cultura, com a linguagem que circula ao seu redor. Se não tem esta dupla fidelidade, não pode reproduzir em português o impacto emocional do texto e o conjunto das ideias do autor.

No caso da obra de Petot, estamos frente a uma dificuldade especial: Petot é um autor francês escrevendo sobre Melanie Klein, cuja obra está originalmente em alemão ou inglês. Ao traduzir conceitos kleinianos trabalhados por Petot, devemos ser fiéis a quem? A Petot? A Melanie Klein? Às opções nacionais?

Um exemplo desta questão está na tradução de *refoulement,* que corresponde a *recalque* em português, já que repressão seria o nosso correspondente da *répression* francesa. Petot, imerso na cultura psicanalítica francesa, usa na maior parte das vezes *refoulement.* Sabemos, no entanto, que Melanie Klein, e mesmo Freud, falam em *repressão* não em *recalque.* Também o vocabulário oficial da Sociedade Brasileira de Psicanálise adota o termo *repressão*. Ao optarmos por *repressão,* estamos em paz com Freud, com Melanie Klein e com a sociedade de psicanálise local. Mas não traímos Petot?

Outro termo cuja tradução requer uma reflexão especial é o *jeu*. A palavra correspondente em português seria *jogo,* que entre nós refere-se a uma atividade com regras fixas e em geral a uma disputa entre parceiros ou grupos. A acepção da técnica de Melanie Klein na análise de crianças não é a de jogo, mas a de *brincar:* este não pressupõe regras estabelecidas ou parceiros – ele é a livre expressão da vida de fantasia da criança. Assim, optamos por *psicanálise de crianças através do brincar* ao invés de *psicanálise de crianças através do jogo,* que seria a tradução literal. Neste caso, o que determinou nossa escolha não foi o critério oficial, mas a própria concepção da técnica da análise de crianças.

Podemos acrescentar ao problema da tradução dos conceitos a dificuldade que a própria Melanie Klein instaura na sua forma particular de utilizá-los. Fundadora de uma nova teoria e técnica de psicanálise, utilizou para sua conceitualização os mesmos nomes empregados por Freud e Abraham, mas preenchidos de conteúdos na maior parte dos casos bastante diversos. Isto se torna evidente no conceito de repressão, se mudarmos o foco da discussão entre a polêmica recalque-repressão para repressão em Freud–repressão em Melanie Klein. Para Freud é o pilar sobre o qual se assenta a existência do inconsciente e do funcionamento psíquico e, portanto, da própria psicanálise. Já para Melanie Klein, o conceito de repressão ocupa um lugar menor dentro de sua teoria como um entre muitos mecanismos de defesa.

Uma série de outros conceitos assumem sentidos muito diversos dentro de uma ou outra teoria. Embora este não seja o espaço para nos alongarmos nestas diferenças poderíamos citar uma série de exemplos: a noção de objeto, de ansiedade, de pulsão de morte, das próprias instâncias psíquicas... Esta lista poderia ser mais ou menos ampla de acordo com a compreensão de cada estudioso de psicanálise, mas o que nos parece de fundamental importância é que se faça, como Petot o fez em relação à obra kleiniana, um estudo da gênese e do percurso da conceitualização de cada teoria.

A mesma liberdade com que Melanie Klein utiliza os conceitos freudianos transparece em toda a sua obra, na maneira direta e quase que concreta de relatar o mundo infantil. Com esta liberdade, Melanie Klein aproxima-se de Freud na utilização de uma linguagem próxima da vivência do ser humano. Mais uma vez recai sobre as traduções parte da responsabilidade pela maneira distanciada com que a obra é apresentada ao leitor. Esse distanciamento é fruto das diversas variantes que se interpõem ao trabalho do tradutor: a realidade de cada língua e sua concepção estética, o momento histórico e ideológico, as concepções de psicanálise.

O tradutor trabalha sob esta superdeterminação e é a partir desta que a cada momento faz suas opções.

Se alguns critérios de escolha foram explicitados – fidelidade ao autor, ao pensamento kleiniano e ao vocabulário oficial (através do *Vocabulário da Sociedade de Psicanálise* e do *Vocabulário de Psicanálise* de Laplanche e Pontalis) –, nós o seguimos no processo de criação de um novo texto. Novo texto? Esta questão remete ao papel do tradutor e aos limites de seu trabalho. Remete também à questão da neutralidade da leitura do tradutor.

Contrapondo-se à necessidade de fidelidade ao autor, a seu pensamento, a seu estilo, há a necessidade de se garantir ao tradutor sua liberdade de leitura da obra que pretende verter.

O tradutor caminha sobre uma linha tênue. De um lado a promiscuidade, a leitura parcial que pode abrir-se para uma aberração, distorção flagrante do texto original. De outro, a leitura dentro da oficialidade vernacular, conceitual, que pode cercear o tradutor e impedir um trabalho livre de criação, de recriação do texto original em outra língua.

Cabe ainda uma consideração a respeito da terminologia psicanalítica. Se a escolha comum por um termo e não outro para designar um determinado fenômeno pode facilitar o diálogo, a disputa por determinadas palavras, como se umas fossem mais corretas do que outras, pode esterilizá-lo. Em nosso meio, as opções terminológicas têm sido sinal de vários enquistamentos, que mais produzem seitas isoladas do que promovem o diálogo e a troca. Cremos que o texto psicanalítico, como todo bom texto, deve possibilitar muitas leituras. E onde está repressão, que leia recalque, supressão, recalcamento, não é esse o essencial. O importante é que a palavra permita a compreensão do fenômeno. Carone foi buscar no próprio Freud os critérios que deveriam nortear a tradução. E encontra a seguinte citação: "Um nome é apenas um rótulo, que se aplica para distinguir de outros semelhantes a ele. Não é um programa, nem uma indicação de conteúdo ou definição". Carone comenta: "Em Freud não há lugar para nenhuma espécie de fetichização ou de idolatria do significante".

As questões sugeridas pelas traduções de psicanálise no Brasil devem ganhar corpo, já que o texto traduzido é elemento central da transmissão de psicanálise entre nós: as opções dos tradutores e editores por textos, palavras e pressupostos ideológicos refletem-se em nossa prática cotidiana e na produção local de psicanálise.

BIBLIOGRAFIA

BETTELHEIM, Bruno. *Freud e a Alma Humana.* São Paulo, Ed. Cultrix, 1982.
CARONE, Marilene. "Freud em Português". *Folha de S. Paulo,* Folhetim, 23 de janeiro de 1987.
_____. "Freud em Português" (capítulo 2). *Folha de S. Paulo,* Folhetim, 20 de outubro de 1987.

Bibliografia

I. BIBLIOGRAFIA CRONOLÓGICA DOS ESCRITOS DE MELANIE KLEIN A PARTIR DE 1932[1]

a) *Publicações originais*[2]

1932:   *Die Psychoanalyse des Kindes*, Viena, Internationale Psychoanalytischer, Verlag: trad. ing.: *The Psycho-Analysis of Children*, Londres, Hogarth Press, 1932; trad. fr.: *La Psychanalyse des Enfants*, Paris, P.U.F., 1959; trad. bras. in 1969: *A Psicanálise da Criança*.

1933:   "The Early Development of Conscience in the Child", in *Psycho-Analysis Today*, New York, Covici-Friede Publishers, 1933, reed. in 1948; trad. fr. in 1968a: "Le développement précoce de la conscience chez l'enfant"; trad. bras. in 1981: "O Desenvolvimento Inicial da Consciência na Criança".

1934:   "On Criminality", *British Journal of Medical Psychology*, 14, 1934; reed. in 1948: trad. fr. in 1968a: "La Criminalité"; trad. bras. 1981: "Sobre a Criminalidade".

1935:   "A Contribution to the Psychogenesis of Maniac-Depressive States", *I.J.P.A.*, 16, 1935; reed. in 1948; depois 1975, v. 1; trad. fr. in 1968a[3]: "Contribution à l'étude de la psychogenèse des états maniacodépressifs"; trad. bras. in 1981: "Uma Contribuição à Psicogênese dos Estados Maníaco-Depressivos".

    1. Poderá ser encontrada uma bibliografia cronológica dos escritos de Melanie Klein de 1919 a 1932 em nosso trabalho *Melanie Klein I: Primeiras Descobertas e Primeiro Sistema (1919-1932)*, São Paulo, Perspectiva, 1987, Coleção Estudos 95.

    2. Os textos de 1935, 1950 e 1958 foram expostos no ano anterior à sua publicação. Uma forma abreviada do texto de 1940 foi lida em 1938 no Congresso Internacional de Psicanálise de Paris.

    3. *I.Z.P.*: *Internationale Zeitschrift für Psychoanalyse*. *I.J.P.A.*: *International Journal of Psycho-Analysis*.

1936:	"Weaning", in J. RICKMAN & col., *On the Bringing up of Children*, Londres, Kegan Paul, Trench Trubner and Co., reed. in 1975, v. I; trad. bras. in 1969: "O Desmame", in *A Educação de Crianças à Luz da Investigação Psicanalítica*.
1937a:	"Love, Guilt and Reparation", in KLEIN, M. & RIVIERE, J., *Love, Hate and Reparation*, Londres, Hogarth Press; trad. fr. in KLEIN, M. & RIVIERE, J., *L'Amour et la Haine*, Paris, Payot, 1968b; trad. bras. in 1975: "Amor, Culpa e Reparação", in *Amor, Ódio e Reparação*.
1937b:	"Zur Psychogenese der Manisch-Depressiven Zustände", trad. al. de Paula Heimann[4] de 1935, in *I.Z.P., 23*.
1940:	"Mourning and its Relation to Maniac-Depressive States", *LLP.A.*, 21, reed. in 1948, depois 1975, *1;* trad. fr. in 1968a: "Le Deuil et ses rapports avec les états maniaco-dépressifs"; trad. bras. in 1981: "O Luto e sua Relação com os Estados Maníaco-Depressivos".
1942:	"Some Psychological Considerations", in WADDINGTON & col., *Science and Ethics*, Londres, Allen & Unwin, 1942.
1945:	"The Oedipus Complex in the Light of Early Anxieties", *I.J.P.A., 26;* reed. in 1948, depois 1975, *1;* trad. fr. in 1968a: "Le Complexe d'Oedipe éclairé par les angoisses précoces"; trad. bras. in 1981: "O Complexo de Édipo à Luz das Primeiras Ansiedades".
1946:	"Notes on Some Schizoid Mechanisms", *I.LP.A.*, 1946; reed. in 1952; trad. fr. in 1966: "Notes sur quelques mécanismes schizoides"; trad. bras. in 1978: "Notas Sobre Alguns Mecanismos Esquizoides".
1948a:	*Contributions to Psycho-Analysis*, Londres, Hogarth Press; reagrupando as versões ou traduções inglesas de 1921, 1923a e *b,* 1925, 1926, 1927a e *b,* 1928a, 1929a e *b,* 1930a e 1931a, 1933, 1934, 1935, 1940, 1945; trad. fr. de Marguerite Derrida, *Essais de Psychanalyse*, Paris, Payot, 1968; trad. port, in 1981: *Contribuições à Psicanálise*.
1948b:	"A Contribution to the Theory of Anxiety and Guilt", *I.L.P.A., 29,* reed. in 1952c; trad. fr. in 1966: "Sur la théorie de l'angoisse et de la culpabilité"; trad. bras. in 1978: "Sobre a Teoria de Ansiedade e Culpa".
1950:	"On the Criteria for the Termination of a Psycho-Analysis ("Sobre os Critérios de Término de uma Psicanálise"), *I. J.P.A., 31*.
1952a:	"Some Theoretical Conclusions Regarding the Emotional Life of the Infant", in 1952c; trad. fr. in 1966: "Quelques conclusions théoriques au sujet de la vie émotionnelle des bébés"; trad. bras. in 1978: "Algumas Conclusões Teóricas Sobre a Vida Emocional do Bebê".
1952b :	"On Observing the Behavior of Young Infants", in 1952c; trad. fr. in 1966: "En observant le comportement des nourrissons"; trad. bras. in 1978: "Sobre a Observação do Comportamento dos Bebês".
1952c:	Em col. com HEIMANN, P., ISAACS, S. & RIVIÈRE, J. *Developments in Psycho-Analysis*, Londres, Hogarth Press.; trad. fr. por Willy Baranger, *Développements de la Psychanalyse*, Paris, P.U.F., 1966; trad. bras. in 1978: *Os Progressos da Psicanálise*.
1952d:	"The Origins of Transference", *I.L.P.A., 33,* 1952; trad. fr. de Daniel Lagache: "Les origines du transfert", *Revue française de Psychanalyse, 26,* 1953; trad. bras.: "As Origens da Transferência" in *Melanie Klein: Psicologia,*

4. Melanie Klein parece ter contribuído para o estabelecimento desta versão alemã que difere amplamente da versão inglesa de 1935.

FÁBIO A. HERRMANN, AMAZONAS ALVES LIMA (orgs.), São Paulo, 1982.

1952e: "The Mutual Influences in the Development of the Ego and the Id", *The Psycho-Analytic Study of the Child, 7,* 1952.

1955a: "The Psycho-Analytic Play Technique; its History and Significance", in 1955b; trad. bras. in 1969: "A Técnica Psicanalítica Através do Brinquedo: Sua História e Significado".

1955b: Em col. com HEIMANN, P. & MONEY-KYRLE, R.E., *New Directions in Psycho-Analysis,* Londres, Tavistock Publications; reed. 1977 por Maresfield Reprints; trad. bras. in 1969: *Novas Tendências na Psicanálise.*

1955c: "On Identification", in 1955b; trad. fr. in 1968b; trad. bras. in 1969: "Sobre a Identificação".

1957: *Envy and Gratitude,* Londres, Tavistock Publications; trad. fr. in 1968b; trad. bras. in 1974: *Inveja e Gratidão.*

1958: "On the Development of Mental Functioning" ("Sobre o Desenvolvimento do Funcionamento Mental"), *I.J.P.A., 39.*

1959: "Our Adult World and its Roots in Infancy", *Human Relation, 12;* reed. in 1963c; trad. fr. in 19683: "Notre monde adulte et ses racines infantiles"; trad. bras. in 1971: "Nosso Mundo Adulto e suas Raízes na Infância".

1960a: "On Mental Health", *British Journal of Medical Psychology, 40.*

1960b: "A Note on the Depression in the Schizophrenic", *I.J.P.A., 41.*

b) *Publicações póstumas*

1961: *Narrative of a Child Analysis,* Londres, Hogarth Press. Texto organizado por Elliot Jaques. Trad. fr. *Psychanalyse d'un enfant,* Paris, Tchou, 1973; trad. bras. in 1976: *Narrativa da Análise de uma Criança.*

1963a: "Some Reflections on the Oresteia", in 1963c; trad. fr. in 1968/3; "Réflexions sur l'Orestie"; trad. bras. in 1971: "Algumas Reflexões Sobre a Oréstia".

1963b: "On The Sense of Loneliness", in 1963c; trad. fr. in 1968: "Se sentir seul"; trad. bras. in 1971: "Sobre o Sentimento de Solidão".

1963c: *Our Adult World,* Londres, Heinemann. (Reedição de 1955c, 1959, e publicação original de 1963a e 19633; trad. fr. destes quatro textos em 19683); trad. bras. in 1971: "O Sentimento de Solidão".

c) *Edição crítica*

1975: MONEY-KYRLE, R.E., *The Writings of Melanie Klein,* ed. em col. com JOSEPH, B., O'SHAUGHNESSY, E. e SEGAL, H., 4v., The Hogarth Press and the Institute of Psycho-Analysis, Londres.

d) *Traduções francesas*

1953: "Les origines du transfert", *Revue française de Psychanalyse,* 1952, t. XVI, n° 2, pp. 204-214, trad. por Daniel Lagache de 1952d.

1959c: *La Psychanalyse des enfants,* trad. por J.-B. Boulanger de 1932, Paris, P.U.F.

1966: *Développements de la Psychanalyse,* trad. por Willy Baranger de 1952c, Paris, P.U.F.

1968a: *Essais de Psychanalyse,* trad. por Marguerite Derrida de 1948, Paris, Payot.

1968b: *Envie et gratitude et autres essais*, trad. por Victor Smirnoff, com a col. de Marguerite Derrida & S. Aghion, de 1957 e de 1963c, Paris, Gallimard.

1968c: *L'Amour et la Haine*, trad. por Annette Stronck de 1937 e do texto de J. Rivière, 1937, Paris, Payot.

1973: *La Psychanalyse d'un enfant*, trad. por Mireille Davidovici de 1961, Paris, Tchou.

e) *Traduções para a língua portuguesa*

1969: *Psicanálise da Criança*. Trad. de Pola Civelli. São Paulo, Ed. Mestre Jou.

1974: *Inveja e Gratidão*. Trad. de José Octávio de Aguiar Abreu da ed. inglesa de 1957. Imago.

1975: *Amor, Ódio e Reparação*. Trad. de Maria Helena Senise da ed. Inglesa de 1967. Imago e Editora da Universidade de São Paulo.

1976: *Narrativa da Análise de uma Criança*. Trad. de José Carlos Campanha e Vanêde Nobre da ed. inglesa de 1961. Imago.

1978: *Os Progressos da Psicanálise*. Trad. de Álvaro Cabral da ed. Inglesa de 1952. Zahar.

1981 : *Contribuições à Psicanálise*. Trad. de Miguel Maillet da ed. inglesa de 1965. Editora Mestre Jou.

1982: "As Origens da Transferência", *Melanie Klein: Psicologia*, São Paulo, Ática.

II. BIBLIOGRAFIA GERAL DA PRESENTE OBRA

ABRAHAM, K.

1919: "Une forme particulière de résistance névrotique à la psychanalyse", trad. fr. in 1966.

1920: "Manifestations du complexe de castration de la femme", trad. fr. in 1966.

1924: "Esquisse d'une histoire du développement de la libido", trad. fr. in 1966; trad. bras. "Breve Estudo do Desenvolvimento da Libido, Visto à Luz das Perturbações Mentais", in *Teoria Psicanalítica da Libido*, Imago, 1970.

1925: "Contribution de l'érotisme oral à la formation du caractère", trad. fr. in 1966.

1965: *Oeuvres complètes, 1*, trad. fr., Paris, Payot.

1966: *Oeuvres complètes, 2*, trad. fr., Paris, Payot.

ABRAHAM, K., FREUD, S.

1965: *Correspondance 1907-1926*, trad. fr., Paris, Gallimard.

ANZIEU, D.

1974a: "La Peau: du plaisir à la pensée", in ZAZZO, R. *et al*, 1974.

1974b: "Le Moi-peau", *Nouvelle Revue de Psychanalyse*, nº 9.

1976: "L'Enveloppe sonore du soi", *Nouvelle Revue de Psychanalyse*, nº 13.

BALINT, M.

1937 : "Les Premiers états du développement du moi", trad. fr. in *Amour primaire et technique psychanalytique*, Paris, Payot.

BARANDE, R.

1968: "Mélanie Klein parmi nous", *L'Inconscient*, nº 8, Paris, P.U.F.

BARANGER, W.

1971: *Posición y objeto en la obra de Melanie Klein*, Buenos Aires, Paidos; trad. bras. 1981, *Posição e Objeto na Obra de Melanie Klein*, Porto Alegre, Artes Médicas, 1981.

BOWER, T.G.R.

1976: "Notion de l'objet: les yeux, les mains et les paroles", in HECAEN (org.), *De la motricité au geste*, Paris, P.U.F.

1977 : *Le Développement Psychologique de la première enfance*, trad. fr. Bruxelles, Pierre Mardaga.

BOWLBY, J.

1958: "The Nature of the Child's Tie to His Mother" *I.J.P.A., 39:* 350-371.

1969: *L'Attachement*, trad. fr., Paris, P.U.F.; trad. bras. *Apego*, São Paulo, Martins Fontes, 1984.

BRAZELTON, T.B., ALS, H.

1979: "Four Early Stages in the Development of Mother-Infant Relationship", *The Psychoanalytic Study of the Child, 34:* 349-370.

CARPENTER, G.C.

1975: "Mother's Face and the Newborn", in LEWIN, R., *Child Alive*, Londres, Temple Smith.

CONDON, W.S., SANDER, L.W.

1974: "Neonate Movement is Synchronized with Adult Speech: Interactional Participation and Language Acquisition", *Science*, jan. 1974, *183:* 99-101.

DAYAN, M.

1977: "Madame K. interpréta. La théorie dans la pratique kleinienne", *Topique, VIII,* n. 19, pp. 77-115.

DIATKINE, R.

1951: "La signification du fantasme en psychanalyse d'enfants", *Rev. fr. Psychanal, 15:* 325-343.

1966: "Agressivité et fantasmes agressifs", *Rev. fr. Psychanal., 30.*

DITTRICHOVA, J.

1969: "General Discussion, Social Smiling", in ROBINSON, R.J., 1969.

FAIRBAIRN, R.

1941: "A Revised Psychopathology of the Psychoses and Neuroses".

1952*a*: "Les Facteurs schizoides dans la personnalité", trad. fr. in *Nouv. Rev. Psychanal*, nº 10: 35-55.

1952*b*: Psychoanalytic Studies of the Personality, Londres, Tavistock Publications; trad. bras.: *Estudos Psicanalíticos da Personalidade*, Rio de Janeiro, Interamericana, 1980.

FEDERN, P.

1952: *La Psychologie du moi et les psychoses*, trad. fr., Paris, P.TJ.F.

FERENCZI, S.

1913: "Le Développement du sens de la réalité et ses stades", trad. fr. in 1968-1974, 2.

1913: "Introjection et transfert", trad. fr. in 1968-1974, 2.

1968-1974: *Psychanalyse*, Oeuvres de Sandor Ferenczi en 4 v., Paris, Payot.

FREUD, S.

1905 (1900): "Fragment d'une analyse d'hystérie (Dora)", trad. fr. in *Cinq psychanalyses*, Paris, P.U.F.; trad. bras.: "Fragmento da Análise de um Caso de Histeria", *Obras Completas* v. VII, Rio, Imago, 1972.

1905: *Trois essais sur la théorie de la sexualité*, trad. fr., Paris, Gallimard, Coleção Idées; trad. bras.: "Três Ensaios Sobre a Teoria da Sexualidade", *Obras Completas*, v. VII, Rio, Imago, 1972.

1911 : "Formulierungen über die zwei Prinzipien des psychischen Geschehens", *Gesammelte Werke*, 8, Frankfurt am Main, Fischer; trad. bras.: "Formulações Sobre os Dois Princípios do Funcionamento Mental", *Obras Completas*, v. XII, Rio, Imago.

1913: "La Disposition à la névrose obsessionnelle", trad. fr. in *Névrose, psychose et perversion*, Paris, P.U.F.; trad. bras.: "A Disposição à Neurose Obsessiva", *Obras Completas*, v. XII, Rio, Imago.

1915a : "Pulsions et destins de pulsions", trad. fr. in *Métapsychologie*, Paris, Gallimard, Coleção Idées; trad. bras.: "Os Instintos e suas Vicissitudes", *Obras Completas*, v. XIV, Rio, Imago.

1915b: "Le Refoulement", trad. fr. in *Métapsychologie;* trad. bras.: "Repressão", *Obras Completas*, v. XIV, Rio, Imago.

1915c: "L'Inconscient", trad. fr. in *Métapsychologie;* trad. bras.: "O Inconsciente", *Obras Completas*, v. XIV, Rio, Imago.

1916-17: *Introduction à la psychanalyse*, trad. fr., Paris, Payot; trad. bras.: "Conferências Introdutórias sobre Psicanálise", *Obras Completas*, v. XV e XVI, Rio, Imago.

1917: "Deuil et mélancolie", trad. fr. in *Métapsychologie;* trad. bras.: "Luto e Melancolia", *Obras Completas*, v. XIV, Rio, Imago.

1920: "Au-delà du principe de plaisir", trad. fr. in *Essais de Psychanalyse*, Paris, Payot; trad. bras.: "Além do Princípio do Prazer", *Obras Completas*, v. XVIII, Rio, Imago.

1921: "Psychologie des masses et analyse de moi", trad. fr. in *Essais de Psychanalyse;* trad. bras.: "Psicologia de Grupo e Análise do Ego", *Obras Completas*, v. XVIII, Rio, Imago.

1923: "Le Moi et le ça", trad. fr. in *Essais de Psychanalyse;* trad. bras.: "O Ego e o Id", *Obras Completas*, v. XIX, Rio, Imago.

1925: "La Dénégation", trad. fr. in *Le Coq-Héron, 52;* trad. bras.: "A Negativa", *Obras Completas*, v. XIX, Rio, Imago.

1926: *Inhibition, symptôme et angoisse*, trad. fr., Paris, P.U.F.; trad. bras.: "Inibições, Sintomas e Ansiedade", *Obras Completas*, v. XX, Rio, Imago.

1930: *Malaise dans la civilisation*, trad. fr., Paris, P.U.F.; trad. bras.: "O Mal-estar na Civilização", *Obras Completas*, v. XXI, Rio, Imago.

1932: *Nouvelles conférences sur la psychanalyse*, trad. fr., Paris, P.U.F. ; trad. bras.: "Novas Conferências Introdutórias sobre Psicanálise", *Obras Completas*, v. XXII, Rio, Imago.

GEETS, C.

1971: *Mélanie Klein*, Paris, Editions Universitaires.

GLOVER, E.

1945: "An Examination of the Kleinian System of Child Psychology", *The Psychoanalytic Study of the Child*, 1.

GOUIN-DECARIE, T.

1962: *Intelligence et affectivité,* Paris, P.U.F.

GREEN, J.

1947: *Si j'étais vous,* Paris, Pion; 2e édition revue, 1970.

HARTMANN, H.

1939: *La Psychologie du moi et le problème de l'adaptation,* trad. fr., Paris, P.U.F., 1968.

1950: "Comments on the Psychoanalytic Theory of the Ego", *The Psychoanalytic Study of the Child,* 6.

1952: "The Mutual Influences in the Development of Ego and Id", *The Psychoanalytic Study of the Child,* 8.

HEIMANN, P.

1952: "Certaines fonctions de l'introjection et de la projection dans la première enfance", trad. fr. in *Développements de la Psychanalyse,* Paris, P.U.F.; trad. bras.: "Certas Funções da Introjeção e da Projeção no Início da Infância", in *Os Progressos da Psicanálise,* Rio, Zahar, 1978.

ISAACS, S.

1936: "Habit: With Special Reference to Training to Cleanliness", in RICKMAN, J. et al, *On the Bringing Up of Children,* Londres, Kegan Paul, Trench, Trubner and Co.; trad. bras.: "O Hábito – Com Referência Particular à Educação para a Limpeza", in *A Educação de Crianças à Luz da Investigação Psicanalítica,* Rio, Imago, 1973.

1952: "Nature et fonction du phantasme", trad. fr. in *Développements de la Psychanalyse;* trad. bras.: "A Natureza e a Função da Fantasia", in *Os Progressos da Psicanálise,* Rio, Zahar, 1978.

JACCARD, R.

1971: *La Pulsion de mort chez Mélanie Klein,* Lausanne, L'Age d'Homme.

JONES, E.

1913: "Le Fantasme du renversement de l'ordre des générations", trad. fr. in 1948.

1948: *Papers on Psycho-Analysis,* trad. fr.: *Théorie et pratique de la psychanalyse,* Paris, Payot.

KERNBERG, O.

1969: "A Contribution to the Ego-Psychological Critique of the Kleinian School", *I.J.P.A., 50:* 317-333.

KOUPERNIK, C, DAILLY, R.

1968: *Le Développement neuropsychique du nourrisson,* Paris, P.U.F.

LACAN, J.

1949: "Le Stade du miroir comme formateur de la fonction du Je" (1936), reed. *in Ecrits,* Paris, Seuil; trad. bras.: *Escritos,* São Paulo, Perspectiva, 1978.

LAPLANCHE, J., PONTALIS, J.-B.

1964: "Fantasme originaire, fantasme des origines, origines du fantasme", *Les Temps modernes, 215.*

1967: *Vocabulaire de la psychanalyse,* Paris, P.U.F; trad. bras.: *Vocabulário da Psicanálise,* São Paulo, Livraria Martins Fontes.

LEBOVICI, S.

1961: "La vie et l'oeuvre de Mélanie Klein", *Psychiatrie de l'enfant*, IV, 1.

LEBOVICI, S., SOULE, M.

1970: *La Connaissance de l'enfant par la psychanalyse*, Paris, P.U.F., 3e édition mise à jour, 1977.

MAHLER, M., PINE, F., BERGMAN, A.

1975: *La Naissance psychologique de l'être humain*, trad. fr., Paris, Payot.

MELTZER, D.

1967: *Le Processus psychanalytique*, trad. fr., Paris, Payot; trad. bras.: *O Processo Psicanalítico*, Rio, Imago, 1971.

1972: *Les Structures sexuelles de la vie psychique*, trad. fr., Paris, Payot; trad. bras.: *Os Estados Sexuais da Mente*, Rio, Imago, 1979.

MELTZOFF, A.N., MOORE, M.K.

1977: "Imitation of Facial and Manual Gestures by Human Neonates", *Science, 198*, out. 1977.

MIDDLEMORE, M.P.

1941: *The Nursing Couple*, Londres, Hamish Hamilton; trad. bras.: *Mae e Filho na Amamentação*, São Paulo, IBREX, 1974.

PETOT, J.-M.

1979: *Mélanie Klein, premières découvertes et premier système (1919-1932)*, Paris, Dunod; trad. bras.: *Melanie Klein I: Primeiras Descobertas e Primeiro Sistema*, São Paulo, Perspectiva, 1987, Estudos 95.

PIAGET, J.

1936: *La Naissance de l'intelligence chez l'enfant*, Neuchâtel, Delachaux et Niestlé; trad. bras.: *O Nascimento da Inteligência na Criança*, Rio, Zahar, 1974.

1937: *La Construction du réel chez l'enfant*, Neuchâtel, Delachaux et Niestlé; trad. bras.: *A Construção do Real na Criança*, Rio, Zahar, 1979.

1945: *La Formation du symbole chez l'enfant*, Neuchâtel, Delachaux et Niestlé; trad. bras.: *Formação do Símbolo na Criança*, Rio, Zahar.

1954: *Les Relations entre l'affectivité et l'intelligence*, Paris, Centre de Documentation Universitaire.

PIAGET, J., INHELDER, B.

1966: *La Psychologie de l'enfant*, Paris, P.U.F., Coleção "Que sais-je?", nº 369; trad. bras.: *A Psicologia da Criança*, São Paulo, Difel, 1976.

PONTALIS, J.-B.

1954: "Nos débuts dans la vie selon Mélanie Klein", *Les Temps modernes*, nº 105.

1965: "Nos débuts dans la vie selon Mélanie Klein" (nouvelle version entièrement remaniée), in *Après Freud*, reed. 1968, Paris, Gallimard.

RIBBLE, M.

1944: "Infantile Experiences in Relation to Personality Development", *Personality and the Behavior Disorders, 2*, Londres, Ronald Press Company.

1947: *Les Droits des enfants*, trad. fr., Paris, Stock.

RICKMAN, J. *et al.*

1936: *On the Bringing Up of Children*, Londres, Kegan Paul, Trench, Trubner and Co. trad. bras.: *A Educação de Crianças à Luz da Investigação Psicanalítica*, Rio, Imago, 1973.

RIVIERE, J.

1936: "Sur la genèse du conflit psychique dans la toute première enfance", trad. fr. in KLEIN, M. *et al.*, *Développements de la Psychanalyse*, Paris, P.U.F.; trad. bras.: "Sobre a Gênese do Conflito Psíquico nos Primórdios da Infância", in *Os Progressos da Psicanálise*, Rio, Zahar, 1978.

ROBINSON, R.J. *et al.*

1969: *Brain and Early Behavior*, Londres, Academic Press.

ROSENFELD, H.

1965: *Etats psychotiques*, trad. fr., Paris, P.U.F.; trad. bras.: *Os Estados Psicóticos*, Rio, Zahar, 1968.

SANDER, L.W.

1969: "Regulation and Organization in the Early Infant-Caretaker System" in ROBINSON, 1969.

SCHMIDEBERG, M.

1930: "Psychotic Mechanisms in Cultural Development", *I.J.P.A., 11*.

SEARL, N.

1928: "A Paranoic Mechanism as seen in the Analysis of a Child", *I.J.P.A., 9*.

1929: "The Flight to Reality", *I.J.P.A., 10*.

SEGAL, H.

1957: "Remarque sur la formation du symbole", trad. fr. in *Rev. fr. Psychan. 34*, nº 4.

1964: *Introduction à l'oeuvre de Mélanie Klein*, trad. fr., Paris, P.U.F.; trad. bras.: *Introdução à Obra de Mélanie Klein*, Rio, Imago, 1975.

SHENTOUB, S.A.

1963: "Remarques sur la conception du Moi et ses références au concept de l'image corporelle", *Rev. fr. Psychan. 27:* 271-300.

SMIRNOFF, V.

1966: *La Psychanalyse de l'enfant* (4ª édition refondue, 1978), Paris, P.U.F.

SPITZ, R.

1955: "La Cavité primitive", trad. fr. in *Rev. fr. Psychan., 23*, nº 2.

1957: *Le Non et le oui*, trad. fr., Paris, P.U.F.; trad. bras.: *O Não e o Sim – A Gênese da Comunicação Humana*, Martins Fontes, 1978.

1965: (Em col. com COBLINER, W.G.), *De la naissance à la parole*, trad. fr., Paris, P.U.F.

SPITZ, R., WOLF, M.K.

1946: "The Smiling Response", *Genet. Psychol. Monogr., 34*.

VURPILLOT, E.

1972: *Les Perceptions du nourrisson*, Paris, P.U.F.

WALLON, H.

1934: *Les Origines du caractère chez l'enfant*, Paris, Boivin, rééd. P.U.F.

1946: "Le Rôle de 'l'autre' dans la conscience du 'moi'", reed. in *Enfance*, nº especial 3-4, maio-out. 1959, e nº 1-2, jan.-abril 1963.

1954: "Kinesthésie et image visuelle du corps propre chez l'enfant", reed. in *ibid.*

1956: "Les Étapes de la personnalité chez l'enfant", reed. in *ibid.*

WIENER, P.

1975: "La Notion d'introjection chez Ferenczi", in *Bulletin de psychologie*, XXVIII, nº 317, pp. 688-693.

WINNICOTT, D.W.

1945: Le Développement affectif primaire", trad. fr. in 1969; trad. bras.: "Desenvolvimento Emocional Primitivo", in *Da Pediatria à Psicanálise*, Rio, Francisco Alves, 1978.

1958: *Collected Papers*, Londres, Tavistock Publications.

1967: "Le Rôle de miroir de la mère et de la famille dans le développement de l'enfant", trad. fr. in 1971.

1969: *De la pédiatrie à la psychanalyse* (trad. parcial do fr. de 1958), Paris, Payot; trad. bras.: *Da Pediatria à Psicanálise*, Rio, Francisco Alves, 1978.

1971: *Jeu et réalité*, trad. fr., Paris, Gallimard; trad. bras.: *O Brincar e a Realidade*, Rio, Imago 1975.

WOLFF, P.H.

1963: "Observations on the Early Development of Smiling", in FOSS, B.M., *Determinants of Infant Behavior, 2,* New York, Wiley, 1963.

ZAZZO, R.

1948: "Image du corps et conscience de soi", *Enfance*, (1948): 30-43.

ZAZZO, R. *et al.*

1974: *L'Attachement*, Neuchâtel, Delachaux et Niestlé.

PSICANÁLISE E PSICOLOGIA NA PERSPECTIVA

Distúrbios Emocionais e Anti-Semitismo – N. W. Ackerman e M. Jahoda (D010)
LSD – John Cashman (D023)
Psiquiatria e Antipsiquiatria – David Cooper (D076)
Manicômios, Prisões e Conventos – Erving Goffman (D091)
Psicanalisar – Serge Leclaire (D125)
Escritos – Jacques Lacan (D132)
Lacan: Operadores da Leitura – Américo Vallejo e Ligia C. Magalhães (D169)
A Criança e a Febem – Marlene Guirado (D172)
O Pensamento Psicológico – Anatol Rosenfeld (D184)
Comportamento – Donald Broadbent (E007)
A Inteligência Humana – H. J. Butcher (E010)
Estampagem e Aprendizagem Inicial – W. Sluckin (E017)
Percepção e Experiência – M. D. Vernon (E028)
A Estrutura da Teoria Psicanalítica – David Rapaport (E075)
Freud: A Trama dos Conceitos – Renato Mezan (E081)
O Livro dIsso – Georg Groddeck (E083)
Melanie Klein I – Jean-Michel Petot (E095)
Melanie Klein II – Jean-Michel Petot (E096)
O Homem e Seu Isso – Georg Groddeck (E099)
Um Outro Mundo: A Infância – Marie-José Chombart de Lauwe (E105)
A Imagem Inconsciente do Corpo – Françoise Dolto (E109)
A Revolução Psicanalítica – Marthe Robert (E116)
Estudos Psicanalíticos Sobre Psicossomática – Georg Groddeck (E120)
Psicanálise, Estética e Ética do Desejo – Maria Inês França (E153)
O Freudismo – Mikhail Bakhtin (E169)
Psicanálise em Nova Chave – Isaias Melsohn (E174)
Freud e Édipo – Peter L. Rudnytsky (E178)
Os Símbolos do Centro – Raïssa Cavalcanti (E251)
Violência ou Diálogo? – Sverre Varvin e Vamik D. Volkan (orgs.) (E255)
Cartas a uma Jovem Psicanalista – Heitor O'Dwyer de Macedo (E285)
Holocausto: Vivência e Retransmissão – Sofia Débora Levy (E317)
Os Ensinamentos da Loucura – Heitor O'Dwyer de Macedo (E326)
A "Batedora" de Lacan – Maria Pierrakos (EL56)
Memória e Cinzas: Vozes do Silêncio – Edelyn Schweidson (PERS)
Acorde – Abel Guedes (LSC)
A Grande Mentira – José María Martínez Selva (LSC)

Este livro foi impresso na cidade de Cotia,
nas oficinas da MetaBrasil, em 2018,
para a Editora Perspectiva.